大学生网络成瘾的预防与戒除

王 恪 著

北京航空航天大学出版社

内容摘要

本书是国内第一部专门研究北京市高校大学生网络成瘾问题的专著。作者在总结、参考国内外网络成瘾问题研究的基础上，以北京市高校大学生为主要研究对象，阐述了大学生网络成瘾的现状与危害，剖析了大学生网络成瘾的深层原因，探讨了大学生网络成瘾问题的预防和戒除方法，以期为大学生的健康成长、成才起到积极的推动作用。

本书可供从事大学生心理健康研究工作的有关人员参考使用，也可供普通大学生作为心理健康辅导书使用。

图书在版编目(CIP)数据

大学生网络成瘾的预防与戒除/王恪著. --北京：北京航空航天大学出版社，2013.5

ISBN 978-7-5124-1089-3

Ⅰ.①大… Ⅱ.①王… Ⅲ.①互联网络—影响—大学生—研究 Ⅳ.①G645.5

中国版本图书馆 CIP 数据核字(2013)第 048523 号

大学生网络成瘾的预防与戒除

王 恪 著

责任编辑：何晓慧

*

北京航空航天大学出版社出版发行

北京市海淀区学院路 37 号(邮编 100191) http://www.buaapress.com.cn

发行部电话：(010)82317024 传真：(010)82328026

读者信箱：bhpress@263.net 邮购电话：(010)82316936

涿州市新华印刷有限公司印装 各地书店经销

*

开本：710×1 000 1/16 印张：10 字数：213 千字

2013 年 5 月第 1 版 2013 年 5 月第 1 次印刷 印数：2 000 册

ISBN 978-7-5124-1089-3 定价：25.00 元

若本书有倒页、脱页、缺页等印装质量问题，请与本社发行部联系调换。联系电话：(010)82317024

序 言

随着计算机网络技术的飞速发展和普及，人类迈向了一个以网络、数字化技术革命为中心的新时代。互联网对社会经济、政治、文化等方面产生了全面而深远的影响，也改变了人们的工作方式、学习方式、生活方式、人际交往方式以及思维方式。网络生活已经成为人们日常生活中不可或缺的一部分。

高校处于互联网发展的前沿阵地，大学生不可避免地受到网络的影响和冲击，成为最重要的网络群体之一。互联网在当代大学生的生活中占据了重要位置，正以极大的广度和深度影响着大学生的日常学习和生活。诚然，互联网为大学生的学习和生活带来很大的便利，使大学生活更加精彩纷呈。然而，有一部分大学生却沉迷于网络，严重影响了学业、身心健康及长远发展。各高校每年都有不少学生因网络成瘾而导致学习成绩下降、学业荒废，有的甚至因沉迷网络而走上了猝死、轻生或犯罪的悲剧之路。

自20世纪90年代末开始，网络成瘾现象作为一个新的社会问题越来越受到人们的广泛关注，并成为近年来心理学、临床医学和社会学研究的热点问题。2004年初，北京市未成年人保护委员会、共青团北京市委员会、北京市科学技术委员会联合中国科学院心理研究所，开展了“网络成瘾戒除”的课题研究，针对“网络成瘾”的标准、成因、类型及具体的干预和治疗措施，形成了一套系统的理论研究对策。

大学生是国家未来的建设者，也是网络时代的主力军。关注大学生网络成瘾问题，就是关注未来。因此，如何采取有效措施帮助大学生克服网络成瘾，引导和教育大学生健康、科学、文明地使用网络，促进大学生借助网络全面发展，推动他们成为网络时代的主人，培养他们成为国家的栋梁和有用之才，已成为高校、家庭和社会思想政治工作的当务之急！从目前的实践与探索来看，大学生网络成瘾与大学生自身、学校、家庭以及社会因素密切相关。基于此，综合运用心理学和社会工作的方法对预防和戒除大学生网络成瘾问题具有相当的必要性和可行性。

迄今为止，学术界关于大学生网络成瘾的研究成果多是学术论文，学术专著寥寥可数。北京石油化工学院的青年心理咨询师王恪在总结、参考前人研究成果的基础上，选择了《大学生网络成瘾的预防与戒除》这一题目，撰写了国内第一部专门研究北京市高校大学生网络成瘾问题的专著。该书以北京市高校大学生为主要研究对象，

本书为北京市委教育工作委员会课题《大学生网瘾戒除研究》成果之一（课题编号：BJSZ2009ZC091）

阐述了大学生网络成瘾的现状与危害，剖析了大学生网络成瘾的深层原因，并在此基础上，提出了对大学生网络成瘾问题的预防和戒除方法，必将对预防和戒除大学生网络成瘾、促进大学生健康成长起到积极的推动作用，是一件值得庆贺的事情。我为王恪老师所付出的科研努力和所取得的科研成果感到欣慰，并希望他在科研的道路上继续前进，取得更大的进步！

北京高教学会心理咨询研究会理事长

北京高校学生心理素质教育研究中心主任

林永和　教授

2012 年 8 月于北京

目　录

第一章　网络与当代大学生发展

计算机与互联网的迅猛发展和普及，将全世界卷入了信息时代的变革浪潮中。互联网对社会经济、政治、文化等方面产生了全面深远的影响，也改变了人们的工作方式、学习方式、生活方式、人际交往方式以及思维方式。

高校处于互联网发展的前沿阵地，大学生不可避免地受到网络的影响和冲击，成为最重要的网络群体之一。互联网在当代大学生的生活中占据了重要位置，正以极大的广度和深度影响着大学生的日常学习和生活。

互联网是个神奇的东西，它信息丰富，传递快捷，开阔了大学生的视野，为大学生提供了大量的学习机会和学习材料，满足大学生学习知识的主动性和猎奇心理，激发了人的创造欲、求知欲。大学生享受着互联网带来的便利，在网络中畅游，搜集学习资料、阅读国内外新闻时事、寻找就业信息、与亲朋好友聊天交流，在网上论坛、在线栏目里点评天下大事，关注祖国命运……这极大地丰富了他们的学习生活和业余生活。

正像硬币有正、反两面一样，网络也是一把双刃剑。它在给大学生的学习和生活带来便利的同时，也带来了诸多负面效应，如网络成瘾、人际交往失范、情感混乱、道德感缺失、身体健康状况下降等问题。

第一节　日益壮大的大学生网民群

自 1969 年网络在美国诞生以来，在不到 40 年的时间里，网络以惊人的速度在全世界迅速传播开来。1987 年，中国向世界发出第一封电子邮件，标志着我国迈入了互联网时代。1994 年，我国正式接入因特网。

日渐普及的网络，对人类社会的各个生活领域、各个阶层都产生了深刻的影响。对于广大的青少年网民，尤其是大学生网民来说，网络给他们的冲击更大。精彩纷呈的网络世界对于渴求知识、追求新异刺激的青少年来说，无疑具有莫大的吸引力和诱惑力。他们纷纷涌入网络的海洋中遨游冲浪，并逐渐成为网民中的主力军。

现在，网络在青少年生活中占据的地位越来越重要，对青少年心理发展的影响也越来越大，这种现象引起了政府部门、社会学家、心理学家、教育学家越来越多的关注与研究。他们对青少年的上网人数、在线时间、浏览内容、所受影响等都表现出了更多的重视。

1997 年 11 月，中国互联网络信息中心(CCNIC)第一次向世界发布了《中国互联网络发展状况统计报告》，当时中国的互联网用户为 62 万。

2000 年，中国社会科学院的研究人员卜卫、郭良对北京、上海、广州、成都、长沙五座城市的青少年互联网使用情况进行了调查，结果显示，在这些青少年网民中，约80%的人自1999年开始使用互联网，平均每周上网时间为212分钟；约50%的青少年网民常用电子邮件与朋友保持联系；约25.2%的青少年网民在聊天室或BBS上经常参与发言、发帖；37.6%的青少年网民使用QQ与认识的或不认识的朋友聊天。调查结果还显示，青少年网民使用互联网的主要目的是“获得新闻”、“满足个人爱好”、“提高学习效率”、“研究有兴趣的问题”以及“结交新朋友”等。

2003年，浙江“青少年运用互联网现状调查及相关政策法规研究”课题组的调查报告显示：18～24岁青年成为网民的主流人群，泡吧人群中青少年所占比例为80%以上。报告中还指出，互联网对青少年的正面作用主要有以下几个方面：获取大量信息、有助于学习、拓展人际交往、提高社会参与程度的自主性、丰富娱乐生活等。

2007年1月，中国互联网络信息中心发布的第19次《中国互联网络发展状况统计报告》显示，我们的网民总数为1.37亿，网民中18～24岁的年轻人所占比例最高，达到35.2%。从普及率上看，18～24岁网民的普及率最高，达到38.8%，同比高出10.2个百分点。由此可见，年龄在18～24岁之间的人相对于其他年龄段的人，更加容易接受并使用互联网。

2007年6月，中国互联网络信息中心发布的第20次《中国互联网络发展状况统计报告》显示，网民的人数已经上升为1.62亿。短短半年时间，就增加了2500万新网民。中国的1.62亿网民仅次于美国2.11亿的网民规模，位居世界第二。在这1.62亿网民中，25岁以下的青少年网民约占50%。

从1997年至2007年这10年时间，我国网民人数从62万上升至1.62亿，增加了约260倍。可以说，互联网已覆盖我们生活的各个方面。

2008年1月，中国互联网络信息中心发布的第21次《中国互联网络发展状况统计报告》显示，截至2007年12月，中国网民数已达到2.1亿人。中国网民数增长迅速，2007年一年增加了7300万，年增长率为53.3%。从接入方式上看，宽带网民数达到1.63亿人，手机网民数达到5040万人，这两种接入方式发展较快。其中，中国青少年网民数已经达到1.07亿，占总体网民规模的50.9%，是中国网民中规模最大的一个年龄群体。

2008年7月，中国互联网络信息中心发布的第22次《中国互联网络发展状况统计报告》显示，截至2008年6月底，中国网民数量达到2.53亿，比去年同期增长了9100万人，同比增长56.2%，网民规模跃居世界第一位。但是普及率只有19.1%，仍然低于全球平均水平(21.1%)。其中，使用手机上网的网民数已经达到7305万人，占全部网民数的28.9%。在2.53亿网民中，中国青少年网民约为1.26亿人，在总体网民中所占比例为49.9%。

2009年1月，中国互联网络信息中心发布的第23次《中国互联网络发展状况统计报告》显示，截至2008年12月31日，中国网民规模达到2.98亿人，普及率达到22.6%，超过全球平均水平，网民规模较2007年增长8800万人，年增长率为41.9%。其中，使用手机上网的网民数已经达到11760万人，较2007年增长了133%。在2.98

亿网民中，中国青少年网民数达到1.67亿，在总体网民中所占比例为55.9%。

2009年6月30日，中国互联网络信息中心发布的第24次《中国互联网络发展状况统计报告》显示，中国网民规模达到了3.38亿人，普及率达到25.5%。较2008年年底增长4000万人，半年增长率为13.4%。其中，中国手机网民规模为1.55亿人，占整体网民的45.9%，半年内手机网民增长超过3700万。目前的手机网民中，28%的人表示未来半年有使用3G手机上网；目前尚没有使用手机上网的手机用户中，7.25%的人表示未来半年可能使用3G手机上网。在3.38亿网民中，中国青少年网民规模为1.75亿人，在总体网民中所占比例为51.8%。网民的最大群体仍然是学生人群，所占比例为31.7%。

2010年1月，中国互联网络信息中心发布的第25次《中国互联网络发展状况统计报告》显示，截至2009年12月31日，中国网民规模达到3.84亿人，普及率达到28.9%，网民规模较2008年年底增长8600万人，年增长率为28.9%，超过全球平均水平。中国手机网民规模年增加1.2亿，达到2.33亿人，占整体网民的60.8%。其中只使用手机上网的网民3070万，占整体网民的8%。手机上网成互联网用户新的增长点。在3.84亿网民中，中国青少年网民规模达1.95亿人，占网民总体的50.7%，同比增长16.8%。中国青少年互联网使用普及率达到54.5%。

2010年7月15日，中国互联网络信息中心发布的第26次《中国互联网络发展状况统计报告》显示，截至2010年6月，我国总体网民规模达到4.2亿，突破了4亿关口，较2009年底增加了3600万人，其中手机网民2.77亿，占全部网民人数的三分之二。互联网普及率攀升至31.8%，较2009年底提高2.9个百分点。其中，青少年网民占整体网民人数的一半左右，仍是网民的最大群体。

2011年1月，中国互联网络信息中心发布的第27次《中国互联网络发展状况统计报告》显示，截至2010年12月，我国网民规模达到4.57亿，较2009年底增加了7330万人；互联网普及率攀升至34.3%，较2009年提高5.4个百分点。宽带网民规模为4.5亿，手机网民规模达3.03亿，手机网民在总体网民中的比例进一步提高。其中，学生网民占整体网民人数的30.6%，依然是网民的最大群体。

2011年7月，中国互联网络信息中心发布的第28次《中国互联网络发展状况统计报告》显示，截至2011年6月底，我国总体网民规模达到4.85亿，互联网普及率攀升至36.2%，较2010年底提高1.9个百分点。我国手机网民规模为3.18亿，较2010年底增加1494万人，在总体网民中的比例为65.5%。在全部网民中，位居首位的仍是学生人群，在总体网民中所占比例为29.9%。

2012年1月，中国互联网络信息中心发布的第29次《中国互联网络发展状况统计报告》显示，截至2011年12月底，我国总体网民规模突破5亿，达到5.13亿，全年新增网民5580万。互联网普及率较上年底提升4个百分点，达到38.3%。我国手机网民达到3.56亿，占整体网民比例的69.3%，较上年底增长5285万人。其中，学生网民占总体网民比例的30.2%，仍居首位。

2012年7月，中国互联网络信息中心发布的第30次《中国互联网络发展状况统计计报告》显示，截至 2012 年 6 月底，我国总体网民规模达到 5.38 亿，互联网普及率为 39.9%。手机网民规模达到 3.88 亿，较 2011 年底增加了约 3270 万人。在总体网民中，学生群体所占比例为 28.6%，远远高于其他群体。

中国互联网络信息中心（CCNIC）每年发布两次《中国互联网络发展状况统计报告》，限于篇幅，这里只列举了比较重要的或者是最新的数据。从历次调查结果来看，网民年龄构成中，18～24 岁的青年最多，远远高于其他年龄段的网民，占据绝对优势。从普及率来看，18～24 岁的青年的互联网普及率也最高，已经接近这一群体的 50%。从近几次的调查数据来看，年龄在 18～24 岁的网民平均每周上网的时间也最长，为 20 个小时以上。

据调查，在 18～24 岁的青年网民中，一半以上是大学生。高校处于互联网发展的前沿阵地，大学生们最先享受着信息社会带来的便利。大学生接触网络主要通过两种接入方式，一是宽带，二是手机。随着手机的普及，再加上手机上网具有方便性、随时随地性，手机上网已经越来越广泛，逐渐成为现代生活中重要的上网方式之一。据 CNNIC在 2008 年 3 月发布的《2007 年中国青少年上网行为研究报告》显示，使用手机上网的网民中，在校大学生网民使用手机上网的比例最高，已有四成半年内使用过手机上网。

虽然大学生网民在全国网民中占有相当的比例，网络的普及率在这一群体中也占相当优势，但与互联网较发达的美、日、韩等国家的大学生网民的所占比例与普及率相比，差距还是很大。

随着互联网的日益普及，中国大学生网民的队伍将会越来越壮大。

第二节　网络对大学生发展的积极作用

互联网信息丰富、功能广泛、容量大、速度快、更新及时、覆盖面广，为当代大学生的学习和生活带来了很多高效便捷之处，因而备受大学生的青睐。网络的世界精彩纷呈，就像蕴藏着丰富资源的浩瀚大海一样，为求知欲旺盛的大学生提供了遨游的机会。面对互联网，大学生们表现出极高的认同度和参与热情，他们甚至以“网络新生代”自居，对因特网“e 网情深”。

不可否认，互联网对大学生的学习方式、生活方式、就业方式以及思维方式都产生了积极的影响。

一、网络使大学生在学习上如虎添翼

信息技术的发展使全球资源网络化，网络提供的共享资源给大学生的学习和生活带来了巨大的影响。网络已经成为大学生学习的重要工具，大学生可以直接从网络上获取自己所需要的知识信息。与传统的通过书本、报刊、课堂获取信息方式相比，从网络获取信息的方式具有十分明显的快捷性、便利性、廉价性和实用性。

(一)课程学习更加集中、高效

目前,很多高校已经将大学生在校期间所修的课程编制上网,逐渐形成了网上选课、课堂教学、网上辅导、网上交流、网上作业、课堂考试的教学系统。网络在大学课程的学习中占据了越来越重要的位置。

大学课程一般由各高校教务处负责排定或统筹排定。每个新学期之初,教务处会下达一项本学期各个院系网上选课的通知,将任课教师、课程学分、上课时间、上课地点等基本信息公之于校园网网页上,供学生浏览、选择。

根据网上选课通知的内容,大学生在规定的时间内,上网选择必修课、选修课、公选课、限选课的课程名称并及时提交选课信息。选课成功后,进入课堂教学环节。

如今,不少高校教师都专门建立了自己的课程建设网页,积极发挥网络资源优势,开展网上教育教学,对学生进行网上辅导。大学生可以直接登录老师建设的网页,自主选择学习的内容和进度,还可以进入"网上辅导室"向老师请教,或与同学交流各自观点,完成"网上作业"。

此外,全国高校精品课程已陆续上网,学生可根据自己的专业或兴趣,登录高校精品课程资源库网页,了解学术前沿,拓宽知识视野。

各门课程期末结课后,进行课堂考试。任课教师将考试成绩汇总,然后上交教务处,教务处再将学生的考试成绩数据上传到校园网上。学生可根据自己的学号、密码等登录信息上网查询。

网络为大学生的课程学习提供了极大的便利,使大学生对自己的学习安排有了越来越多的自主选择权,大大节约了学生的时间成本,在学习中如虎添翼,更加集中、高效。同时,网络也加快了高校教学管理信息化进程。

(二)海量信息拓宽知识视野

随着信息技术的迅猛发展,信息已成为人类社会不可或缺的一种资源。互联网是全世界最大的信息宝库,是人类进行学习、科研、商务活动和共享资源的重要手段。

统计资料表明,1983 年全球数据库总量为 3.1 亿条,1984 年上升至 10 亿条,1995 年为 81.6 亿条,2000 年已飙升到 100 亿条以上……目前仍处于不断地更新和扩充中。网络数据库提供了浩若烟海的信息,内容涉及政治、经济、历史、文化、军事、教育、考试、科技、体育、金融、股票、房地产、影视、购物、旅行、美食、娱乐……,可谓包罗万象,应有尽有。

如何在茫茫信息海洋中获取你想知道的信息呢?很简单,只要你按一下鼠标,打开 Google、百度、雅虎、网易、搜狐、新浪等任何一个搜索引擎,在搜索栏里输入你想查询的关键词,海量信息便铺天盖地汹涌而来。例如,你想搜索托福考试的相关信息,只需在百度(www. baidu. com)搜索栏里输入"托福考试"一词,关于托福考试的所有网页信息都会出现,之后你根据自己的需要,点击链接,进入网站,就可以获取相关信息。在国内,网民使用次数最多的是有着"全球最大的中文搜索引擎"之称的百度。"有问题百度一下"、"百度一下,你就知道"这些广告词已经深入中国亿万网民的心中。

大量的网上信息,丰富的共享资源,为大学生的学习和研究提供了方便和快捷,开拓了他们的视野，丰富了他们的生活。网络就像一件神奇的工具，借助它可以获取最新最全的信息。

大学生从网络上获取的知识信息，主要分为以下几类：

1. 新闻类信息

通过登录一些门户网站，如新浪、搜狐、雅虎、人民网、新华网、凤凰网、北青网、中国新闻网、国际在线等，可以浏览时政、教育、体育、军事、娱乐、生活等方方面面的信息。

这些新闻信息时效性强，相对于报刊、电台、电视新闻三大媒体来说，具有无可比拟的“新鲜出炉性”。因为一个事件从发生、采访、成稿、上版、印刷、发行到报端等纸质媒体最快也得需要半天的时间，而电视新闻、广播新闻除了直播、偶尔插播外，一般更新周期是以天或小时来计算的，具有一定的滞后性。而被称为“第四媒体”的网络却能使新闻做到真正的新鲜，它的更新周期是以分钟、甚至是以秒来计算的。在北京举办的2008年奥运会各项决赛中，评委裁判刚刚报出成绩，腾讯网奥运站马上弹出了冠军得主的报道，时间仅仅相差几秒。大学生四、六级英语考试的试卷甫一上交，网上已经出现了专家名师对考试内容的点评。

通过浏览网络新闻，大学生获悉国内外的时事，关注国家大事，了解自己感兴趣的学业、体育等话题。

2. 资料类信息

对于大学生来说，比较重要的是资料类信息。完成作业、撰写论文（尤其是毕业论文）、了解国内外各学科的研究前沿等，都需要掌握资料类信息。这类信息主要分布在网上图书馆和一些专业网站上。还有一些科研机构、学术团体建立了自己的专门网站，将积累的本专业资料系统整理后传输到网上，并适时进行补充和更新，以达到信息聚集、共享、交流的目的。这些网上数据库有中国学术期刊全文数据库、中国心理学家网、国学网、中华文史网、超星数字图书馆、Wiley InterScience（英文文献期刊）、美国IEEE（英文文献期刊）等。

此外，还有一些图书馆将图书资料进行数字化处理后，由计算机保存，读者可以通过计算机网络来访问图书馆，随时随地进入馆内查索资料，开展学习和科研。

3. 校园BBS信息

通过校园BBS获取信息是当前深受大学生欢迎的一种方式。

BBS是英文Bulletin Board System的缩写，翻译成中文为“电子布告栏系统”或“电子公告牌系统”，国内一般称之为“论坛”。与电子邮件一样，BBS也是一种电子信息服务系统，它向用户提供了一块公共电子白板，每个用户都可以在上面浏览信息、发布信息、进行聊天或讨论。早期的BBS由教育机构或研究机构管理，现在多数网站都建立了自己的BBS 系统，供网民通过网络来结交更多的朋友，表达观点和看法。BBS是一种交互性强、内容丰富且即时的网络电子信息服务系统。目前，国内的BBS已经十分普遍，高校网站基本都有自己的BBS，如水木清华BBS（清华大学）、北大未名BBS（北京大学）、天地人大BBS（中国人民大学）、紫金香BBS（北京师范大学）、含羞草BBS（首都师范大学）、日月光华BBS（复旦大学）、同舟共济BBS（同济大学）、小百合BBS（南京大学)、云开月明 BBS(中山大学)、西大秦风 BBS(西北大学)……数不胜数。

校园 BBS 具有用户管理、讨论管理、实时讨论、用户留言、电子邮件等诸多功能。一般的 BBS 都分为很多个讨论区,以水木清华 BBS 为例,它的分类讨论区有校园、学术、文化、娱乐、游戏、信息、电脑、生活、体育、感性、地域、理财等。每个讨论区又细分为若干版块,如校园信息、英语角、海外学人、新软件介绍、小语种天堂、考研读研、求职广场、职业生涯、心理、读书心得、签证、公务员、电脑市场、二手市场、数码单反、中华武术、绿茵世界、羽毛球、碧水情深(游泳)、贴图……用户可以选择自己感兴趣的区域参与讨论,发帖子、回帖子、交流学习经验、买卖东西、与同学讨论各种问题、收集各种信息。

为了维护秩序,BBS 都设有一定数量的管理员。管理员监控讨论的话题,可以通过置顶、删除甚至限制用户发言权来达到引导话题的目的,为大学生提供一个良好的学习和生活氛围。校园 BBS 的信息与大学生的学习和生活有很多契合点,越来越受到大学生欢迎。

4. FTP、电子邮件提供的信息

FTP 是 File Transfer Protocol(文件传输形式)的英文简称,中文之意是“文传协”。FTP 是目前比较常见的上传和下载工具,它的主要作用是让用户连接上一个远程计算机(这些计算机上运行着 FTP 服务器程序),察看远程计算机有哪些文件,然后把文件从远程计算机上下载到本地计算机,或把本地计算机的文件传送到远程计算机去。大学生可以通过文件下载进行学习。

各高校都有自己的 FTP,借助它实现资料的批量上传、下载。教师或学生可以将一些教学软件或文件资料存放到互联网上,供其他人进行自由下载。有需要的人只要将这些材料直接下载到自己的计算机上,就可以打开文件,进行学习。这种方式能够在一定程度上控制上网时间,减少上网费用。

电子邮件(e-mail,被大家昵称为“伊妹儿”)也是一种提供信息的工具。教师和学生,或学生和学生之间可以通过电子邮件来传递信息、发送文本、图片、声音、视频等多种类型的文件,进行点对点的交流。这种方式的特点是简单易操作,适用面广泛。在 2003 年“非典”期间,全国绝大多数高校利用网络及时通报“非典”疫情,同时,各院系、各班级每天通过电子邮件来汇报大学生们“非典”防控的最新信息。班主任、辅导员通过电子邮件和大学生交流,关心大学生的身体健康。班干部每天定时向班主任和辅导员发电子邮件,报告同学的体温等情况。这让师生们足不出户就能了解到校内外最新的“非典”防治情况,有效地控制了人员流动带来的“非典”传播。此外,高校的任课教师、辅导员、心理咨询工作者也经常通过电子邮件,不断收集大学生的疑难问题,开展网上调查,并进行答疑、辅导等,及时疏导,解决问题。

随着网络技术的不断提高,电子邮件的功能也不断得到完善。现在,大学生在收发邮件的同时,还可以得到大量免费的新闻、专题邮件,并实现轻松的信息搜索。

5. 就业信息

互联网的飞速发展,为大学生和用人招聘单位提供了很好的交流平台。许多用人单位在网上进行招聘,其中不乏知名企业。互联网成为大学生求职就业的一条经济便捷的渠道，为大学生的择业和就业提供了大量的信息。大学生获取招聘信息的各种渠道中，以互联网所占的比例最大，而学校就业指导中心和老师或亲友推荐所占的比例呈现出减少的趋势。

我国毕业生就业开始迈入信息化时代，毕业生就业形式将发生革命性的重大变化。各种用人单位组织的网上供需洽谈会以互联网为媒体，面向高校毕业生和具体用人单位，直接发布用人信息和个人意向，为供需双方提供网上信息交流服务。这种方式减少了盲目性，节约了成本，提高了“双向选择”和“供需见面”的速度，缩短了从招聘到上岗之间的流程。大学毕业生通过互联网获取就业信息，与用人单位在“网上见面”已经越来越普及。

二、网络使大学生活更加多姿多彩

网络是大学生活中很重要的一部分，它不仅仅是一种工具，更是一种生活。网络改变了大学生的传统生活方式，并产生了一定的积极影响，使他们的生活更加精彩纷呈。

出生于1990年的大三女生小江是典型的“90后”，她每天的生活几乎都要和网络打交道：看新闻、查找资料、学习、咨询、聊天、购物、娱乐（在线看影视）、写博客……

小江的生活是当代大学生生活的一个缩影。他们从网络上汇集自己需要的信息，并享受网络给他们带来的便捷和乐趣。

那么，大学生在生活中是如何与网络亲密接触的呢？

（一）聊天交友

目前，聊天交友是大学生上网的一个普遍现象。在大学生的各种网上娱乐活动中，聊天交友位居榜首，其次是玩游戏。QQ、MSN、BBS、网络聊天室等是深受大学生欢迎的聊天场所。大学生适当地在网上聊天交友是有很多好处的。

首先，网上聊天交友可以满足大学生的心理需求。现在的大学生大多是独生子女，进入大学后，他们更加渴望友谊，渴望同龄人之间的倾诉和理解，渴望寻找到与自己兴趣爱好相似的人，相互交流和支持。网络恰恰给他们提供了一个这样的空间。网络的开放性、匿名性、隐蔽性和随意性，给大学生带来了交往上的轻松感和安全感。在网民中间流传着一句有名的戏言：“在互联网上，没有人知道你是一条狗。”这句话的意思是，因为网络的虚拟性和隐匿性，在网络交往过程中，没有人知道坐在电脑那端的人是谁。网上的人都以符号图片的形式出现，他的年龄、相貌、性别、职业、所在地域，都可以被隐匿。有人曾戏谑说：假使一条狗会敲打键盘，那么，在网上，也许有人会把它当做一个心仪已久的梦中情人。在网络世界中，绝大部分人使用的都是虚拟的身份，这就为言论自由、平等交流创造了最便利的条件。

其次，聊天交友可以缓解压力、放松心情。由于现在大多数大学生是独生子女，相对优越的成长环境导致其心理承受能力比早期的大学生差，再加上学业压力、就业压力、恋爱问题、家庭问题、人际交往问题等多方面原因，难免会产生心理问题。而一些来自贫穷地区、贫困家庭的大学生，除了上述原因外，也会因经济原因、比较心理等各种因素，出现心理失调。对待这样的大学生，关键在于正确引导和学生的自我调节。在自我调节中，不少大学生把上网作为减压方式。确实，适当地上网聊天交友，发发牢骚，倒倒苦水，寻求理解和支持，可以帮助大学生松弛一下紧张的神经，宣泄一下自己的不良情绪，然后再投入到新的学习和生活中去。

再次，聊天交友是提高大学生人际交往能力的一大渠道。网络是一个神奇的平台，它大大缩小了人与人之间的时空距离，使交往对象的范围大大扩展。网络以其虚拟性、便捷性、平等性、自由性、新奇性等特点，吸引了大批大学生。在网上，他们可以找到自己的兴趣圈子和共同爱好者，相互交流学习经验和心得，相互了解对方学校的政策，相互了解对方的生活。在网上，大学生结交到天南地北、相隔千里万里甚至远在异国的朋友，既开阔了视野，又使自己的生活变得丰富多彩，既满足了交往的心理需求，又提高了交际的能力，真可谓“网”内存知己，天涯若比邻。通过与网友接触，大学生不仅可以相互探讨一些话题，互通知识，实现资源共享，也可以在此过程中认识更多志同道合的社会各界朋友，提高与人交往的能力。这是有利于个体社会化发展的。

（二）玩游戏

在大学生的网上娱乐活动中，玩游戏的人数仅次于使用 QQ 等工具聊天的人数。在玩游戏的大学生中，以男生居多，他们比较热衷的游戏有魔兽世界、星际争霸、CS、CF、棋牌类等。女生的人数相对少一些，她们一般选择比较简单的、画面比较卡通的游戏，如劲舞团、QQ 炫舞、QQ 飞车、QQ 农场、开心网等。

提起网络游戏，我们经常听到的是它的负面影响和反对意见。其实像玩网络游戏、上网聊天等这样的网络娱乐不是不能提倡，关键是大学生要能自觉约束自己，要把网络娱乐当成一种适度的休闲方式，而不是沉溺其中害了自己。

一些专家学者的研究表明，适度的网络游戏，对大学生并不是没有好处的。很多大学生非常喜欢游戏中自己扮演的虚拟角色。一些学生觉得通过玩游戏可以发泄自己的不满情绪，放松心情。还有些学生觉得自己玩得很好，很有成就感。另外还有一些爱好街舞的学生很喜欢 QQ 炫舞、劲舞团这一类的游戏，认为它们的画面很炫，音乐很好听，舞姿也很酷，可以用来模仿。

网络游戏还为大学生提供了一个交友的平台，这个平台与网上聊天室相比，不但能通过语言表达，而且还可以通过玩家角色的行动相互交流。在网络游戏中，人们也可以通过游戏中的相互合作、相互帮助，相识相知，成为肝胆相照的好朋友。这样不仅能轻松地获得其他玩家的认可，而且满足了大学生的交往需求。

适度的网络游戏，对大学生的逻辑思维能力、空间感、动机水平、社会阅历、交往需求等有一定的积极影响。但一定要把握住一个度，过犹不及，万不可深陷其中而不能自拔。

（三）进行网上交易

网上交易，主要是指利用电子商务的各种手段，在网络的虚拟环境中进行的交易。目前，大学生进行的网上交易主要有网上购物、二手转让、网上开店等。

1. 网上购物

网上购物是一种新兴的消费模式。作为接受新事物最快的群体，大学生们对网上购物行为很认可。据调查,至少有50%以上的大学生都有过网上购物的经历。

小张是北京某高校中文系的一名大四男生,昨天他从当当网订了几本专业书。今天上午,快递公司的快递员就把书送到了他的宿舍。小张说:"我有很多东西都是在网上买的。大家都知道,男生们都不爱逛街,买东西怎么省心就怎么来。况且,现在我们这个年级的学生临近毕业,大家都忙着写毕业论文、找工作、复习考研、签证出国等事情,没有太多时间去逛超市和书店,很多同学都选择了从当当、京东商城、卓越、淘宝、阿里巴巴、易趣、新蛋上买东西。从网上买东西很方便,坐在电脑前,敲敲键盘,点点鼠标,就能从网上小店或网上商城里买到自己想要的学习和生活用品,价格比较实惠,送货速度也快,而且可以选择货到付款,不满意的话可以要求换货,也可以拒收。"

小张的一席话,道出了大部分大学生选择网上购物的原因。促使大学生网上购物的主要原因是方便快捷、节省时间和价格便宜。为了毕业后能有个好出路,大学生要多学习、多考证、多实习……没有太多时间去逛街买东西。另外,绝大部分大学生的经济尚未独立,消费水平有限,因而商品价格对他们来说,是一个必须考虑的重要因素。网上商品由于省去租店面、招雇员及储存保管等一系列费用,总的来说其价格较一般商场和超市的同类商品更便宜,其价格优势迎合了大学生追求物美价廉的消费心理。

点击 www.taobao.com,你就会进入当今颇受大学生青睐的购物网站——淘宝网。淘宝网的商品应有尽有,书籍、手机、电脑、数码相机、电视、DVD、光盘、优盘、服装、鞋帽、背包、玩具、首饰、护肤品、药品、鲜花、水果、特产……琳琅满目,几乎汇集了全国各地的所有商品。看中了一双运动鞋是吧?点击鼠标把它放进你的购物车,这叫"拍下宝贝",然后选择付款方式,你可以通过支付宝付款,付款成功后,接下来你需要做的就是安心等待你的运动鞋的到来。担心付款后收不到货物?不用怕,你是把钱付给了支付宝这个"中介人"而不是卖家,完全不用担心卖家卷款逃跑。等你收到货物后,验收完好,再到淘宝网上点击"确认收货",此时钱才会由支付宝转到卖家手中。如果你对货物不满意,可以拒收,不确认收货,之后与卖家协商换货或退款。有了网络,一切就是这么简单!

那么,大学生上网都购买些什么呢?据调查,书籍、电子数码产品、游戏类、护肤品以及服饰是大学生的主要消费方向。其中,游戏和电子数码产品主要是男生消费为主,而服饰、护肤品则是女生的主要开销。在书籍这项必要的开销上,男、女生花费的差别不大。也有一部分大学生在网上购买食品、特产等东西,但所占比例很小。

网上购物给大学生的学习和生活带来了极大的便利。网上商品种类齐全,款式新颖,购物环境宽松,24小时均可下单订货,不用亲临现场,不受时间和空间的限制,省时省力,支付方式(支付宝、网上银行、财付通、百付宝、货到付款)多样,付款安全,操作起来也比较简单。如果组织团购,价格更加优惠。正是网上购物的这些优点,吸引了大学生的注意,越来越多的大学生开始加入到网购大军的队伍中来。

2. 二手转让

在网上进行二手转让交易,这在大学校园里是很常见的一件事。

乌兰其木格(化名)是北京某高校的一位大四女生,再过一周她就要毕业离校,回到内蒙古老家的一所学校去工作了。乌兰买了很多纸箱子、行李袋,开始提前收拾行囊。书籍、衣服这些都好说,装在箱子或行李袋里托运回去就OK了,让她犯愁的是,自己用了两年多的台式电脑如何处置?托运肯定不行,运送路途中难免会损坏电脑部件,再加上它体积不小,运费不菲,运回家的代价太大,还要承担风险,真不如回家后再买一台新的。乌兰想来想去,最后决定把电脑转让出去。她在校园BBS的二手市场版块上发了一个标题为“离校,转让八成新台式机电脑一台”的帖子,帖子的内容是“因毕业离校,转让八成新台式电脑一台。主要配置如下:CPU英特尔赛扬E430,内存金胜DDR2,硬盘西数500G,主板MSI微星G31TM—P21,DVD光驱,优派17纯平,爱国者键盘,联想鼠标。价格面议,详情请咨询本人(看看也欢迎)!电话:1511016****。”乌兰的帖子刚发表十分钟左右,就陆续接到了五六位在校大学生购买者的电话。

萨仁其其格(化名)是一位大一女生,她是给乌兰打电话买电脑的人之一。萨仁是个文学爱好者,学习之余,喜欢写写小说、随笔之类的,她想买一台电脑,这样创作起来就方便多了。萨仁认为新电脑的价格比较高,倾向于买一个二手的。她正准备在校园BBS上发求购帖的时候,看到了乌兰发的帖子,认为比较适合自己,于是就打电话与乌兰联系。

经过一番协商,萨仁以600元的价格从乌兰的手里买到了这台电脑。乌兰还把自己的竹凉席、小电风扇送给了萨仁。

像乌兰和萨仁的这种网上二手转让交易,几乎每天都在高校发生。转让的物品有电脑及其部件、自行车、书籍教材、电脑桌、手机、复读机、光盘、台灯、护肤品、电话卡、体重秤、简易衣柜、背包、服装、电影票、购物券、游泳卡、网球拍……

二手商品最大的特点是价格比较便宜,学生之间的相互交易相对比较可靠,而且省时省力。想求购什么,或者想转让什么,只需在校园网上发个帖子,一般都能轻松搞定。每年大四学生离校前夕,都会掀起一阵转让热潮。

3. 网上开店

如今,越来越多的大学生利用大量的课余时间,在淘宝、易趣、阿里巴巴等网站上开起了网上店铺,掀起了“淘金热”。进货、发布信息、收钱发货,大学生们风风火火地做起了网上“小老板”。据淘宝、易趣、拍拍等网站公布的数据,在校大学生网上开设的店铺已占40%左右。大学生经营的商品五花八门,其中以服装、首饰、护肤品、电子产品居多。姑且不论对大学生开店的争议,先来看看网上开店给大学生带来的全新生活体验。

在淘宝网上注册了一家网店后,北京某高校大二学生小苏便开始了自己的创业之路。热爱服装设计的小苏,家境并不宽裕,为了减轻家庭经济负担,小苏利用自己的专业特长,亲自设计服装款式,然后联系服装加工厂代为制作。小苏把消费者群体定位在女大学生身上,她专门设计了各种款式的漂亮裙子,每个款式、每个颜色都只有一件,购买者不会出现“撞衫”的情况。因为裙子款式新颖漂亮,价格公道,小苏的态度热情细心又讲诚信,因而吸引了很多顾客,其中包括大量的回头客。通过买卖,她与许多顾客成了朋友。小苏的小店开得红红火火，每月收入上千元。在网上开店，小苏既发挥了专业特长，又收到了经济效益，体会到了创业的成就感。

无独有偶，浙江某高校一位名叫宋雅丹的女生，大三开始边读书边在淘宝网上开店，最初的目的是挣点生活费，没想到后来越做越大。她自己设计服装，找人制作，然后在淘宝网上销售。从2008年到2009年这一年之间，竟缔造了一个从300元赚到300万元的创业神话！目前她的店铺已经是淘宝网上的四皇冠卖家，她设计的服装很受女孩们的欢迎，每日交易量有400件左右，日利润1～2万元。

这两位女大学生都是网上开店成功的范例。还有一些开店的大学生因为网上经营不善，遭遇滑铁卢，血本无归，这是对创业挫折和失败的体验。

不需要高额投资，不需要花费大量的时间，只需在网上点击鼠标，敲敲键盘，就可以自己当老板，这是学习之余的另一番愉快体验。大学生在网上开店，除了可以享受交易的乐趣、创造财富、减轻父母经济负担之外，还可以在网上生意中学会商品推介、财务管理以及与客户的人际交往，同时还要学习一些网页制作软件，自己设计LOGO和模板。网上开店，无论成功还是失败，对大学生来说，都是一个很好的锻炼机会。在开店过程中，大学生们积累了很多社会经验，为以后就业、创业奠定了一定的社会实践基础。

（四）写博客

目前，博客不但是互联网上一道引人注目的风景，而且也成为大学校园生活的一种时尚。

"博客"，是当今网络上非常流行的一个词汇，它是英文Blog音译，意思是"网络日志"。博客是一种新型的个人互联网出版工具，以私人化的网络出版和发表文章的方式，进行自由的思想交流和共享。博客用户可以很方便地使用文字、图片、影音等，建立起个性化的网络世界。因而，博客也被称为网络时代的个人"读者文摘"。2003年3月，南开大学百合Blog系统开通，中国科技大学Blog系统进入测试阶段，从此，博客在大学生中开始迅速发展。

博客是继e-mail、BBS、QQ之后，出现的第四种深受大学生喜爱的网络交流方式。作为大学生的新宠，博客正在逐渐成为大学生的一种生活方式，越来越多的大学生开始上网写博客。以前，老北京人见面打招呼时常问的一句话是："你吃了没有？"如今，大学生见面打招呼时，常说的一句话却是："你博了没有？"

在大学生眼里，博客作为一种网络日记，可以用来记录生活的点点滴滴，可以表露心声、发泄情绪，可以发表议论和看法，可以保存并共享资料……博客还是一个交流的平台，它提供了一个与同学、老师、家人、朋友等人分享喜怒哀乐、交流所思所想的精神家园。对许多爱好文学的大学生来说，博客是一个创作的乐园，在博客里可以写小说，写诗歌，写散文，并与同行爱好者相互切磋。不仅仅是文学作品，大学生还可以把自己的摄影作品、美术作品、音乐作品等放进博客，供网友欣赏，与网友探讨。

现在，随着网络招聘的悄然升温，大学生还让博客扮演了一个新角色——求职助手。很多应届毕业生在寻找就业机会时，为了吸引用人单位的眼球，将个人简历做成

“求职博客”挂在网上，希望通过博客这种新载体，展现自我，秀出自己的个性，博得用人单位的青睐。

另外，还有少数大学生为了获取名利而写博客，这需要高校工作者对他们进行正确引导。

在博客写作中，大学生正在用他们的眼光和热情，以一种广泛而感性化的方式，记录着大学生活中有感触的人或事，记录着自己的大学时代。

晶晶是北京某高校的一名大学生，她从小就有写日记的习惯，以前是写在日记簿上，进了大学以后，她拥有了自己的私人电脑，于是开始把日记搬家到电脑文档。随着接触网络的机会越来越多，她开始在“百度空间”建立了自己的博客。她几乎每天都写博客，文章或长或短，内容有记人、记事、心情随笔、思考，议论等。她博客中的记人篇，写得生动幽默，以下是部分节选：

大一入学报到那天，我跟我妈提着大包小包闯进宿舍时，迎面见到了一个烫着卷毛、穿着由深及浅的绿喇叭裤、说着一口我根本就听不懂的鸟语的姑娘坐在离门口最近的床上跟她妈妈聊着我实在听不懂的天。我的第一反应是：我的亲娘咧，社会青年也能考大学了!!!

与社会青年住同一个宿舍，想想就郁闷，想想就心情沮丧。后来，心情无比沮丧的我发现这位芳名叫海红的姑娘其实是良家女孩，她的头发是天生自来卷的，她说的其实是浙江话而不是鸟语，她穿的不过是南方姑娘很常见的便装。ft，俺第一次来北京，就土老帽了一把！

我分到的是宿舍上铺。体重 75kg 的我睡上铺，简直是开国际玩笑！更何况我的睡觉方式是数字型的，不但睡得沉，而且永远不知道睡觉的状态。这可把俺老爹老娘担心死了，宝贝闺女睡觉摔下来可咋办哩？俺爹亲自出马，跑出去买了三根保险绳结结实实地绑在了俺的床上。消息传得真快，当天晚上俺奶奶在千里之外的山东老家做梦就梦到俺从高高的床上掉下来鸟。唉，对 8 起大家了，因为俺分到的是上铺，俺们家七大姑八大姨那心啊把天都快担下来了。

娇小玲珑的“社会青年”海红，第一次见到俺这种“重量级”的山东大妞，主动提出跟俺换床。考虑到俺的体重在半夜睡觉时可能给宿舍姐妹们带来“喀吧”一声的潜在威胁，于是俺就自觉自愿(哈哈，其实心里美得要死)地换到了下铺。消息又飞快地传到了山东那旮旯，以俺奶奶为代表的亲友团的心总算落到了肚子里，满怀感谢的她们就差烧三炷香朝着北京的方向拜三拜喽。

就是这个海红，这个漂亮、善良、勤奋的“社会青年”，这个“大一吃梨割破嘴，大二跨栏崴了脚”的江南姑娘，后来成了我大学时期一位很要好的朋友。

海红大一割破嘴的时候只能每天吃红薯喝稀饭，大二崴断脚的时候只能撑副双拐到处跑。俺还记得，当时一位不知情的任课老师表扬伊说：那些天天逃课的健康的同学们，你们瞪大眼睛，好好看看这位双拐同学的学习精神……

晶晶是典型的“80 后”，她的博客中使用了一些网络语言，如 ft(英文 faint 的缩写，意思是"晕倒",也叫分特,表示惊讶、不可理解、不可置信、自我调侃等意思)、对8起(运用数字谐音,"对不起"的意思)等,这也是80后博客语言的一个特色。

除了以上四种情况外,还有些大学生上网是为了下载或在线看各类视频,如电影、电视剧、动漫等,或者下载流行乐曲。网络丰富了大学生的业余生活,使大学生的生活变得更加轻松便捷,更加多彩多姿。

三、网络对大学生思维方式的积极影响

人类创造了互联网,互联网也反过来深深地影响着人类社会的各个方面。在思维方式上,正如一些教育学者所言:"它(网络)携带着自己特有的价值和意义,渗透到人类活动的每一个角落,并以非常的力量支配着人类的行为和观念。"

那么,网络对大学生的思维方式产生了哪些积极作用呢?

(一)网络有利于培养大学生的创新思维

网络有无比丰富的信息资源,无比快捷的传播速度,无比强大的交流互动性和无比深远的影响力。大学生可以从网络上获取各种资源,学习校内外乃至国内外的先进知识、先进科技、先进方法和经验,完善自己的知识结构。对新生事物历来敏感的大学生们亲身体会到信息技术的共享性给他们带来的便利,这种共享性使文化作为无形的资产通过网络传播到各地,使每个网民都受益,达到了"文化增值"的作用,也显示了文化自身的价值,这大大激发了大学生的创新意识和探究未知的信心。

网络上的双向或多向信息传递方式,使大学生可以独立地参与讨论,发表看法,可以自由地访问所需要的站点,主动了解各种信息资源,接受不同角度的建议,然后经过自身的判断、整合,最终形成自己的观点。网络信息技术在一定程度上使大学生摆脱了对知识和权威的从众心理,从而更有利于大学生创造性思维的发挥。

(二)网络有利于促进大学生思维方式的开放性

随着信息时代的到来,网络突破了地域和时间限制,以异常迅猛的速度迅速席卷了全球的各个角落。互联网的开放性为人们提供了一个广阔、自由的信息渠道。政府部门、科研机构、学校、企业、个人都可以在网上发布或获取信息,这些信息涵盖了不同领域、不同学科、不同地区、不同语言等范围。这些信息不但内容、形式丰富多样,而且绝大部分都可以免费使用。

早在20世纪70年代,美国社会学家玛瑞林·弗格森就对"网络"的开放性进行了精彩的描述,尽管当时网络尚未普及。玛瑞林·弗格森在她的著作《水族馆阴谋》一书中,认为"网络"就是人们彼此交谈,分享思想、信息和资源。她认为会议、电话、飞行、书籍、挂名组织、报纸、评论、小册子、印刷照片、演讲、讨论会、宴会、散布谣言、通讯刊物等都是网络的组成部分。这些看似毫无关联的社会存在与社会行为,以一种不可抗拒的某种诱因联系在社会生活中。由此,我们可以估量网络的开放空间究竟有多大。

网络信息的开放性,彻底打通了人类知识与信息的技术壁垒,使全世界变成了信息意义上的"地球村"。"坐地日行八万里,巡天遥看一千河"的遐想在网络世界里得以实现。

网络为大学生提供了极为广阔的虚拟开放环境，客观上促进了大学生思维方式的开放性。大学生在网络上获取信息的同时，迈出了原来的时空疆界，突破了围墙式校园的相对封闭性，在一个比以往更加广泛的社会环境中积累社会知识和经验，并最终发展、形成自己的个性。

（三）网络有利于提升大学生思维方式的自由性

首先，大学生在网络学习过程中，自主选择性比较大。在学习上，网络为大学生提供了更多的选择余地，学生可以自由地安排学习的时间和场所，自如地选择学习路径、自主地获取教学资源，自由地与老师和同学交流。这体现了以大学生为学习主体的学习观念，体现了大学生在学习上的自主独立性。以前，传统的大学教育往往局限于课堂之上，传统校园文化对大学生的影响占主导地位。网络的出现，拆掉了学校与社会之间的围墙，为大学生开拓了一个崭新的、广阔无比的学习空间。在这个新空间里，“海阔凭鱼跃，天高任鸟飞。”大学生的学习自由性、思维自由性都得到极大的提高。

其次，通过网络，大学生了解到大千世界的各种社会现象、思想观点、文化思潮，特别是一些受到普遍关注的校园和社会热点问题。对于这一切，好奇心强、求知欲旺盛的大学生们可以不受时间和空间的限制，对世界范围内的网络进行信息传播和交流，自由地表达自己的观点和意见。这在客观上提升了大学生思维方式的自由性。

第三节　网络对大学生发展的负面影响

互联网给世界带来了巨大的变化，为大学生带来了很多便利。但是，正像硬币有正、反两面一样，网络也是一把双刃剑。它在给大学生的学习和生活带来便利的同时，也不可避免地产生了负面效应。在网络日益普及的今天，大学生的生活方式发生了巨大变化。校园日渐冷清，文体活动参加人数日渐减少。而校园内的机房、校园外的网吧内，大学生的人数却愈来愈多。

互联网对大学生发展的负面影响主要表现在学习、身体、心理等方面。

一、学习方面

当大学生把自己的注意力和兴趣点大部分转移到网络上时，上网便成了他们生活的主题。如果大学生自控力差，毫无节制地使用网络，势必会消耗和浪费大量的学习时间，进而削弱学习动机，降低学习效率。

（一）消耗和浪费大量的学习时间

在网络风靡大学校园之前，大学生的生活比较简单，学习和文体活动是日常生活的主要组成部分，为数众多的大学生每天都过着三点一线（宿舍—食堂—教室）的生活。因为传统学习方式提供的学习素材有限，大学生学习的目标和内容比较明确，学习和娱乐场所的区别也比较明显。互联网在校园普及之后，逐渐改变了大学生传统的学习和娱乐方式，其应有尽有的强大功能，很容易使大学生沉迷其中，以致荒废学业。

大学校园宽带网络建设发展很快，大多数高校校园网都接入了宿舍。计算机技术的发展也很迅速，市场越来越大，笔记本电脑愈来愈平民化，高校学生中台式电脑和笔记本电脑的拥有率很高。很多大学生起床后的第一件事就是打开电脑，连上网络，开始网上遨游。一个常见的现象是，只要大学生在宿舍，电脑一般都处于开机状态，而他们大部分都是在上网。晚上熄灯后，拥有笔记本电脑的大学生中的很多人继续上网，一直要用到电池电量耗尽为止。

随着国内3G网络的日益成熟，移动互联网时代逐步到来，手机凭借其移动性、便携性、互动性、传播快速、多媒体融合性等优势，成为现代人们上网获取信息的便捷渠道。目前，手机在高校大学生中已经普及，大学生网民成为手机网络使用最活跃的群体之一。在某个用户群主要为大学生的SNS社区进行的调查显示，90%以上的人认为手机上网的首要原因是方便，例如QQ聊天、收发邮件、浏览网页、下载电子书、“斗地主”，甚至去开心网、QQ农场“偷菜”等，电脑不在手边时候，用手机都能随时随地搞定，实在是方便。某同学表示：“随时随地掏出手机来就能上网，既可以打发无聊时间还能跟人交流、获得资讯，多好的事情。”有些大学生甚至上课的时候也开始悄悄上网，中国人民大学的邓陶说：“细想起来，确实很多时候都是在上课的时候用手机上网的……有时候上课太无聊了，好多同学就在下面玩手机，手机上网方便了以后，就更有的玩了。”虽然大家也知道这样对学习会有影响，但还是经不住手机娱乐的诱惑。“感觉已经成为一种习惯。”樊雪松说，“上课的时候手机也摆在手边，时不时就过来看一看QQ或者刷新一下网页，时间就过去了。”（《中国青年报》2010年7月23日《部分大学生患上手机网瘾综合症 手机挑战课堂》）。

高校网络使用的便利性，手机“随时随地都能上网冲浪”的方便和快捷，使得很多大学生在没有意识到的情况下，仅仅由于惯性的力量，就耗费掉了大量时间。

习惯的力量，超乎我们的想象。奥地利心理学家洛伦兹养过一只猫，每天在二楼给它喂食。这只猫养成一个习惯，上楼吃东西时都是走“S”形路线。有一天，洛伦兹因为非常忙，忘记了给猫喂食，等他想起来时，已经比平时每天的固定喂食时间晚了很多。当洛伦兹打开房门时，他的猫急匆匆地呈直线式迅速冲上二楼，但是它却并没有直接吃食物，而是围着食物打转，好像很焦虑的样子。过了一会儿，这只猫冲下一楼，之后按照平时的习惯，沿着“S”形路线上楼，然后开始心满意足地吃食物。动物如此，人亦有相似性。人的习惯一旦养成，要改变也是很难的，需要付出很多努力。

虽然大学校园的网络建设很发达，但仍有很多大学生对于在校园内的机房和宿舍上网所受到的各种限制感到不满意，他们宁愿选择校园外的网吧。在他们看来，“网吧的网速快，服务周到，上起网来就是过瘾。”然而，大多数大学生自己是没有经济收入的，出于经济上的考虑，大学生经常三五成群，集体“刷夜”（通宵上网），因为“刷夜”的价格比较优惠。

即使是那些自己没有计算机，也不去网吧，主要精力都愿意放到学习上的大学生，也会遇到在上网过程中消耗过多时间的问题。网络上资源丰富，但是良莠不齐，并且网速也经常不尽如人意。抱着学习或者查资料为目的去上网的很多大学生，在浩繁的搜索结果面前，往往手足无措，不知道如何选择与辨别，只好通读之后再进行选择，而要读完所有相关项目是要耗费大量时间的。

此外，还有很多大学生为了充实自己，让自己的知识面更全面，便通过网络来搜寻资源，但是他们在搜寻之前又没有具体的计划，看到有趣的、有意义的、感兴趣的东西便一概下载。下载之后，收集了很多资料，往往还要花费更多的时间去加以整理，其中有很多是没有用处的，而且也没有时间去看，反而浪费了真正的学习时间。

一般而言，人们长时间感知同一事物后，容易导致对该事物感受性的降低。对于使用网络的大学生来说，上网的时间越长，感受性越低，越容易丧失时间感或错估时间，因此浪费更多的时间但却没有意识到。等后来发觉浪费了时间，或者因此而造成了严重的后果时，往往追悔莫及。

（二）削弱了学习动机

大学生的学习、生活方式与中学时代相比，发生了巨大的变化。进入大学后，学校的监督减弱了，具体目标需要自己去寻找，学校开展的活动不再像中学一样依靠强制性来要求参加，而是需要大学生自己去主动参与。大学生们反映，“高中时四周一片黑暗，但是前途是光明的；进入大学，四周一片光明，可是不知道前途在哪里。”这个时候，网络进入大学生的生活当中，对大学生产生了莫大的吸引力。

进入大学后，大学生的比较群体发生了巨大的变化。原来单一的、以学习成绩为唯一指标的评价体系不复存在，大学生给自己能力的评价面临挑战。现实生活中的不顺心、不如意，对自己能力的不满足，对同学对自己评价的不确信，时时困扰着大学生。然而，在网络的虚拟世界里，很多在现实生活中实现不了的事情却会变成可能。很多对现实生活不满意的大学生，在网络上找到了寄托，时间一长，就对网络产生了一种依赖。

成功的体验，可以增强动机；而失败的体验，会减弱动机。心理学中“习得性无助”的实验就是一个典型的例子。研究者把狗放进一个特制的箱子里，箱子四周都封闭起来，然后通电。受到电击，狗的第一反应就是想跳出箱子，可是无论它怎么努力都跳不出去。经过一段时间，这些狗就不再努力了，通电时也一动不动，即使后来撤掉了顶部的隔板，可以很容易跳出去，有过失败体验的狗也不会去尝试；而那些没有失败经历的狗，在通电时，100％跳出了箱子。

网络上的自由和成功，与现实生活中的迷茫和失利之间形成了巨大的反差。网络上的成功体验，会使大学生增加上网的时间，这就意味着日常学习时间的减少。日常学习时间的减少，又增加了学习成绩下降的概率。而学习成绩下降的经历，又会减弱大学生的学习动机，进而形成恶性循环。对网络的沉迷，往往会导致大学生学习目标丧失，学习兴趣下降，上课注意力不集中，厌学、迟到、早退、逃课等现象逐渐增多。

（三）对网络的心理依赖影响了学习效率

大学生对网络的心理依赖，除了使在网络上消耗的时间显著增多之外，也造成了学习效率下降的负面影响。

大学生在进行专业知识和技能学习的同时，更重要的是要“学会如何学习”。掌握获得知识和技能的方法比学会具体的知识和技能更重要，也就是当面对新事物时，具备能够快速理解与掌握的能力。从教师教学的角度来说，就是“授人以鱼，不如授人以渔”。对于大学生来说，这个“如何学习”、如何掌握获得知识和技能的方法，却并不是简单的通过一些学习方法能够获得的，而是通过系统的课程体系和实践环节，在进行专业训练的同时，潜移默化而得来的。而网络的发展，在带来便利的同时，也对传统的教育、教学方式带来了巨大的挑战。缺乏系统专业训练的大学生，经常会迷失在浩瀚的网络信息中，常常不能合理、有效地利用网络，反而降低了学习的效率。

网络上资源丰富，数量庞大。仅以影视为例，假如把网络上的所有影视资源收集起来，每天二十四小时不间断地看，即使活到 100 岁，穷尽一生的时间也是看不完的。而搜寻、下载这些影视作品，也是需要消耗大量时间和精力的。另外，为了更好地欣赏影视作品，也需要涉猎影评和其他相关资源，这又将会消耗一定的时间。此外，大学生还经常会在影视论坛等地方进行评论，发表自己的感悟和体会，分享心得，这也会消耗时间和精力。而人的时间和精力是有限的，此消彼长，用在娱乐方面的时间多，用在学习方面的时间就会少。大学生正处在人生求知欲比较旺盛而能力比较欠缺的阶段，看到美好的或自己了解不多的东西，就都想尝试一下，这样就容易样样都接触、样样都稀松平常。在不加选择地获取网络知识的过程中，大学生很容易迷失，时间长了他们的学习热情和自信心就会下降。

网络资源虽然丰富，但是良莠不齐，真真假假、难以辨别。若要合理、充分地利用网络资源，就需要具备一定的分析与综合能力，能够辨析和掌握自己所需要的资料。很多大学生在使用网络查找信息时，常常不加分辨地“拿来”就用，对信息的内容并没有进行甄别和判断，不能有效地使用网络资源。如今，高校校园网络的普及与利用，使大学生完成作业的过程变得很简单，他们从网上搜集一些相关资料，然后东删西补，简单拼凑一下，一篇作业就大功告终了。还有一部分大学生，他们连拼凑和修改都懒得做，直接从网络上搜集一些与作业相关的资料，之后进行简单的复制、粘贴，然后直接把作业交上去，应付教师和学校。大学生在写作业的过程中偷懒耍滑，虽然表面看起来他们能够很快地完成作业任务，但实际上却往往造成他们对学习流于表面，更不用说对相关知识的延伸学习与深入思考了。这样一来，就往往会造成大学生实际学习效率的下降。

娱乐是网络的重要功能之一，例如欣赏最新的流行歌曲、观看精彩的影视大片、展示漂亮有趣的图片、美化页面、与人聊天、玩游戏等。这些功能对大学生有着莫大的吸引力，使他们在网上流连忘返。即使在下网之后，仍然念念不忘，虽然人已经回到了教室，但心思依然飘荡在网上，不自觉地去回味在网络上的所见所闻和乐趣，尤其是在玩网络游戏之后，更是如此。这种状态，必然会影响到大学生的听课或学习，他们不能把心思集中到学习上来，学习效率自然会大大降低。

目前，深受大学生喜爱的开心网，在大学生中刮起了一股“偷菜风”，很多大学生“偷”上了瘾，不仅利用白天的课余时间偷，甚至上课时还用手机上网偷，更有甚者，一些大学生甚至半夜三更起床去自己或好友的菜地牧场偷菜，因为这一时间段上网偷菜的人少，往往会有很多收获。偷菜之外，大学生还热衷于帮好友捉虫除草，替好友的动物添饲料、添水，借以增加自己的魅力值，然后换取道具，为自己挣得更多的“资产”。此外，开心网的其他组件，如好友买卖、争车位、拉力赛、钓鱼等也很受欢迎。一些大学生迷上开心网后，不再是“九三学社”（早上睡到九点钟，下午睡到三点钟）的成员，而是变成了晚睡早起、身在教室心在开心网、时刻惦记着自己和好友的农场及牧场的“勤快人”。

随着计算机网络技术的进步，多媒体化成为互联网发展的趋势。与传统的网站相比，多媒体化的网站更容易吸引广大网民的眼球。对于大学生来说，网络多媒体化学习带来的丰富多彩，与传统授课方式相对单一的手段形成了鲜明的对比，具有更强的吸引力。大学生更愿意享受网络带来的便捷与愉悦，这在客观上会加剧他们不认真听课、不愿意阅读的问题，强化了他们“看”的接受方式，而弱化了他们“想”的思维方式。通过网络得来的知识快餐式的吸取，往往会带来专业基础知识不够全面、扎实和系统化的弊病。这种弊病在学习初期影响不大，但随着大学生学习的深入，后续知识的学习和先前知识基础的关联增大，其负面影响就会愈来愈大，学习效率也会因此大受影响。当然，如果大学生能够合理地利用网络资源，也可以打下扎实的知识基础，但这对于学习者的要求比较高，实际能够做到的大学生数量并不多。相比较而言，传统的课堂授课方式，辅以多媒体教学手段和合理的教学进度，更容易使大学生全面、牢固、系统地掌握基础知识，也更容易使大学生在此基础上，进行广泛阅读和思考，不断延伸知识面，深化专业知识，优化知识结构。

二、生理方面

计算机的出现和普及，改变了人们的生活，但长时间使用计算机，对于人的生理会带来一些不利影响。而网络的出现，增加了人们使用计算机的时间，加剧了这些不利影响，并且带来了一些新的生理问题。

（一）降低感知能力

信息化的网络时代，是知识和信息“爆炸”的时代，每天甚至每分钟产生的信息量之大都是无法想象的。面对这样的信息爆炸，人们常常会无所适从，因为人的思维、人的大脑功能还不能完全适应如此庞大的信息量快速涌入的现象。与此同时，人们对知识和信息的无限渴求与大脑处理信息能力的有限性之间的矛盾也愈演愈烈，人们恨不得分身无数、不眠不休，将所有知识和信息收入囊中。但当他们整日面对滚滚而来的无尽的信息浪潮时，适应能力有限，又产生了焦虑、急躁情绪，甚至变得暴戾和无法接近，进而影响对信息的感知能力。

大学生同样存在着这个问题。大学生正处在不断成长和进步的阶段，每天的主要工作就是学习，他们对于知识和信息的渴望更为突出。网络使他们获得更多知识和信息的愿望变为了可能，他们不断地吸收新知识、获得新信息，为以后步入社会打下坚实的基础。但是，由于人类生理条件的局限，再加上大学生自身控制能力还不够强，在网络知识和信息的汪洋大海面前，他们所受到的负面影响也不可忽视，其中之一就是感知能力的下降。

大学生在长时间上网以后，感知能力会下降，形成“适应”（在心理学中，适应是指由于刺激物的持续作用而引起的感受性的变化）。“入鲍鱼之肆，久而不闻其臭”，接触到的信息量过大,会导致大学生对后继信息不再敏感。在此情况下,如果继续上网,会无视时间的存在,造成时间的极大浪费和信息处理能力的下降。正如美国心理学家金伯利·S.杨所说:"无论是为了某个你以前曾经看到过的烹饪食谱而去搜索几百个万维网网站,还是给电子信箱里的50封信件写回信,或者……把所有的时间观念都抛在脑后这一点都是共同的。"

大学生可以很容易很便捷地在网络上获得知识和信息,但他们对知识和信息的处理和利用能力,被获得这些知识和信息的增长速度远远地抛在后面。

"上网以后,我们把信息当做了知识,把收藏当做了学习,把阅读当做了思考,把储存当做了掌握。像个花栗鼠在秋天收藏坚果一样,把自己的阅读器和硬盘塞满,却依旧觉得饥渴难耐。"(网友菜头的《我们都是花栗鼠》)

大学生长时间上网带来的感知觉的下降问题,还经常会在他们离开网络后持续一段时间,给别人的感觉就是变得反应迟钝、思维缓慢,有时会发呆。这是因为,在长时间上网之后,大脑处于过度疲劳状态,注意力不集中,接受周边各种信息的能力变弱,反应变慢,处理突发状况能力下降。

大学生也可能会受到"信息焦虑"的困扰。人类的大脑会对接收到的信息进行综合、分析、判断、加工,如果在短时间内收到的信息太多,超出承受力,引起"消化不良",就会带来情绪紧张。"信息焦虑"是由于大脑长时间接受、处理大量信息,造成大脑皮层活动抑制,可能引起思绪混乱,判断力下降,甚至恶心、呕吐、焦躁、神经衰弱、精神疲惫等症状。

(二)危害身体健康

电脑及网络给人们带来了工作、学习、生活上的种种便利,但随之也影响到了人们的身体健康,特别是对于长时间上网的人来说,更是如此。

当人们沉浸于网络的时候,很容易丧失时间感,使用电脑的时间不知不觉间就会变得很长,各种因长时间使用电脑所带来的身体健康问题就会愈发凸显出来。

1. 视力危害。长时间上网,最容易受到侵害的就是眼睛,尤其容易引起睫状肌痉挛和青少年近视。这些被称为"电脑视力综合征"的病症是一种压力型疾病,原因是眼睛长时间盯着一个地方,眨眼次数仅为平时的三分之一,眼肌容易疲劳,从而减少了眼内润滑剂的分泌。上网时,眨眼次数减少,导致眼睛表面水分迅速蒸发,加上一般的上网环境中的湿度低,计算机不断散热,泪液层更容易被蒸发掉,造成眼睛干涩。长期如此,除了会引起眼睛疲劳、重影、视力模糊之外,还会引发其他不适反应。另外,长时间上网,眼睛与显示器的距离很近且几乎保持不变,长时间近距离定点凝视,视线集中让眼球过度疲劳,调节晶状体曲度的睫状肌长期处于拉紧状态,睫状肌调节功能变弱,容易引发近视。根据有关资料报道,全国许多地区学生近视率达到80%,而由于上网近视的达到60%。

2. 组织伤害:操作电脑时重复、紧张的动作,会损伤某些部位的肌肉、神经、关节、肌腱等组织。长期使用键盘、鼠标，也就是长期、快速、用力地做同一个动作，形成长期密集、反复和过度的活动，容易造成手指关节、手腕关节的劳损、麻痹和炎症，导致“键盘手”、“鼠标手”的出现。除了手指、手腕的不适之外，还可能造成肩部、颈部的不适，以及手掌、前臂的疲劳及酸胀等不良症状。

3. 颈椎病。颈椎病是临床上常见病、多发病，一般常见于中老年人，近年来有年轻化的倾向，其中以从事文字工作的人居多，特别是长期使用电脑的人员发病率较高。脊椎病的年轻化趋势，与计算机、网络的普及和使用计算机、网络频率的增加有直接关系。长期上网，坐多动少，甚至在电脑前一坐几个小时，导致颈肩肌过度疲劳，再加上使用电脑时姿势欠妥，导致椎间隙炎症水肿，严重的造成颈椎间盘膨出。此外，长期上网，也可能引起下肢静脉曲张、腰椎间盘突出等疾病。

4. 呼吸系统受损。电脑散发的气体，会危害呼吸系统。英国过敏症基金会的研究人员指出，办公设备会释放有害人体健康的臭氧气体，其主要元凶是电脑、激光打印机等。这些臭氧气体不仅有毒，而且可能造成某些人呼吸困难。对于那些有哮喘病和过敏症的患者来说，情况就更为严重了。另外，较长时间待在臭氧气体浓度较高的地方，还会导致肺部发生病变。

5. 微波危害。电脑的低能量X射线和低频电磁辐射，可引起人的中枢神经失调。英国一项研究证实，电脑屏幕发出的低频辐射与磁场，会导致7～19种病症，包括流鼻涕、眼睛痒、颈背痛、短暂失忆、暴躁及抑郁等。电脑屏幕周围形成的静电场会吸附灰尘，形成灰尘场，容易引发皮肤过敏。对于女性来说，还会引起痛经、经期延长等症状，少数怀孕女性还可能发生早产或流产现象。此外，长期从事电脑作业，精神紧张，心理压力大，容易造成全身疲劳，再加上电磁辐射，女性操作者乳腺癌的发病率比一般人要高出30%左右。有关研究还发现，电脑的电磁辐射还会致癌。而随着电脑及互联网的普及，一种被称作“电脑综合症”的现代新生病，会使那些长期从事电脑操作、程序编制的人员因中枢神经失调引起头痛、失眠、心悸、厌食、恶心以及情绪低落、思维迟钝、容易激怒、常感疲乏等症状。

持续上网时间过长，大脑神经中枢持续处于高度兴奋状态，会引起血压升高、植物神经紊乱、体内激素水平失衡，造成免疫力降低。

（三）引发生理问题

“刷夜”（通宵上网）目前在不少大学生中比较流行。起初他们只是周末去玩个通宵，后来越来越被网络所吸引，“刷夜”的频率也愈来愈高。大学生经常性地“刷夜”，势必会影响学习，第二天的课程往往在昏昏欲睡中度过。同时，“刷夜”也会造成生物钟紊乱、睡眠不足。俗话说：“每天睡得好，八十不见老。”人的一生差不多有三分之一的时间都在睡觉。睡眠是身体进行自我调整的时间，你侵略它的时间，它便侵略你的健康。如果睡眠不规律，会使人的整个身体陷入一种无规则的状态中，造成食欲低下、恶心、抑郁、无法集中精力等问题。短时间的睡眠不足，会导致头晕、思维迟钝、视力模糊、记忆力衰退，感知、言语等各种反应能力的显著下降；长期的睡眠不足，可能会导致肥胖、糖尿病和各类心血管疾病，并诱发癌症。经常过着“黑白颠倒”日子的大四学生小张说：

"通宵下来都会十分疲惫，大脑膨胀得似乎要崩溃，一两天内都不怎么想吃饭。"

美国科学家研究发现，人体生物钟紊乱会引发肥胖和糖尿病等疾病。人体生物钟的形成，既有先天的因素，也有后天工作环境长期养成的因素。人体生物钟是可以调整的。一些作家、夜班工作人员等可以形成与普通人不一样的作息规律，他们夜晚工作、白天睡觉，仍然能够保持充沛精力。但是，这样的作息规律不适合大学生。大学的课程安排、课外集体活动、管理规定等都要求大学生白天参与，大学生若想顺利完成学业、拿到学位，就需要白天学习、晚上睡觉，养成规律的作息习惯。但是，"刷夜"会严重扰乱这种节律，影响大学生正常的学习和生活，还可能会诱发其他严重后果。

此外，长时间上网也会损害大学生的生殖健康。2009 年 11 月，广西医科大学第一附属医院公布了一份《广西在校大学生性健康调查报告》。该报告内容显示，通过对广西 19 所高校的 217 例大学生志愿者的精液进行质量分析发现，竟有 56.7%的大学男生精液质量异常！也就是说，大学生志愿者中有一半以上的人精子不健康。217 例大学生志愿者年龄在 18 岁至 25 岁，平均 21.6 岁，均为未婚。这些志愿者在献出精液检查之前，从未进行过精液检查，且未怀疑过自己的生育能力。但事实上，身体健康的他们，很多人的精子却"病"了，这在检验结果中清楚地显示了出来。

精液质量是男性生殖健康的"晴雨表"。56.7%男生精液异常，这是相当惊人的数据。那么，是什么原因导致了这些参与抽样调查的在校大学生的精液异常呢？广西医科大学第一附属医院男性学科主任梁季鸿博士分析说，影响精液质量的原因非常多，环境污染、食品中大量使用添加剂、不良生活习惯等都是精子的重大杀手。尤其值得一提的是，现在很多大学生都是连续几个小时长时间地上网，一些大学生甚至通宵达旦上网，殊不知，这对男性生殖健康的伤害是非常大的。因为久坐使阴囊长期贴近身体，致使阴囊局部温度升高。精子对外部环境的热作用较为敏感，温热和挤压会影响其生化和代谢，睾丸功能易发生病理变化，导致精子发生及成熟的障碍。大学生过半精液异常，上网是首要原因。

科学研究表明，长时间上网玩游戏，大脑中的化学物质——多巴胺的浓度会增高。多巴胺由脑内分泌，是一种神经传导物质，用来帮助细胞传送脉冲的化学物质。多巴胺主要负责大脑的情欲、感觉，将兴奋及开心的信息传递，也与上瘾有关。

多巴胺对人的身心健康有非常重要的作用。有研究者认为，多巴胺能激发人对异性产生情感；在多巴胺的作用下，我们体验到了爱的幸福。当人们做了新鲜、刺激、具有挑战性的事情，大脑中就会产生多巴胺，从而体验到愉悦和满足的感觉。

多巴胺可以影响一个人的情绪，从理论上来看，增加这种物质，就能让人兴奋；但是，它也会令人上瘾，吸烟和吸毒都可以增加多巴胺的分泌，长时间的赌博也会使大脑中多巴胺的浓度增高，会使人异常兴奋。如果多巴胺过分活跃，它能让一个人痴迷于某事或某物，甚至会因此做出错误的决定。

一般情况下，多巴胺的分泌是均衡的，可以正常地进行调节。在做非成瘾性的事情时，多巴胺的浓度增高是有限的，做完这些事情以后，多巴胺的浓度可以恢复到正常水平。而长时间上网，有时就像吸烟、吸毒、赌博一样，会使多巴胺过多分泌，打乱正常的生理均衡。上网时，表现得非常兴奋、反应敏捷，不能上网时，就感到颓废和沮丧，魂不守舍，烦躁不安。上网造成的这种失衡，早期通过短期休整就可以恢复。如果失衡时间过长，上网时的愉悦感降低，就会需要更多的刺激才能产生愉悦感，而不能上网时的颓废感和沮丧感就会愈来愈难以忍受，戒断反应会很强烈，需要极大的毅力才能完成。

三、心理方面

网络对大学生的负面影响，除了表现在学习、身体健康方面外，还表现在心理方面。

（一）影响现实人际交往

大学生正处于青春期，思维异常活跃，情感丰富，他们渴望与人交流。但是，由于他们这一年龄段的特殊性，他们在现实生活中的人际交往并不总是一帆风顺的，常常会体验到曲折与矛盾。大学生正处在情感体验的高峰时期，情绪变化多端，情感体验强烈，既有狂风暴雨般的激情，又有缠绵悱恻的柔情。一方面，大学生希望获得真情，内心渴望与人表达和交流，希望找人倾诉、释放压力；另一方面，当代大学生保护自己隐私的意识愈来愈强，因为害怕受到伤害，其戒备心理也较强，因而不愿轻易表达自己的情绪情感。

美国心理学家马斯洛把人的需求从低到高分成五类，即：生理需求、安全需求、爱与归属的需求、尊重需求，以及自我实现需求五类。五种需求像阶梯一样，从低到高，按层次逐级递升。一般来说，低层次的需求获得相对满足后，就会对高一层次的需求产生渴望。

友情、爱情，以及相互之间的情感交流是人的基本需求之一。对于大学生来说，他们渴望友情，渴望爱情，渴望与人进行交往和情感交流，但是，在现实生活中，有的大学生对于安全表达自己的情感没有把握，掌握不好表达的程度，往往即使面对知己也有所保留。特别是一些性格内向的大学生，担心交流失败，或者对交流失败带来伤害而心存恐惧，因而在现实生活的情感交流中，很容易退缩或逃避。然而，他们的内心又是渴望与人交流的，这个时候，网络给他们提供了与人交流的空间。

以网络为中介、以文字为载体、以虚拟化的交流角色为主体的交友方式，具有间接、虚拟、平等、自由的特点。这种特点使大学生可以在网上宣泄自己内心真实的快乐、烦恼、孤独和痛苦。大学生还可以根据自己的喜好，在网上扮演一个让自己满意的角色，把真实生活中的缺憾通过上网制造出的虚拟来弥补。网上交流是虚拟的平等交流，可以自由选择交流对象，毫无顾忌地表达自己的情感，这正是一部分大学生内心渴望的一种交流方式，对他们极具吸引力。

网络为大学生提供了一个安全表达情感、发泄负性情绪和压力的途径。在网络中，他们可以随心所欲、尽情表达，满足了自己的情感交流愿望。虽然大学生可以通过网络与其他人交流情感，但他们直接面对的毕竟是机器，情感的交流变得间接化、数字化，与日常生活中的情绪体验差异很大。从一定意义上来说，网络阻断了情绪体验的渠道，大学生在网络中可能迷失情感，变成情感冷漠的机器，似乎可以不再关心现实生活的冷暖、得失。而且，长期在网上进行情感交流，会在一定程度上弱化大学生在现实世界的交往能力，回到现实生活中就感到孤独，感到不再适应，不愿再与他人交往。美国斯坦福大学心理学家研究协会的一份报告指出，在每周上网超过5小时的互联网用户中，有25％人表示他们与家人及朋友待在一起的时间少了。

人的情绪情感、喜怒哀乐的表达，不只是仅仅依靠语言，还要借助于语气、语调、表情、手势、形体动作，甚至一个眼神等，但是在网络中，这些东西更多地被数字和一些符号所代替。虽然随着技术的发展，网络开始视频化，人们在网络中的交流也可以有视听部分的参与，但与现实生活相比，仍有不足，仍不能代替现实生活中的交流。长期上网的大学生，在现实生活中常常不能很好地表达自己的情感，他们的喜怒哀乐往往不能被别人所理解。这些大学生有时候好像机器人那样机械地用单调的声音陈述和表达自己的情绪情感，有时候又会用异常的音调、异常高的声音显示自己的情绪，让别人感到难以理解和适应，因而不能达到真正交流情感的目的。

大学生要想情感成熟，就需要不断地在生活中体验与磨炼。如果大学生习惯于在网络上表达情感，就往往会减少他们在现实生活中的情感体验。有时候，还会形成恶性循环。因为在现实生活中情感表达不畅，就会转向网络进行表达，从而减少在现实生活中的社交磨炼；社交磨炼越少，表达能力就会越差，就越依赖于网络。久而久之，还可能会引起情感的匮乏和淡薄，使大学生在现实生活中不愿表达自己的情感，也不愿意体会别人的情感。

在一些网络游戏所营造的虚拟世界中，大学生可以在里面扮演各种角色。在一些暴力网络游戏中，游戏一方为了晋级、提高技能、获得战利品和各种道具，就需要不断与对手开战。在这种情况下，血腥和暴力的场面随处可见。不过，死亡和血腥的场面不会引起游戏者的悲伤，而是会带来胜利者的欢呼和失败者的沮丧。在游戏中，即便游戏者被打死，也可以“复活”，从头再来。如果游戏者对自己所扮演的角色不满意，还可以换个身份重新开始。就大学生而言，在游戏中的这些体验，可能会降低他们的同情心和怜悯心，使他们丧失对生命的敬畏和珍惜。“不满意可以重新再来”，在游戏中可以做得到，但是，在大学生的现实生命历程中，很多事情错过了就错过了，没有后悔药可吃，没有回头路可走。

（二）改变人格

“他的人格高尚”、“他出卖了自己的人格”……在日常生活中，我们常常提到“人格”这个词。这两句话中所谓的“人格”，是就道德上的意义而言，指的是人的品德和操守。此外，“人格”一词还有多种含义，如法律意义上的人格，指的是享有法律地位的人；文学意义上的人格，指的是人物心理的独特性和典型性。不过，在心理学领域，人格是一个中性词，是指构成一个人的思想、情感及行为的特有模式。这个模式包含了一个人区别于他人的，稳定而统一的心理品质，例如外向与内向。本书中的人格一词，遵循了心理学领域对人格的解读。

人格的形成与发展，是先天遗传因素与后天环境共同作用的结果。一般来说，人在十八岁以后，人格就会形成并相对固定下来。人格具有稳定性，个体在行为中偶然表现出来的心理倾向和心理特征并不能表征他的人格。俗话说，“江山易改，禀性难移”，这里的“禀性”就是指人格。当然，强调人格的稳定性并不意味着它在人的一生中是一成不变的。随着人生理的成熟和环境的变化，人格也有可能或多或少产生变化，这是人格可塑性的一面。正因为人格具有可塑性，才能培养和发展人格。人格是稳定性与可塑性的统一。

在精神卫生中，成年人人格的突然变化，常常预示着精神状态的欠佳，甚至是精神疾病的发生。

有些大学生平时比较小气、爱占小便宜，有时候借了同学的钱物故意不还，引起同学们的反感。但是，突然有一天，他们不但把借了别人很久的钱物都还了，而且还大方地把自己的东西送给别人，甚至请客吃饭……这种表现表面上看来是变得讨人喜欢了，而实际上可能是他们遇到了困难，找不到出路，甚至想到了轻生。

大学生李某平时比较内向、寡言少语，与同学交往很少，不愿意主动参加各种活动。有段时间，突然表现得非常积极主动，参加各种社团活动，并积极筹备和组织一些活动，给别人的感觉就像是一个很有激情、很有创造力的学生。起初，老师、同学虽然诧异，还是为他感到高兴。但是很快就发现李某的表现有些不太正常，例如他的情绪比较容易失控，睡眠、吃饭都不太规律。后经诊断，李某患上了躁狂症。

“在互联网上，没人知道你是一条狗。”大学生在上网时，经常会隐去自己的真实信息，虚构一个完全不同的身份和别人进行交流。在网络的虚拟世界中，以另一种性别角色存在的大学生也很常见。大学生在网络中用心扮演着自己虚构的角色，这个角色可能是自己平时向往但又无法实现的角色，也可能只是出于好奇而随意创建的一个角色。在虚拟的世界中，有的大学生还可能扮演着不止一个角色。

在现实生活中，大学生虽然也会有很多社会角色，如既是学校学生的角色，又是父母子女的角色，同时还有其他很多的角色。但是，这些不同的角色仅仅是在不同的社会关系、不同的环境中的体现，承担这些角色的主体身份是不矛盾的。

在虚拟的网络世界中，大学生一会儿可能是一位豪爽大气的侠客，一会儿又可能变身成为千娇百媚的美女，而在现实世界中可能只是一个循规蹈矩的普通学生，这些身份之间经常是冲突而不能并存的。这些以假面目在网上伪装自己的大学生，赋予了自己在网络的虚拟世界里创造的身份全新的自我形象和人格特征，为了保持这个身份，他们会按照自己所设定的自我形象和人格特征来进行思考、交流，以及为人处世，就像自己的人格原本就是如此。创建一个身份，就可能给自己赋予了一个新的人格特征。时间久了，就像庄周梦蝶一样，虚拟世界和现实世界之间的界限就变得模糊起来，真假莫辨。虚拟人格固定下来之后，可能会使大学生形成双重人格或多重人格。长期用虚拟人格与人交流，也可能使大学生习惯于这种虚拟的身份，造成对自己现实状况的不满足。

（三）紊乱价值观、弱化道德感

网络的普及、信息传播的便捷，拉近了世界各个角落的距离，各个国家、民族、地区之间的隔膜和屏障被打破，“地球村”从交流的角度变为了可能。大学生足不出户，通过敲击键盘、鼠标，就可以了解世界。网络的虚拟世界是没有边界的，各国、各民族的社会思潮和价值观念交汇在一起，鱼龙混杂，东西方文化在其中不断发生碰撞，大学生正处于心理发展的关键时期，他们对于网络上并存的多元文化及多种信息不能很好地进行辨别，很容易受到影响。大学生一方面胸怀天下，想为振兴中华民族而努力奋斗，一方面又被拜金主义、极端个人主义所吸引；一方面积极乐观，对人信任，一方面又被各种丑恶现象所困扰。在价值判断与选择上存有“关心与冷漠相容，希望与困惑并存，进取与彷徨相伴，认同与失落交错”的心态。

网络上的信息多元化可能会使大学生偏离我国主流道德观念的引导，导致他们在道德选择上的迷茫。大学生对中国传统文化的接纳与吸收受到网络中的“文明的冲突”的影响，一部分大学生对优秀传统文化与道德观产生了怀疑。而国内某些“专家”对传统文化的否定，如认为一些传统文化是“伪科学”，“取消中医”等观点，在网络上大肆宣传，这也在一定程度上加剧了大学生对传统文化、传统价值观、传统道德的怀疑。一些大学生质疑本民族文化，认为“外国的月亮比中国的圆”，由此产生了“媚外主义”，并逐步接近、认同和依赖西方文化，进而产生功利主义甚至反社会的叛逆心理。

在现实生活中，大学生会受到道德的约束，行为举止要符合规范。但在网络中，用户匿名性的特点使这种制约荡然无存。大学生在网络的虚拟世界中畅游时，会觉得自己只是人群中的一粒很难被发现的尘埃，自己在网络中的所作所为不需要承担太多的责任。因此，一些大学生在网络上对自己的行为不加控制，谩骂、攻击、挑衅行为时有发生，有时甚至转变为现实中的冲突。

网络上的行为规范、道德准则和现实生活中有所不同。诚实守信不再那么重要，快速成名成为一种追求。成名的手段也不再受到限制，只要能够成名，多夸张、多“行为艺术”都可能被接受与认可。公开性爱日记的木子美、博客上公开裸照的竹影青瞳、摆S身姿卖弄情色的芙蓉姐姐、靠艳照博名的兽兽、“宁愿坐在宝马车里哭，也不愿坐在自行车上笑”的拜金女马诺、在网上传播厕所艳照的闫凤娇、高调炒作的小丑“凤姐”等网络红人现象的出现，正好说明了这一点。这些背离中华民族传统道德观念、有违当代社会主义核心价值体系的轰动乱象表明，文化低俗已经触底，不能再任其继续恶化下去了。2010年，胡锦涛总书记在中共中央政治局第二十二次集体学习时指出，要引导广大文化工作者和文化单位自觉践行社会主义核心价值体系，坚持社会主义先进文化前进方向，坚决抵制庸俗、低俗、媚俗之风。

（四）淡薄法律意识

互联网为大学生提供了一个时空上无限制、道德上无约束的环境，虚拟世界钝化了大学生的道德法律认知能力，导致道德取向的迷失和法律意识的淡薄，造成了高校学子犯罪现象的发生。

随着国内网络互动平台的兴起，一些着力于便民的知识和舆论互动平台也成了攻击和诽谤他人的“天地”。大学生关心社会，具有很强的正义感，但是在网络中极易受到虚假信息的误导，容易站在道德制高点，武断地对别人进行判断与评价，有时甚至伤害了别人而不自知。当在网络看到各种丑陋事件时，有的大学生认为仅仅在道德上进行谴责是不够的，于是开始进行“人肉搜索”，借助于网络的巨大力量，将搜索对象的个人资料、家庭住址、家庭成员，甚至七大姑、八大姨的情况等个人私密信息公布在网上，严重影响了他人正常生活。但是，很多时候，由于法律意识的淡薄，大学生会认为这种对个人隐私的侵犯是理所当然的，是捍卫正义的表现，没有什么不妥之处。

"人肉搜索"在民事法律上主要涉及对个人隐私权的保护问题。隐私权是现代社会公民的一项重要民事权利，是指公民个人对其私生活安宁、私生活秘密等所享有的权利。侵犯他人隐私权，在刑法上主要通过侮辱罪及诽谤罪进行规制。

调查显示，北京重点高校大学生经常上网的人数达到80%，网络普及为少数法律意识淡薄的大学生网络犯罪提供了广阔的空间。侵犯知识产权、制造计算机病毒等事件，在大学生中也经常出现。在网络的世界里，大学生推崇资源共享，开源软件受到青睐。当各种资源的无偿使用成为一种习惯后，版权意识被有意无意地淡忘。此外，"黑客"、"病毒"等网络入侵攻击事件，在大学校园里也时有发生。有的大学生为了盗取他人财产或秘密，或为了展现自己的电脑技术，或者仅仅是出于好玩心理，就入侵他人的计算机系统或者服务器，侵犯他人合法权益。如2006年6月，北京某高校计算机应用专业一位姓卢的大学生，通过黑客程序盗取了北京创原世纪公司的上网账号和密码，通过在网上销售获取利润，为这家公司造成直接经济损失16万多元。

随着网络的发展，网络虚拟世界中的许多虚拟物品在现实世界中被交易。QQ号码、开心网账号、游戏中的装备等都可以被兑换成现金。利益的驱动，催生了一个行业——盗号。木马病毒被公开出售，购买木马病毒的用户很多形成了集团，分工合作，有专管窃取的，有专职出售的。大学生群体是一群拥有较高知识水平的高智商群体，喜爱在网络上展现自己在现实生活中所不能拥有的成就，而某些计算机专业的大学生拥有的技术上的专长就有意无意地成了帮凶。2009年6月，《广州日报》刊载了题为"黑客产业链年产值数亿元，大学生沦为后备军"的文章，描述此类现象。

2009年3月，利用"灰鸽子"病毒软件窃取别人银行卡账号、密码，通过网络盗窃48万余元的大学生郭某被判处有期徒刑12年，这是北京市最大的盗窃网上银行的案件。

第二章 大学生网络成瘾的类型与危害

随着信息技术的高速发展，网络已经成为大学生学习、生活、交往、娱乐等方面不可缺少的工具，大学生对它的依赖程度也与日俱增。但是，网络在给大学生的学习和生活带来了方便和快乐的同时，也使一些大学生沉迷于上网，影响了正常的学习和生活，危害了自己的身心健康，进而发展成为病态的网络沉溺——网瘾。目前，网络成瘾已经成为妨碍大学生健康成长的一个越来越突出的社会问题。

第一节 网络成瘾的定义及诊断标准

一、网络成瘾的定义

关于对网络成瘾这一现象的定义，学术界一直存在争议，目前尚无统一的界定。学者们最主要的分歧是：能否用“成瘾”一词来描述对网络的过度使用。在研究这个问题时，有的学者主张使用“病理性”、“病态”或“依赖性”等字眼来命名，因为他们认为只有对某种物质有生理上的依赖时才能称为“成瘾”。而另外一些学者认为，没有物质的生理依赖也可以使用“成瘾”这个术语，因此可以用“网络成瘾”一词来描述对网络的过度使用。

（一）国外学术界对网络成瘾的定义

美国的心理学者最先涉足互联网心理学这一研究领域，并将这种无限制使用网络的现象命名为“网络成瘾”(Internet Addiction，，简称 IA)，或者“网络成瘾障碍”(Internet Addiction Disorder，简称 IAD)，或者“病态网络使用”(Pathological Internet Use，简称 PIU)，或者“因特网依赖”(Internet Dependency，简称 ID)。

最早提出网络成瘾这一概念的是美国纽约精神病学家、心理医生高登伯格(Ivan Goldberg)。他借用 DSM—IV(美国精神疾病分类与诊断手册)中关于药物依赖的判断标准，于 1994 年最早提出了“互联网成瘾障碍”(IAD)的概念，并认为其主要内涵是作为一种应对机制的行为成瘾。

随后，美国匹兹堡大学心理学家金伯利·杨(Kimberly Young)博士从 DSM—IV 里对病理性赌博的判断标准中发展出“病态网络使用”(PIU)的概念，认为网络成瘾更像是一种冲动控制障碍。1996 年，金伯利·杨正式公布了自己对互联网成瘾症的报告。自此，计算机成瘾症和互联网成瘾症的学术探讨便在心理学中深入展开。

1997 年，美国心理学会(APA)正式承认“网络成瘾”研究的学术价值，网络成瘾越来越受到心理学界的关注。1998 年，《网络心理与行为》杂志创刊，它以“研究现代社会大规模使用高科技的影响和如何更有效地使用技术进入人的保健”为创刊宗旨，对网络成瘾现象的研究成果做了大量的介绍。

1998年,美国马里兰大学的卡代尔(Kandell)把网络成瘾定义为使用者对因特网的一种心理依赖,而不考虑其上网后做什么。

加拿大心理学家戴维斯(R. A. Davis)反对使用"成瘾"这一术语,主张以病态网络使用(PIU)来取代网络成瘾障碍(IAD)的提法。戴维斯进一步指出,无论是网络成瘾障碍的提法还是病态网络使用的提法,都没有将互联网的媒介作用和媒介内容区分开来,也没有把用在网络上的时间是处理一般工作事务还是病理性使用区别开来。基于此,他主张把病态网络使用按照成瘾性质分为两类:特殊性PIU(有特定内容的)和一般性PIU(无特定目标的)。

不同的学者对网络成瘾障碍的定义不尽相同。心理学家阿姆斯唐(Armstrong)认为网络成瘾是一个很广泛的概念,成瘾者有大量行为和冲动控制上的问题。他对网络成瘾的概念做了较全面的描述,认为网络成瘾存在五种类型:

1. 网络色情成瘾(cyber-sexual addiction),指沉溺于成人话题的聊天室和网络色情文学;

2. 网络关系成瘾(cyber-relational addiction),指沉迷于通过网上聊天或色情网站结识朋友;

3. 网络强迫行为(net compulsions),指以一种难以抗拒的冲动,沉溺于在线赌博、网上贸易或拍卖、购物;

4. 信息收集成瘾(information overload),指强迫性地浏览网页以查找和收集信息;

5. 电脑成瘾(computer addiction),指强迫性地沉溺于电脑游戏或编写程序。

(二) 我国学者对网络成瘾的定义

1997年,我国台湾学者周荣、周倩提出将网络成瘾定义为:"由重复地对网络使用所导致的一种慢性或周期性的着迷状态,并带来难以抗拒的再度使用之欲望。同时并会产生想要增加使用时间的张力与忍耐、克制、戒断等现象,对于上网所带来的快感会有一种心理与生理上的依赖。"二周对网络成瘾的定义是在参考世界卫生组织(WHO)对物质成瘾定义的基础上,做出了一些调整而形成的。

随后,萧铭钧又在周荣、周倩对网络成瘾定义的基础上,于1998年提出将"快感"一词改为"满足感"。萧铭钧建议将网络成瘾定义为:"因为有着无法克制地再度使用欲望,而借由重复地使用网络所导致的一种慢性或周期性的着迷状态。同时并会产生想要增加使用时间的张力与忍耐、克制、戒断等现象,对于上网所带来的满足感会一直有心理与生理上的依赖。"

周荣、周倩和萧铭钧三人对网络成瘾的定义,都是在WHO对"物质成瘾"定义的基础上提出的。他们对网络成瘾的界定角度主要有"过度使用网络"(重复使用)、"冲动控制障碍"(难以抗拒的使用欲望)、"使用快感"(或满足感)及"负面影响"(戒断症状)等几个方面。

2005年,北京军区总医院成瘾医学中心主任陶然教授首次从医学角度对网络成瘾提出了定义。这个定义为:网络成瘾(Internet Addiction,IA),是指由于反复使用网络不断刺激中枢神经系统,引起神经内分泌紊乱,以精神症状、躯体症状、心理障碍为主要临床表现,从而导致社会功能活动受损的一组症候群,并产生耐受性和戒断反应。

尽管国内外学术界对网络成瘾的定义存在分歧,但在一般情况下他们能够达成一种共识:网络成瘾症是由于过度使用网络(通常与学习、工作无关)而导致的明显的社会、心理、生理上受损害的一种网上行为。它是在无成瘾物质的作用下形成的行为冲动与行为失控,从而导致学业失败、工作能力变差、婚姻家庭出现问题、心理上产生依赖和疾病、身体健康受损等不良后果。

二、网络成瘾的诊断标准

目前,国际上对网络成瘾的概念尚未达成一致观点,因而诊断的标准也不相同。美国现行使用的 DSM－IV 中也没有诊断网络成瘾(IAD)的统一标准。不同的研究者根据自己的网络成瘾理论,提出了不同的诊断标准或测验量表,如卡代尔的网络成瘾"四个特征"、高登伯格的网络成瘾"七个标准"、金伯利·杨的网络成瘾量表"八个标准"、戴维斯的在线认知量表(DOCS)、美国心理学会的网络成瘾"七个标准"、中国台湾学者陈淑惠的网瘾诊断标准等。

在众多的网络成瘾诊断标准中,采用比较广泛、认可度比较高的是美国心理学会的网络成瘾"七个标准"和金伯利·杨的网络成瘾"八个标准"。

(一) 美国心理学会的网络成瘾"七个标准"

1996 和 1997 年在美国心理学年会上,来自各地的学者们讨论了网络成瘾的诊断标准。在诊断标准中,列出了七种成瘾症状:

1. 耐受性增强。指符合下列两项中的任意一项:(1)需要明显增加上网时间才能获得满足感;(2)上网时间不变,满足感明显下降;

2. 停止上网后,出现明显的脱瘾综合症:烦躁、焦虑、强迫性思考网上发生的事情、幻想或梦想与网络有关的事情等,急于使用网络或相似的网上服务来减轻或避免脱瘾症状;

3. 上网次数总是比事先计划的要多,上网时间总是比事先计划的要长;

4. 企图缩短上网时间的努力,总是以失败告终;

5. 把大量的时间花费在与网络有关的事情上,如:网上购买书籍、尝试新的浏览器、整理下载的资料;

6. 因为上网而放弃或减少重要的社交、工作和娱乐活动,家庭生活受到严重影响;

7. 虽然能够意识到上网带来了持续或复发性的身体、社交、工作或心理问题,但仍然无视这些情况而继续花大量时间上网。

诊断标准规定,如果网络用户在 12 个月中的任何时期有多于所列的 3 种症状出现,即为网络成瘾。

(二) 金伯利·杨的网络成瘾"八个标准"

1996 年,金伯利·杨根据 DSM－IV－TR 的病理赌博模式,编制出《网络成瘾鉴别量表》，提出了判定网络成瘾的八项标准：

1. 我会全神贯注于网际或在线服务活动，并且在下网后总念念不忘网事；

2. 我觉得需要花更多的时间在线上才能得到满足；

3. 我曾努力过多次想控制或停止使用网络，但并没有成功；

4. 当我企图减少或停止使用，我会觉得沮丧、心情低落或是脾气容易暴躁；

5. 我花费在网络上的时间比原先意图的还要长；

6. 我会为了上网而甘愿冒重要的人际关系、工作、教育或工作机会损失的危险；

7. 我曾向家人、朋友或他人说谎以隐瞒我涉入网络的状态；

8. 我上网是为刻意逃避问题或试着释放一些感觉诸如无助、罪恶感、焦虑或沮丧。

金伯利·杨认为，只要符合以上诊断标准中的五项就可以判定为网络成瘾。金伯利·杨的网络成瘾量表项目较少，简单易行，是中国权威性刊物研究中用得比较多的、公认的、比较经典的诊断标准。

之后，彼耶德(Beard)和沃尔夫(Wolf)又在金伯利·杨网络成瘾量表的基础上进行改良，并提出了另外八条诊断标准。

不过，金伯利·杨的网络成瘾量表虽然得到了中国学术界主流的认可，但因为它过于简单直白，问题形式粗糙，使其效度受到质疑；此外，由于文化背景、思维模式的不同，用此量表测试中国学生可能会产生偏差。

基于此，我国的心理学家也开始对网络成瘾的诊断进行研究和探索，并通过研究编制了一些更适合中国使用的网络成瘾量表。

（三）台湾学者陈淑惠的网络成瘾诊断标准

1999 年，我国台湾学者陈淑惠教授以 1366 名大学生为研究对象，综合 DSM－IV 对各种成瘾症状的判断标准以及临床个案的观察结果，依循传统成瘾症状的诊断模式，并以侧重其心理层面的原则，编制出《中文网络成瘾量表》(CIAS)。该量表是依照大学生为样本而制定的，较之金伯利·杨的量表，更适用于我国大学生网络成瘾的调查分析。陈淑惠的量表共有 26 个题项，是一种四级自陈量表。总分代表个人网络成瘾的程度，分数越高，表明网络成瘾的倾向越高。经研究表明，该量表具有良好的信度和较高的效度，是一个比较理想的筛选、研究网络成瘾的工具。

陈淑惠的量表包含以下五个诊断标准：

1. 强迫性上网行为。指的是一种难以自拔的上网渴望与冲动；

2. 戒断行为与退瘾反应。指如果突然被迫离开电脑和网络，会出现挫败的情绪反应；

3. 网络成瘾耐受性提高。指随着网络使用的经验程度的增加，原先上网所得到的乐趣与满足感，必须通过更多的网络内容或更长久的上网时间，才能得到与原先相当程度的满足感；

4. 人际关系及健康问题。因为花费在网上的时间太长，忽略了原有的家居和社会生活，和家人朋友疏远，耽误了工作或学业；为掩饰自己的上网行为而说谎，身体出现不适反应；

5. 时间管理问题。无法合理有效地安排时间，把大量时间浪费在使用网络上。

总的来说，目前国际上关于网络成瘾问题的研究虽然处于不断进行之中，但对于网络成瘾的统一诊断标准仍然还是处于不断探索、验证的阶段，也没有一套完全令人满意的测试量表出现。相信随着研究手段的多样化，各种新概念、新模型的提出，网络成瘾的基础性研究会取得重大突破，网络成瘾的概念和诊断标准将会渐趋统一。

第二节 大学生网络成瘾类型

根据网络成瘾的诊断标准，如今为数众多的大学生已经不自觉地走进了网络成瘾者的藩篱。如今，"女生网恋聊天，男生打怪升级"早已成为大学校园司空见惯的一道景观。大学生网瘾者"上网一条龙，下网一条虫"，在上课时间"必修课选逃，选修课必逃"，出现了"逃课时间趋于无穷大，学习成绩趋于无穷低"的现象。

那么，大学生网络成瘾类型都有哪些呢？

根据大学生网络成瘾者使用网络的主要目的和所浏览的内容，可以分为网络游戏成瘾、网络关系成瘾、网络色情成瘾、网络信息成瘾、网络交易成瘾等。其中，网络游戏成瘾者与网络关系成瘾者所占的比例最高，至少占 80%以上。在这些成瘾者中，一般以某一种网络活动为主，但也有交叉情况出现。

一、网络游戏成瘾

网络游戏成瘾，通常是指沉溺于不同的网络游戏，体验好玩、刺激、惊险的过程，借以获取成就感及自我价值感。游戏成瘾者不可抑制地将大量的时间、精力和金钱都花费在网络游戏上。

据 2008 年 1 月 20 日《羊城晚报》报道：过去的一年，网络游戏一口气创造了两个"神话"：(一)创出数百亿元的商业财富；(二)把逾千万青少年学生变成了网游玩家。

报道中说："这一年，中国每分钟新增近百个网民，约三成是学生网游玩家。在传媒的镜头里，公众看到了越来越多因沉迷网游引发的不幸：猝死、跳楼、盗窃、退学、逃课……他们中的一些人还是小学生、中学生、大学生……"

不可否认，沉溺于网络的中小学生在网瘾群体中占有相当大的比例，但大学生网瘾者的比例也不可小觑。目前，大学生网络游戏成瘾问题已经走进了公众的视线，愈来愈受到社会各界的关注。

如今，在北京高校大学生中比较盛行的网络游戏是魔兽世界、星际争霸、CS、CF、劲舞团、大话西游外传、天龙八部、武林外传、开心网、QQ 农场、QQ 炫舞、QQ 飞车、街头篮球、彩虹岛、棋牌类等。其中，男生玩游戏的人数高于女生。大学校园里流传着这样一句话："不知道'魔兽'，不知道'开心网'，就是土人一个；知道'魔兽'、知道'开心网'，但是不玩，更是土人一个！"

精心设计的网络游戏让人感到有趣和放松，吸引着大学生参与进来，自控力较差的大学生很容易上瘾。以"魔兽世界"为例，自 2005 年"魔兽世界"进入中国游戏市场以来，很快便风靡了大学校园，清华大学的水木清华 BBS 专门开设了“魔兽世界”版块，交流游戏经验和攻略。

北京某高校的大三男生小刘，是同学眼中的“游戏狂人”。自从他迷上了“魔兽世界”之后，为了打游戏方便，一头钻进学校附近的网吧，吃住都在网吧解决，一待就是三四天，课都不去上了。几天后，面容憔悴、双眼通红的他从网吧出来，不去教室上课，不回宿舍休息，也不去食堂吃饭，而是直奔银行取钱。取完钱后，扭头又直奔网吧，继续“打怪升级”去了。若不是在网吧把钱花光了，必须出来取钱，他才不肯从网吧走出半步。

像小刘这样的网瘾大学生，几乎每个高校都有，而且还不止一个两个。

还有一些网瘾大学生，不去网吧“刷夜”，而是在宿舍里玩网络游戏。

小唐是北京某高校的一位大二学生，几个月前，她迷上了“开心网”的“买房子”游戏。为了攒钱买更大的房子，小唐每天至少花费 6 个小时在“偷菜”、“偷农副产品”、“朋友买卖”、“争车位”、“钓鱼”等游戏上。小唐是独生女，在家一向娇惯，早上经常赖床不起，上课迟到也是屡见不鲜。但自从迷上“偷菜”后，小唐一改懒惰的习惯，变得很“勤快”。她经常顶着瞌睡虫熬夜到凌晨 2 点左右，去好友的菜园、农场里偷菜、偷动物。睡觉前调好闹钟，早上 5 点多就起床。起床后第一件事就是打开电脑，登录开心网，赶第一拨偷菜狂潮。稍微晚一秒，值钱的人参、灵芝、何首乌、熊猫、长颈鹿等就被其他好友偷走了。为了保证宿舍断电熄灯后能继续偷菜，小唐每天及时为笔记本电脑的两块电池充足电。晚上熬夜“偷菜”，白天上课睡觉，上课内容完全听不进去，心里惦记全是谁家的菜快熟了，谁家的熊猫快产仔了。有时赶上上课时间收获“高价庄稼”或“高价动物”，小唐干脆课也不听了，直接在课堂上用手机上网“偷菜”。几个月下来，小唐在开心网上的虚拟总资产已经达到了数千万元，拥有 3 套装修豪华的房子，一套在海淀区的半山枫林别墅，一套在朝阳区的紫玉山庄，还有一套在海外——迪拜七星级帆船酒店。此外，小唐还买了 8 个奴隶供她使唤，另外还拥有一支赢了不少奖杯的凯迪拉克车队。对此，小唐并不满足，因为在她的同班同学中，她的总资产排名还进入不了前十位。把总资产打进“全班十强”是小唐为自己定下的 2009 年年度奋斗目标之一。

小唐只是众多沉迷于“开心网”的一员，还有为数众多的大学生厕身其中难以自拔，荒废了学业。如今，在大学校园里，广泛流传着数首追捧开心网的网友们改写的诗：

1. 李白家的菜地

床前一片地，满园瓜果香。举头想收菜，低头已偷光！

2. 杜甫家的菜地

蒲草微风岸，今年菜地多。何物升级快？萝卜最出色！

3. 柳宗元家的菜地

被咬金币绝，没粮狗踪灭。同是种田翁，偷菜不停歇！

4. 苏轼家的菜地

瓜果几时熟？举菜问青天。不知天上宫阙，也偷菜过年？

5. 徐志摩家的菜地

悄悄的我收了，正如你悄悄的熟，我挥一挥衣袖，不留下一个萝卜！

6. 琼瑶家的菜地

我有一块菜地，不知与谁能共？秘密神偷守其中，偷来偷去无人懂。种地情深义重，偷菜乐此不疲。迎来送往俱无踪，徒留一亩荒地！

7. 陈子昂家的菜地

前不见种草，后不见放虫。念菜地之空空，独怆然而涕下。

8. 孟浩然家的菜地

春眠不觉晓，争向菜地跑。夜来偷菜声，损失知多少？

9. 王维家的菜地

杨桃生南国，夜来发几枝，愿君多采撷，此物最值钱。

10. 王之涣家的菜地

白日偷不尽，晚上接着偷，欲想偷的多，赶快加好友。

过分沉溺于网络游戏使大学生在认知信息的途径上发生了严重的扭曲，对待学习、生活也开始游戏化。长时间痴迷于玩游戏，严重影响了他们的身体健康和心理健康，导致他们在现实环境中反应变慢、表情呆滞、容易冲动和发怒，荒废甚至中断了学业。

二、网络关系成瘾

网络关系成瘾，通常是指沉溺于通过网络聊天来结识朋友，进行社会交往实验。其表现为：上网者每天花费大量的时间，利用各种聊天软件以及网站开设的聊天室进行聊天活动。与通过网络认识的人建立友谊或爱情，并用这些关系取代现实生活中真实的人际关系，网上朋友很快变得比现实生活中的家庭成员、朋友或同学更重要。

此类成瘾的大学生可分为三种情况：网络交友成瘾、网恋成瘾、网婚成瘾。

（一）网络交友成瘾

网络交友成瘾，往往是指过分迷恋在线人际关系，将全部精力投入在线人际关系的建立，在线朋友变得比现实生活中人际关系更重要。长时间的在线聊天代替了真实的社交活动，达到了成瘾的程度。

小丁是北京某高校的一名大一男生，他性格孤僻，平时不大喜欢和同学打交道，没有多少朋友，也很少参加集体活动。但是，平时沉默寡言的他，在虚拟的网络世界中，却是一位“聊天高手”。他和网友聊起天来妙语连珠，与现实生活中的他判若两人。他是某个大型论坛的斑竹，也是一个 QQ 群的群主。他每天花费 10 小时左右在论坛上灌水、与 QQ 群里的网友聊天。他在论坛上异常活跃，发帖、回帖、写邮件、插科打诨，坛子里新老成员都认识他，都喜欢和他聊天。在 QQ 群里，他更是炙手可热的人物。因为他知识渊博、说话幽默，QQ表情丰富多样，成了群里成员公认的“老大”。群里的好多女孩都喜欢他，还有主动约他出来的，但他都找各种理由婉拒了。他觉得自己在网上能够潇洒自如，但一旦面对真实的人或事，就会感到无所适从。每天一有时间，他就打开论坛和QQ，看看有哪位老朋友在线，看看有哪些新朋友加入，朋友们最近都在做什么事等。网络聊天给他带来了满足感，于是他把自己的大部分时间“交付”给了网络，与网友热火朝天地闲聊，常常彻夜不眠，好像得了“聊天交友”强迫症。长期过度聊天给他的身体带来了不适，颈椎病、视力下降、眼睛干涩开始困扰他。即便如此，他也宁愿坐在电脑前与网友谈笑风生而不愿抽出几分钟的时间参加体育锻炼。久而久之，他的身体状况越来越差，睡眠也出现了障碍。

小丁的这种情况，属于典型的网络交友成瘾。为了逃避现实，他沉醉于网上聊天，认识了不少喜欢他的网友。

（二）网恋成瘾

网恋成瘾者的交谈双方通常是异性。他（她）们在网上通过聊天确定恋爱关系，并享受着“爱情”给他（她）们带来的快乐，沉醉在网络所创造的虚幻的“柏拉图之恋”之中，难以自拔。

我们来看一段两个80后大学生网恋者的QQ聊天记录：

GG：你嚎！

MM：你嚎！你在哪里伤亡？

GG：偶在网吧里伤亡，你呢？

MM：饿也网吧里。

GG：你是哪里人？

MM：饿是鬼洲人。

GG：偶，是山洞人。

GG：你在哪个大学读书？

MM：孵蛋大学。你呢？

GG：噢，你在上海呀！偶在青蛙大学！

MM：哇！清华大学耶，牛人！你似男似女？

GG：当然是难生了，你肯定是驴身啦？

MM：是滴。

GG：你霉不霉？

MM：还行吧，人家都说饿是大霉女，你衰不衰？

GG：还好，很多人都说偶是大衰哥。

MM：真的呀，咱们多怜惜好不好？

GG：好鸭，你的瘦鸡号码是多少？

MM：咱别用瘦鸡，瘦鸡聊天多贵，就用你扣扣。

GG：吼吼，你真可爱，很想煎你。

MM：嘻嘻，慢慢来，虽然隔得远，蛋也有鸡会。

GG：呵呵，做我的 gf 好不好？

MM：好呀，但你要天天陪我聊天哦！

GG：木有问题哈！亲爱滴，今晚就陪你聊通宵。

MM：你真好！

GG：为了 lp 大人，赴汤蹈火，在所不辞，何况区区聊天？

乍一看，这段聊天记录像是火星文，其实这是一位清华大学男生和一位复旦大学女生之间的聊天记录，两人聊天过程中使用了大量网络语言，如偶（我）、饿（我，陕西方言）、伤亡（上网）、霉女（美女）、衰哥（帅哥）、瘦鸡（手机）、扣扣（QQ）等，这是 80 后年轻人的语言特色。两人第一次聊天就确定了恋爱关系，约定以后每天用 QQ 联系，男生还开始主动称呼女生为 lp（老婆）。

如果两人每天继续这么聊下去，花费大量时间在 QQ 上谈情说爱，沉迷于网络所营造的虚幻的罗曼蒂克的恋情中，不可遏制地愈陷愈深的话，那就势必造成网恋成瘾。

（三）网婚成瘾

有些大学生，不但网恋，还玩“网婚”。

网婚，是上网者利用网络虚拟结婚的一种网络游戏行为。网婚双方通过网络，利用语言和图片等，创造出一些刺激场景和虚拟温情，包括虚拟的性生活，在网上谈情说爱，居家过日子。网络婚姻需要的道具很简单，一台电脑、一根网线、一个虚拟婚姻的网站，找到自己喜爱的虚拟爱人，网婚生活就这样开始了。

现在，有一些网站提供全套的网络婚姻服务，登记、结婚证制作、婚礼、婚后的子女、领养宠物、离婚等，都可以在网上完成。据统计，自 2005 年 8 月份以来，参加网婚的人数迅猛增长，其中以年轻人居多。有好多大学生也沉浸其中，有的娶了好几个“老婆”，有的嫁了好几个“老公”，有的还生了好几个“孩子”。

北京某高校的大学生小筝就是网婚一族。小筝和大部分其他女生一样，喜欢上网聊天。一天，小筝加入了一个名叫“快乐家族”的语音聊天室。这个聊天室里大部分都是在校大学生，因为有共同语言，大家在一起聊得很开心。其中一个说话很幽默的广州某高校男生小剑，对小筝很有好感，聊了没几天，就开口向小筝“求婚”。聊天室的其他网友都欢呼说他们早就应该结婚了（因为他们大部分都已经“结了婚”）。小筝答应“嫁”给小剑，然后他们开始筹备婚礼。他们正儿八经地在网上发了喜帖，举办了婚礼。结婚的时候还真的像那么回事儿：有婚礼仪式、有酒席套餐、有主婚人、有结婚进行曲，还回答了好几个“我愿意”。之后，小筝和小剑“两口子”的婚姻生活就开始了。小剑很会宠人，把小筝视为千金不易的“心肝宝贝”，小筝开心的时候，他陪着小筝一起笑；小筝不开心的时候，他把小筝逗笑。两个人还去菜场、花店、食品商店、工具商店、装饰品商店、特殊用品商店、精品商店等处购买生活用品和消费，小日子过得那叫一个滋润。现在，两人正计划生个宝宝。

网上的婚姻生活过得美满幸福。但是,现实生活中的小筝却烦恼不已。她越来越不喜欢和同学、朋友交流,与朋友的关系越来越疏远了,甚至还和现实生活中的男朋友分了手,因为她的男友远远不如小剑可爱。小筝在上课的时候,常常会走神儿,老惦记着网上的"家人",而小剑在上课的时候也在思念她。小筝深深地迷恋上了网络,只要一上网,她的心情就马上变好。一天不"回"网上的那个家,她就恍然若失。

小筝、小剑等人都属于网婚成瘾的大学生,他们都在网上婚姻生活中多多少少付出了感情,并因此而影响到了现实生活,影响了学业。

三、网络色情成瘾

网络色情成瘾,通常是指沉迷于成人话题的聊天室和网络色情网站,或沉迷于网上虚拟性行为等活动。

网络色情一般表现为:上网者沉溺于网络上的色情内容,包括色情文字、图片、影像、音乐、聊天、网络性行为等不能自拔。

小宋是北京某高校的一名在校生。他天资聪颖,大学课程对他来说,轻轻松松就能考出不错的成绩。学习之余,他开始去网吧打发时间。一开始,他只是聊聊天,打打游戏,后来开始登陆一些色情论坛。没想到,自此一发不可收拾,他很快迷恋上在网上浏览、下载色情文章、图片、影像,还加入了几个性角色幻想聊天室,开始频繁地自慰。曾经是好学生的他,在课堂坐着听课时,恹恹欲睡,脑子里塞满的全是从网上看到的色情内容,把老师的讲课内容全部屏蔽了。后来他干脆找各种借口逃课,直奔网吧,每天消耗七八个小时在网上色情世界中。他对异性产生了强烈的兴趣,看到漂亮女生就忍不住想象与她发生性行为,色情的想法摒之不绝。他常约网站色情聊天室的异性朋友见面,发生了数次"一夜情"关系。后来,他已经不满足于从网上搜索各种色情图片和视频了。凭着自己聪明的头脑,他自己创建了一个色情网站,专门进行色情文章、色情图片、色情影视、色情视频、色情音乐等交流。他的网站点击率飙升,在"圈子里"小有名气。色情网站建立数月后,小宋被有关部门通过 IP 查获。消息传出,全校愕然:没想到这么一位优秀的学生,竟然陷入了色情成瘾的泥潭,越陷越深,无法自拔,最终走上了歧途,实在可惜!

像小宋这样网络色情成瘾大学生,在大学校园里还是占有一部分比例的。如今的网络中,各种与色情和性有关的网站,比比皆是。网络的易介入性和直观性,使网上的色情信息随处可见,各种色情的话题、图片和音像毫无障碍地在网络上传播。对于大学生来说,网络已经成为他们生活的一部分,只要他们上网,就难免会遇到色情广告和色情网站。这对涉世未深,自控力不强,对性怀有强烈好奇心或兴趣的大学生而言,很容易受到色情信息的影响而沉溺其中。2005 年 12 月,一份来自于华东师范大学的《大学生网络道德状况调查》报告显示,11%的大学生承认有过网络虚拟性行为,36%的大学生主动寻找过色情网站，曾经浏览过色情网站的比例更是接近一半，为46%。近几年来，浏览色情网站的大学生人数有增无减。美国心理学家库伯指出，如果每周浏览色情网站的时间超过11小时，就有网络色情成瘾的嫌疑。库伯特别提示学生更可能是网络色情的受害者，因为他们拥有大量的个人时间，并基本掌握网络技术，但是他们又缺乏应有的技能来对付性和色情的问题。网络色情成瘾给大学生的成长带来了极为不利的影响，有的大学生甚至因此开始从事违法犯罪活动。

四、网络信息成瘾

网络信息成瘾，一般是指强迫性或冲动性地浏览网页，从网上查找和收集那些对自身学习、生活并无实际意义或者不是迫切需要的信息。大学生网络信息成瘾者往往花费大量的时间从浩瀚如海的网络信息中搜集各类无关、无用的信息，造成了学习效率的下降，影响了身体健康。

小涵是北京某高校的一名大二女生，她长相俏丽，皮肤白皙，身材苗条匀称，对护肤养颜理论颇有研究，被同学称为“美容女王”。经常有女同学向小涵请教如何美白、如何保湿、如何祛痘、如何控油、如何缩毛孔、如何去黑头、如何抗过敏、如何抗衰老、如何护手、如何护唇、如何挑选护肤品、如何化妆、哪些护肤品性价比最高、最新上市的护肤品有哪些……总之，在她们眼里，小涵就是一本“美容百科全书”。而小涵也为此感到很有成就感，觉得自己可以和台湾的“美容大王”大S相媲美，可以给爱美的女生支招儿。那么，为什么年纪轻轻的小涵知道这么多美容秘诀？难道小涵是天生的美容达人？答案其实很简单，小涵的美容知识绝大部分来自于网络。

小涵是很多美容网站、论坛的常客。中国美容美发网、第一美容网、中国国际美容网、中华美容网、新浪美容版块、水木清华BBS“美丽的秘密”版块等网站和论坛每天都会出现小涵往来穿梭的“身影”。小涵每天要做的头等大事是上网浏览、搜集美容信息，大量下载有关护肤品的性价比讨论、不同季节的护肤常识、使用护肤品的心得、美女们护肤养颜的经历，女明星的保养秘方、最新上市的护肤品等信息。每天花费大量时间上网搜集美容信息已经成了小涵的一个习惯，只要一打开网页，她就不由自主地搜索并收集这方面的信息。如果某天有事未能上网，小涵的心里就开始惴惴不安，总怕错过了什么重要的美容资讯。就连上课的时候，小涵也神不守舍，惦记着网上又新发布了多少篇美容文章。目前小涵收集的美容信息到底有多少，她自己也不清楚，她只知道为了保存这些信息，她已经买了好几个移动硬盘。已经下载的美容信息，她也根本没有时间全看，只看了一小部分，而且还是“快餐式”阅读。虽然已经收集了这么多美容信息，虽然知道搜集信息占用了大量的学习时间，虽然知道长时间盯着电脑不利于健康，更不利于美容，但小涵还是在不停地搜索、下载，再继续搜索、继续下载，好像得了强迫搜索症。后来，这种收集信息的癖好逐渐扩展到时尚、保健、减肥、明星、娱乐信息等，学习时间越来越少，身体健康状况呈下降趋势，皮肤开始变得缺少光泽，“美容女王”渐渐远离了原来的美丽……

小涵的这种情况属于典型的网络信息成瘾。网络信息纷繁芜杂、良莠不齐，让搜索者无所适从，不知道选择哪些信息好，而又舍不得割爱，索性尽可能全部收集下来。在搜集信息时，因为搜索不当或者受到其他信息干扰，注意力分散，很容易迷失在信息的汪洋大海中，转而关注其他感兴趣的信息，却忘了自己原来打算搜集的信息。网络信息成瘾这种无法自控的信息搜索行为使大学生浪费太多的时间和精力，身体健康也受到损害，导致视力下降、头晕、厌食、烦躁、焦虑等症状的出现，严重地影响大学生正常的学习和生活。

五、网络购物成瘾

网络购物成瘾，属于网络交易成瘾的一种形式。

网络交易成瘾，一般是指以一种难以抵抗的冲动，一而再，再而三地将大量的时间、精力和金钱用于网上购物、网上拍卖或网上赌博等活动，沉迷其中不能自拔。

在大学生中，网上拍卖成瘾或网上赌博成瘾的人数比例很小，网络购物成瘾的人数占有一定的比例。

2006 年贺岁片《购物狂》中，一位都市"购物狂"女孩方芳芳（张柏芝饰），疯狂购物停不下来，曾引起不少观众的共鸣。在现实生活中，也有很多购物成瘾的人，特别是女性。这些患上购物瘾的人，有的极其爱逛商场、超市或实体小店，有的疯狂迷上了网络购物，有的两者兼而有之。

网络发展最快的是它的商业用途，网上商城、网上店铺、网上书店等占据了一定的位置。网上商品琳琅满目、价格便宜，购物方便快捷、快递送货上门，支付方式简单，足不出户就可以把商品拿回家。网上购物，省时省力又省钱，还可以按出厂价买到一些厂家在网上直销的产品，而这在实体店里是买不到的。

因为网络的便利性，在网络上购物的人越来越多，网络购物成瘾者也大有人在。登录各大论坛，形形色色的有关网络购物成瘾的帖子到处可见——《求助：我老婆网购成瘾，该怎么办》、《家有"败"妻网购成瘾》、《网购成瘾，婚姻告急！》、《闭门戒购物瘾，网上淘宝仍"月光"》、《网购成瘾闲置品堆积如山，专家建议理性消费》……

现在，有相当一部分大学生属于网购成瘾者的行列，这些学生无节制地买些用不着的衣服、鞋子、背包、护肤品、小饰品、书、光盘等，其中以女生人数居多。

北京某高校的大三女生小何与其他年轻女孩一样，喜欢漂亮衣服，喜欢逛街购物。因为网上的商品价格比较优惠，订购收货比较方便，小何选择了网上购物，她的大部分东西都是从网上买来的。小何一开始只是想着网上商品比较便宜，能够省点钱，后来却开始疯狂购物了，每天必须去网上店铺逛几回。衣服、鞋子、化妆品、手机、mp4、首饰、零食……想到什么就买什么，看到什么热销就买什么，不管需不需要。如果一天不点点鼠标买点什么，她就感到手痒难忍。就这样，每个月下来，小何在网上购物开销大约 2000 元左右。2000 元，对于普通工薪阶层来说，也不是一个小数字，更何况是在校大学生。小何的父母每月给她 1500 元生活费，她也会时不时地挣些不高的片酬，本来足够她每月开销的，但因为迷上了网上购物，小何总是成为“月光族”，有时还要透支信用卡，出现财政赤字。在网上，小何买得最多的是衣服，她对衣服天生缺乏免疫力，一见到漂亮衣服，就恨不得第一时间收入囊中，尽管她衣橱里的衣服早已堆积如山。有的衣服买来后一次都没穿过，直接塞进衣橱。小何发觉自己越来越离不开网上购物了，现在，只要一打开网页，她就会不自觉地点开电脑收藏夹里的网店页面，去看看收藏的网店有什么新装上架，或者浏览一下网站有什么时尚新款推出。可往往就是这么随意地看看，不经意间又会买下不少东西，不然就会觉得手痒心痒。每到月底，手里握着透支的信用卡，看到买回来的衣服闲置着，小何也很后悔。她当初在网上买东西是为了省钱，可谁料到，这最后却成了“打着便宜的幌子，过着奢侈的网购瘾”。网购看似便宜，却会在无意中买很多没用的东西，反倒会花更多的钱，让你即使坐在家里也能成为购物狂。小何意识到这一点后，多次想控制自己不去逛网店，不再买衣服，但总是战胜不了购物心魔，欲罢不能。

还有很多像小何这样网上购物成瘾的大学生。北京另一所高校的一位大一女生小罗说：“淘宝网上的东西价格很便宜，我常在淘宝上的店铺里买东西。每买一样东西，我都比较好多家店，看看哪家更优惠，哪家信誉更高，往往是挑选好几天才能做出决定。”小罗说她在网店里挑选东西或比较商品价格时，常常在电脑前一坐就是几个小时，直到坐得腰酸背痛，眼睛酸胀，也不一定能决定下来到底买哪家的东西更合适。即使最后决定下来，商品也省不下几元钱。有时她为了几元的快递费，还要在阿里旺旺上和店主讨价还价半天。虽然这样买东西很“辛苦”，但小罗乐此不疲。不过，小罗买下的大部分东西，都不急用，也和学习用品无关。她把买下来的东西放进一个大整理箱，认为将来的某一天会派上用场。她买这些东西的真正原因不是为将来打算，而是因为这些商品的性价比高。同样的一件东西，她经过挑选和比较，能以最低的价格拿下，这就是她在网上购物的乐趣所在。一天不让她上淘宝网，她就郁郁不乐，生怕又有什么物美价廉的好东西被别人抢光了。每月这样下来，小罗从淘宝淘了不少便宜货，而淘宝也从小罗的钱包里“掏”走了不少人民币。小罗后来也意识到不能再这样继续消耗时光和金钱来买用处不大的东西，但总是摆脱不了淘宝网对她的诱惑。买也不是，不买也不是，小罗苦恼不已。

网上购物，表面上看是在网上捡了便宜，可是买回来的东西却用不上，有的甚至懒得拆封，实际上反而成了一种浪费！很多大学生经济并不宽裕，因为无法控制自己买便宜商品的冲动，一头扎进了网上，挑选商品的时候，常常会不知不觉地买多。这样日积月累下来，网上购物反而成了一项大开销，加重了大学生的经济负担，而这项开销本来是当初可以避免的。

“网购是一种病，我想你病得不轻，和淘宝旺旺一日不见如隔三秋……君不见账上钱财滚滚去，网店包裹日日来……”这是一首被网友篡改的歌词，却也道出了网购成瘾一族的酸甜苦辣。

第三节 大学生网络成瘾的危害

网络成瘾给大学生的学习、身心健康、人际交往、道德培养等方面带来了严重的危害。有的大学生因为沉溺于网络而耽误或中断了学业；有的大学生因为过度沉迷于网络而严重透支了自己的身体健康，引起各种疾病，甚至命殒花季；有的大学生因为沉湎于网络，缺少人际交往，出现了人格障碍、自闭倾向、社交恐惧症、精神紊乱等各种心理问题；有的大学生因为痴迷于网络不良信息，道德感下滑，有的甚至走上了违法犯罪的道路，对社会造成了危害……

具体来讲，网络成瘾对大学生的危害主要表现在以下几个方面：

一、耽误学业

大学生网络成瘾者上网时间过长，又没有节制力，往往会占去大量学习时间。而睡眠不足也使他们无法在课堂上专心听讲，所以许多网络成瘾的大学生不可避免造成了学习成绩下降、学业荒废甚至学业中断的后果。

在网络成瘾的大学生中，有相当大一部分人因为过度沉溺于网络而无法把兴趣和注意力转移到学习上来，逃课去上网是司空见惯的事情。这些学生或是沉醉于网恋，或是沉迷于网络游戏，或是流连于网上购物，或是沉湎于网络色情图片……总之，他们宁肯把大量时间耗费在电脑前，也不愿花一个或半个小时的时间认真看一页书，听一堂课。网瘾大学生的上网时间与他们的睡眠时间成反比，与学习时间亦成反比。

有些大学生网络成瘾者，过着颠倒白天黑夜的生活：晚上熬夜上网，比猫头鹰还精神；白天则精神萎靡，像霜打的茄子。他们有的人白天逃课睡觉，有的挣扎着起床去上课，坐在课堂里，怀着疲惫的心理，勉强睁着通红的眼睛，呆滞地盯着老师，这样的精神状态，到底能有多少注意力能集中到授课内容上，到底有多少精力去学习？

在网络成瘾大学生中，大多数是上网玩游戏。研究表明，大学生玩游戏时间长了，智力会有所退化，对游戏以外的事情很难集中精力，再者睡眠不足也使他们无法在课堂上专心听讲。长此以往，许多网络成瘾的大学生会丧失学习能力，学习效率降低，学习成绩也不可避免地随之下降。再加上长期缺课，很难再跟上学校的课程。网瘾大学生挂科、补考、重修、留级，甚至没毕业的例子太多了。网络成瘾，是他们荒废甚至中断学业的主因。

2005至2006学年，浙江大学有90名学生退学，其中60多人是因为网络成瘾，约占退学人数的70%。

2006年，江苏徐州高校劝退113名大学生，多数染上网瘾。

中国科技大学的一份网络成瘾情况问卷调查结果表明，2003年9月到2007年3月，网络成瘾成为本科生退学的主要原因，占退学学生总数的56%，在考试成绩不及格的在校本科生中，网络成瘾的超过了四分之一。

2007年2月，中国科学院心理研究所在全国13所高校做的一份调查结果显示，大学生网络成瘾问题日趋严峻,80%中断学业的(包括退学、休学)大学生都是因为网络成瘾。

关于大学生因网络成瘾而耽误甚至中断学业的例子,屡见不鲜。

事例一　网络游戏成瘾,五次高考三次退学

1998～2004年的6年中,内蒙古小伙子孙宇五次考上大学,却三次因为上网成瘾而中断了学业。1998年孙宇考取内蒙古大学,因不满意这个结果,他选择了复读。1999年7月,孙宇考取了重庆大学机械学院的材料成型及控制工程专业,次年因长时间逃课上网而退学;2001年8月,考取了大连水产学院水产养殖专业,入学后第5天开始再度上网,军训没结束就退学;2002年,考上了东北林业大学,但因病未能就读;2003年,顺利考取大连民族学院计算机科学与技术专业,2004年5月,再度逃课上网,最后一次大学生涯以退学而告终。(摘自《高考状元染网瘾无法自拔 五次考上大学三次退学》,《时报新闻网》,2007年6月11日)

事例二　网瘾惹的祸:四入名校三次退学

2006年10月,华中科技大学的校园里,最活跃的恐怕就是2006级新生了,加入社团、选修课程、结识老乡、熟悉环境,忙得不亦乐乎。而同为2006级的24岁"新生"周剑却出离于这一切,既平静又不平静,因为这已是他第四次考入大学。和一般人比较起来,周剑的大学之路格外曲折:2001年考入武汉大学材料专业,因为沉溺于网络游戏,次年被退学;2002年再次考入武汉大学化学学院,沉迷网络游戏不能自拔,主动退学;2003年,第三次参加高考,以高分成绩考进华中科技大学材料学院,2005年11月,因网瘾难改再次被退学;2006年第四次参加高考,重新考回华中科技大学材料学院。(摘自甘丽华,《周剑:四入名校三次退学》,《中国青年报》,2006年10月13日)

事例三　高考钉子户张非,因网瘾被北大清华各退学一次

2003年,四川考生张非以606分的成绩从岳池一中考入北京大学信息科学技术学院,在读期间,因迷恋网络游戏,耽误了学业,2004年7月因7门必修课不及格被北京大学劝退;此后,张非回到四川南充十一中复读,期间依然逃课上网玩游戏,但因"底子好",2005年再度以703分、南充市理科状元的身份被清华大学数理基础科学专业录取,然而他网瘾难改,再度深陷网络,一年下来,不及格的学分就高达20多分,无奈之下,他再度退学;在南充十中实际复读仅两个多月之后,2007年7月,张非又以677分的成绩名列南充市理科第2名,再度被清华环境工程专业录取。

张非这个被人称为"考霸"的高考奇才,4年内两出三进北大清华,全是因为网瘾给他带来学业上的反复和曲折。4年的大好光阴,若不是因为网瘾,张非应该已经走进大学毕业生的行列了,但事实是,他的身份却是一名24岁的大一"新生"。(摘自《揭秘高考奇人张非:因网络游戏反复退学》,《经济半小时》,2007年7月9日)

事例四 出北大进清华，浪费三年大好光阴的网瘾男生

2006年，18岁的刘淼以理科685分的成绩考入北京大学元培学院，但随后就沉迷于“魔兽争霸”游戏中。他也想戒掉，为了戒网游他恨得直捶墙，但仍旧无法自拔。大一下学期末，因多门成绩亮红灯，刘淼首次接到校方警示，他再次打算戒掉网瘾，但魔兽又推出了新东西，他控制不住自己，再度沦陷了。2008年春节归来，进入大二下学期的他被北大校方劝退，父母含泪将其带回。此后，他返回重庆八中母校就读高二下学期，用一年半的时间重新准备高考，2009年7月，他以理科680分的成绩被清华大学信息学院电子信息科学专业录取。浪费了3年的时间，刘淼又回到了起点。而这个时候，当年他北大的同班同学快要毕业了。现在，刘淼比较关心自己的是怎么提前毕业，挽回自己浪费的三年大好光阴。

有着类似经历的并非只有上述事例中的几位网瘾大学生，新疆大学生安治帮8年内4度高考，4次均考出好成绩，并且曾经被清华北大录取，但又因网络游戏成瘾而被两所名校劝退，2007年再次以663分（含民考汉加分50分）的成绩考入北大。（摘自《刘淼被北大劝退后考上清华 称自己人生是场悲剧》，《南京热线》，2009年8月22日）

对于退学后再次考入大学的大学生来说，他们人生道路经历了反复和曲折，浪费了数年大好光阴，但相对于那些因网瘾退学之后，未能再次考入大学的“原大学生”来说，他们还算是幸运的。有些网瘾大学生退学后，再也没有回到大学校园中来，他们的大学情怀被网瘾无情地斩断了。内蒙古自治区的孙宇就是其中的一位。沉溺于网络游戏，使原本成绩优异的孙宇最终没有完成大学学业，本该拿到大学毕业证书的他，至今只有高中学历。孙宇的经历成为网瘾对中国大学生群体危害以及造成巨大人才浪费的一个极端缩影。

二、危害大学生的身体健康

大学生网络成瘾者的一个显著特点是上网时间没有节制。因为沉迷于网络不能自拔，他们每周花费至少20个小时以上的时间在网络上打游戏、聊天、下载信息或者购物等。对网络的过度使用，严重危害到大学生的身体健康。

很多网络成瘾的大学生因沉溺网络而减少甚至放弃了体育锻炼的时间。有的大学生不但放弃了体育锻炼的时间，甚至连吃饭、睡觉的时间也“让位”给上网。有的大学生为了挤出更多的时间上网而不按时吃饭，一天只凑合吃一顿甚至不吃；有的大学生黑白颠倒，晚上通宵上网，白天睡觉，把学业抛到脑后；有的大学生牺牲睡眠时间，通宵达旦上网，遇到周末，连续两天两夜上网不休息，实在困得熬不住了，就趴在电脑前打个盹，醒来后继续奋战，严重影响了睡眠质量，身体处于亚健康状态；有的大学生经济状况不好，为了支付上网的费用而节衣缩食，三餐并作两餐，两餐并作一餐，甚至连一餐也不要了，喝水充饥；有的大学生网络成瘾到了疯狂的程度，整天窝在网吧仅以馒头、方便面、矿泉水充饥，有的甚至几天不吃不喝不上厕所不睡觉；台湾有一男学生，准备了大量的方便食品，甚至还有成人纸尿裤，目的就是为了能挤出更多的时间上网……

医学研究表明,睡眠时间不足,会导致人体内的生物钟紊乱。大学生长时间持续上网,不分昼夜地打网络游戏,使大脑神经中枢处于兴奋状态,会引起植物神经紊乱,体内激素水平失衡,从而导致免疫力下降,诱发各种疾病。有的大学生迷上网络后,终日躲在宿舍或网吧,不见阳光,脸色苍白,身体虚弱,走路都有点摇摇晃晃,长此以往,无异于自残身体,健康迟早会被毁掉。

各种调查数据分析显示,网瘾大学生的身体健康不同程度地受到了损害。

首先,长时间在电脑前僵坐,做重复、机械的运动和操作,容易引起眼睛疲劳、视力下降、腰酸背疼、背部扭伤、全身不适等不良的生理反应。很多网瘾大学生因为长期盯着电脑,视力受到极大的破坏,视物错花、眼神涣散、怕光、眼干、眼涩、眼胀,严重的还出现了角膜炎和暂时性失明。另外,长期僵坐也导致了许多大学生患上了肩周炎、脊椎弯曲、颈椎病、肘关节炎、腕关节炎、鼠标手等症状。长此以往,会导致大学生的身体健康严重受损,甚至影响一生的幸福。

其次,容易神经衰弱。网瘾大学生玩网络游戏时,不眠不休,大脑处于高度亢奋状态,伴随着血液加速、心跳加快,人的体力、精力消耗很大,却又得不到休息,所以便引发注意力难以集中、倦怠、头晕、头痛、思维模糊、记忆力减退、反应缓慢、情绪低落、神思恍惚、易烦躁、易怒等症状。

再次,身体免疫功能下降。对于网络成瘾者来说,无节制地长时间上网,导致睡眠节律紊乱、头昏眼花、食欲不振、疲乏无力、形容憔悴等症状出现,势必造成体内激素水平失衡,引起免疫功能下降。如果不知饥渴、不分昼夜上网,就如在吸食“电子海洛因”一样,对身体的危害不会亚于大麻、白粉等毒物。

最后,网吧环境影响心肺健康。一般而言,大学生所去的网吧环境不会很好,电脑多,辐射大、人口密度高、空气不畅。烟味、食物味、汗臭味,五味俱全,机器声、打闹声、脏话声,声声刺耳,卫生、环境条件极差,这对大学生的身体健康是一个极大的损害。英国过敏症基金会的研究人员近年来发表的一份研究报告指出,电脑会释放有害人体健康的臭氧气体。这些臭氧气体不但有毒,还有可能造成某些人呼吸困难。对于那些哮喘病和过敏症患者来说,情况就更为严重了。较长时间待在臭氧气体浓度较高的地方,还会导致肺部发生病变。另外,大学生在网吧冲浪时,达到了可以不吃饭、不睡觉的疯狂地步。受到光线、疲劳、饥饿等因素的刺激,可能导致先天性心脏病患者心跳暂停、缺血,进而引发其他疾病,导致猝死。

在现实生活中,大学生因为沉湎于网络而导致身体健康受到损害,甚至造成生命危险的事例屡见报端:

事例一 天堂变地狱,通宵上网,西安21岁大学生劳累死亡

2002年9月6日,西南某大学三年级一位男生通宵上网后,于第二天中午回到宿舍。第三天,他突发疾病,医院全力抢救,仍未能挽救他的生命。在他的病历上,记载着“重症胰腺炎、暴发性菌痢、血糖增高、急性肺水肿、多脏器功能衰竭”等病症。医生认为是劳累过度导致了他的死亡。所谓的“劳累”,就是指他通宵上网。这名学生体质不好、

性格内向,死亡可能是多种原因导致的,而9月6日通宵上网则是他死亡的诱因之一。这位男生生前曾把网络视为自己的天堂,而当他21岁时,网络真的把他带进了天堂。(摘自:《天堂变地狱 通宵上网西安21岁大学生劳累死亡》,《人民网》,2002年12月14日)

事例二 武汉一大学生连续上网5小时脑死亡,抢救无效撒手人寰

2003年2月27日,武汉某大学计算机系大一学生唐某上午第四节课(11时50分)下课后,顾不上吃午饭,直奔学校门外一家网吧去打网络游戏。在网吧空腹连续上网5小时后,唐某突然感到头疼,浑身无力,继而昏迷过去。医院收治后,紧急抢救却无力回天,通过全面诊断,结论为"脑死亡"。唐某靠呼吸机维持着心跳这唯一的生命体征几天后,不幸死亡,年仅21岁。

医生从病理医学角度分析说,唐某上午已上了4节课,连午饭都未吃便直奔网吧。在身体处于饥饿状态、大脑处于疲劳状态的情况下,大脑再长时间保持紧张、兴奋状态,其脑力、心脏和循环系统可能出现衰竭及其他病变,人体无法进行正常的自我调节,就会出现昏迷、猝死或脑死亡等可能。唐某在上网游戏过程中,由于情绪过于紧张,头颅内血管压力增高,从而引起脑动脉瘤破裂,头颅内大面积脑出血,形成脑疝,导致脑死亡。(摘自《武汉大学生泡网5小时后昏迷不醒认定脑死亡》,《楚天都市报》,2003年3月2日;《武汉一大学生连续上网5小时脑死亡,抢救无效撒手人寰》,《爱喜城市·武汉新闻(http://city.icchina.com/news)》,2003年3月3日)

事例三 接连上网三个通宵,一大学生猝死宿舍

2004年10月20日,南京某高校工商管理专业一名大三学生许某猝死在宿舍里,死亡前曾在附近的网吧包夜三天。据了解,体质虚弱的许某经常流连于网吧,彻夜不归。10月20日早晨,在网吧连续包完第三个夜晚后,他疲倦地走进了宿舍,一头躺在床上。据室友介绍,许某回来后面色铁青,有气无力。大家知道他连续泡了三天三夜,累坏了,劝他多休息。中午11时左右,隔壁宿舍人来找他,喊了几声,未见其答应,遂上床前推了他一下。这一推让室友大惊失色:他的身体已经变得又冷又硬了!(摘自《接连上网三个通宵,一大学生猝死宿舍》,《南京晨报》,2004年10月21日)

事例四 大学生通宵上网险丢性命

2006年12月15日晚上,贵阳市某高校的大学生小苟在网吧里和网友们整整聊了一个通宵,连早餐也忘记吃了。次日中午12时许,实在饿得不行的小苟才从网吧里面出来。没走几步就觉得两眼一黑,一下子晕倒在地。周围的同学赶紧就拨打了96999急救电话。急救医生立即驱车前往现场,对小苟采取了急救措施,但小苟仍没有醒来。急救医生随后将小苟送到医院抢救。经过半个小时的紧张抢救之后,小苟终于苏醒。

急救医生说,小苟的主要症状是虚脱、抽搐、神态恍惚、眼睛合不拢。这是由于上网

时间过长，缺乏睡眠，用脑过度，进而损害脑细胞而引起的。幸亏小苟被及时送到医院抢救，否则就可能有生命危险。（摘自《倒在网吧门口睁眼已在医院 大学生通宵上网险丢性命》，《贵州商报》2006 年 12 月 17 日）

事例五　湖北一大学生上网过度猝死

2009 年 12 月 5 日，湖北工业大学土木工程系一位大二男生梁某猝死于宿舍，死前曾在网吧通宵上网 4 天。12 月 5 上午 7 时许，梁某通宵上网后回到寝室睡觉，一直到下午七点还没醒来，室友觉得有些不对劲，用手推了他一下，却发现梁某早已浑身冰凉，没了呼吸。校保卫处将其送医院抢救，却为时已晚，20 岁的年轻生命画上句号。医院鉴定小梁为猝死。

协和医院神经内科的副教授胡波表示，长时间上网会导致脑血管缺血缺氧，心脏负荷加重，而且疲劳后会使隐匿性疾病爆发，切不可沉溺网络。（摘自陈希，周璐《一大学生通宵上网后猝死 家长怒向学校讨说法》，《楚天都市报》2009 年 12 月 9 日）

虽然大学生因连续上网猝死只是个别现象，但却给我们敲响了警钟：珍爱生命，远离网瘾！

身体是革命的本钱。大学时代处于人生求学的黄金时期，也正处在身体发育尚未完善的时期，一定要把身体健康放在首位。控制上网时间，杜绝网瘾，不要把身体健康和美好的青春年华透支给网络。

三、情感冷漠，社交能力受损

大学时期，大学生除了要完成学业这项首要的任务外，还面临一项重要的任务——社会交往能力的培养和形成。大学生要完成这项任务，就需要在现实生活中注重人际交往，积极和他人打交道。但是，大学生网络成瘾者却用“人机交流”取代了“人际交流”，用虚拟网络世界取代了现实生活世界，用人对网路的依赖关系取代了人与人之间的依赖关系。网瘾大学生恨不得将所有时间献给网络，他们过度沉溺于网络的虚拟角色，与他人交往的时间越来越少，对现实情感开始疏远，对老师、同学、朋友甚至家人的情感也变得冷漠。这必然会降低大学生的社交能力，进而在现实生活中产生了人际交往障碍。

当他们在现实生活中遇到困难和挫折时，常采取“退避”、“自责”和“幻想”等不成熟的方式来应付。

小张是北京某高校一位大学生，他在迷上网络游戏前，是个性格很好的男孩，与老师、同学相处融洽，对父母体贴关心，还谈了一个女朋友。自从疯狂迷上网络游戏后，小张几乎把所有的时间和精力都“奉献”给了网络，课也开始逃了，班级活动也不参加了，电话也不定时给外地的父母打了，甚至连女朋友也顾不上见面约会了。他满脑子想的全是游戏，半天不上网就神不守舍，动辄发怒。玩游戏不到一个月，他就与女朋友分手了。失恋并未给小张带来多少痛苦和失落，因为在游戏里，他娶了好几个“老婆”，还有很多网友陪他一起玩。父母给他打电话来，他也懒得接，说几句话就匆匆挂掉，马上又钻进游戏世界中去了。偶尔他也会主动给父母打电话，但目的不是问候二老，而是张口要钱。后来，小张感觉与老师和同学越来越陌生了，他觉得老师好像没有以前那样可亲，同学也不爱和他说话了。在班级里，他好像是一个“真空人”，呼吸的空气和大家都不一样。在网上，小张指挥千军万马，一呼百应，朋友成群。但是在现实生活中，小张没有多少朋友，感到很孤独、很失败。他有时会想到自杀，但又没有足够的勇气。他想好好学习，但却对学习提不起兴趣；他想和同学恢复以前的融洽关系，但同学们感兴趣的事情，他觉得很无聊。他和同学没有了共同语言，更加感觉失落和孤独。心情一不好，他就去上网；越上网，他的心情就越不好。只有在网吧打游戏的那段时间，他是没有任何烦恼的。

小张的例子让我们看到了网瘾对大学生情感、社交能力的消极影响。

过渡沉溺于网络，势必占用大学生的大量有效时间，其中包括学习时间以及与老师、同学、亲友等人的沟通交流时间。与现实生活中的人群打交道的时间减少，会更加缺乏人际交流，就会与老师、同学、亲戚和朋友的关系变得越来越冷漠。迷恋于网络，不关心他人，对现实社会缺乏足够的了解，在现实生活中适应能力差，这势必会严重影响大学生的人际关系，降低他们在现实世界中的社会交往能力，使他们逐步出现人际关系障碍，难以应付复杂的外界环境，甚至产生自闭倾向。

四、导致人格障碍

长期沉溺于网络世界中的大学生，常常伴有心理和行为上的异常，在日常生活中往往会出现人格异化的特点，形成某种程度的人格障碍，如偏执型、分裂型、攻击型等人格障碍。

1. 偏执型人格障碍

有的网瘾大学生在现实生活中感到自己活得很失败，原因很多，或者是因为学习成绩不好，或者是因为和老师同学相处不好，或者是对比自己优秀比自己漂亮的同学产生强烈的嫉妒，或者是总觉得同学在背后嘲笑、歧视自己，或者是认为自己很优秀却不受大家重视，或者是认为老师同学帮助自己是因为他们觉得自己可怜，或者是遇到了挫折……而在网络上，他们却不存在这些烦恼，不存在任何压力。对他们来说，网络犹如一个快乐自由的“世外桃源”，而他们就是这个“世外桃源”里的主宰和宠儿。在这个“世外桃源”里，他们想要什么就有什么，想干什么就自由地干什么，想变成什么样的人就变成什么样的人，看谁不顺眼就杀掉谁。网络世界给他们带来了现实世界中得不到的心理满足和成功，却不用担负现实生活中的责任，更不需要考虑他人的需要和感受。

网络世界和现实世界的巨大差异，强化了网瘾大学生的偏执和曲解。他们敏感多疑，对困难和挫折极度地感觉过敏，对侮辱和伤害耿耿于怀，从来不信任别人的动机和愿望，对自己的能力估计过高，往往把现实生活中遇到的烦恼和挫折都归咎于命运或他人的错误，这就形成了外归因的认知偏差，进而形成偏执型人格障碍。

2. 分裂型人格障碍

大学生网络成瘾者几乎投入了所有的时间和精力在网络的虚拟世界里，同时他们又不得不生活在现实世界里。时间一长，他们就无法有效地实现虚拟世界与现实世界的角色转换，分不清虚拟自我和现实自我的界限，“到底是庄生变成了蝴蝶，还是蝴蝶变成了庄生?”这样，他们就有可能渐渐失去对现实世界的感受能力和积极参与意识，产生孤僻、冷漠、紧张、忧虑、警觉、沉默寡言、不合群、烦躁不安、易受环境支配、缺乏责任感和诈骗等心理现象，进而形成“虚拟人格”。久而久之，这种“虚拟人格”固定下来，就会在心理上出现某种程度的分离状态，严重时诱发人格分裂障碍。

3. 攻击型人格障碍

网络游戏中的暴力行为容易引发大学生的攻击型人格障碍。现在的网络游戏良莠不齐，很多游戏中有暴力情节的血淋淋的场面。在游戏中，网瘾大学生常常会遇到攻击型内容，如果他们经常性地接触带有攻击性内容的网络游戏，并试图通过攻击性相关方式实现自己的目标时，就有可能表现出攻击性倾向。

出现攻击型人格障碍的网瘾大学生主要是男生。进入大学后，男大学生自认为已经长大成人了，做人做事要像个真正的男子汉了。但是，这些网瘾男大学生对男子汉的理解多是片面性的，他们对男子汉的认识主要来自于网络游戏中的男性角色。在男大学生玩的网络游戏中，经常有男性打打杀杀的场面，在游戏世界里，所有的问题都可以通过武力来解决。受到网络游戏中男性角色的影响，他们认同并强调男子汉应该具备刚毅、果敢、义气、力量、善攻击等特征。“今天，你‘杀’了几个人？升了几级?”“这个周末有安排了，我要去‘杀’人升级。”“再‘杀’几个人，我就升到×级了”……不知从何时起，这样的暴力语言，在大学校园里开始悄然流行。

玩暴力游戏对网瘾大学生产生了不良的影响，会刺激他们产生攻击性、反社会性倾向，降低对他人受苦的敏感性，变得冷漠无情。网络游戏中的角色具有典型的攻击、反社会人格。这种虚拟人格潜移默化地影响到大学生，并逐渐渗透到大学生现实生活的人格当中，使他们的生活态度发生很大变化，影响到他们在现实生活中的行为，表现出明显的攻击倾向和反社会行为。2007 年 4 月 16 日，美国弗吉尼亚大学发生了震惊世界的“校园枪击案”。凶手韩国学生赵承熙作案前寄给媒体一张照片，照片上他持枪的姿势，与韩国一部电影《老男孩》中的持枪镜头十分相似。美国警方认为赵承熙至少精心准备了一个月，并专门进行了射击训练，作案当天他至少连开 200 枪。一部电影对学生的攻击性影响就这么大，更何况是大学生们为之疯狂的网络游戏！

网瘾男大学生模仿能力强，自控力差，易于冲动，极易受到游戏中暴力行为的影响，很容易把虚拟现实化。在现实中遇到问题时，他们的第一反应就是用暴力来解决，他们会在同龄人面前，特别是有异性在场时表现出较强的攻击性，以证明自己是一个男子汉，随之就会出现打架斗殴、拉帮结派，甚至杀人犯罪等不良社会行为。

由网瘾导致的其他人格障碍还有冲动型、强迫型、表演型、退缩型和自恋型等。

五、道德失范

大学时期,是大学生人生发展和品德形成的关键时期。处在互联网时代的大学生,其道德判断和道德行为不可避免地会受到网络世界的深刻影响。尤其是大学生网络成瘾者,他们长期将大量时间消耗在网络上,网络对他们的道德品质的形成影响更大。

德国学者巴巴拉·贝克尔得出这样一个结论:网络活动的最大特点就在于虚拟性,缺乏约束和监督。虚拟状态既为网上行为提供了无拘无束的屏障,也给不正当、不道德的行为披上了漂亮的外衣。

网络具有匿名性、即时性、范围广、自由度高等特点,网民们在网上交流可以不受现实生活中的道德规则和社会规范的约束。网络的这些特性综合起来突出的表现为"去抑制性"。研究表明,大学生网络成瘾者比大学生普通上网者的"去抑制性"程度要高出很多。也就是说,由于网上没有传统社会的人际、法律、道德、舆论的约束,亦不需要与其他上网者面对面地打交道,大学生在网上可以无拘无束,甚至可以无法无天,做出一些平时不被允许或没胆量做的行为,如脏话、谎话、人身攻击、网上多角恋、虚拟性爱、浏览网络色情影视、恶意攻击网络运行(即黑客行为)等。当道德责任感缺失时,一些网民变得无法无天,滥用自由权利,他们可以在网上做任何有悖于道德的事情,而不用担负道德上的任何责任。不少大学生就是从网络聊天室中学会了撒谎、骂人,并把这种不道德的行为继续用在网上聊天中。中国科学院的一个课题组在北京 5 所高校进行了《互联网对当代青少年的影响调查》,结果显示,31.4%的大学生并不认为"网上聊天时撒谎是不道德的",有 37.4%的大学生认为"偶尔在网上说说粗话没什么大不了的",还有 24.9%的大学生认为在"网上做什么都可以无所顾忌"。

网络是个信息宝库,同时也是一个充斥着信息垃圾的场所。网络上既有积极的有价值的学术信息、娱乐信息、经济信息,同时又有大量黄色、暴力、反动言论等有害信息混杂其中。据有关专家调查,网上非学术性信息中,47%与色情有关,每天约有 2 万张色情图片进入互联网。这对处于成长阶段、好奇心强、辨别能力差的大学生具有很强的诱惑力。史密森博物馆是美国著名的博物馆之一,其网站一周内的访问量不到 30 万人次,而同在美国的色情刊物《花花公子》网站一周的访问量却高达 470 万人次,是前者的 17 倍!其中,青少年访问者占了相当大的比重。大学生在网上无拘无束的行为习性,容易导致自我约束力下降,面对大量泛滥的不健康信息,难以抵制。网瘾大学生沉迷其中,是首当其冲的受害者。

网恋、网婚都是时下比较风靡的虚拟爱情关系。这种虚拟的爱情关系让大学生心理需求得到了一定的满足,丰富了大学生的情感生活。但是,如今这种虚拟行为已经延伸并影响到现实生活,并对大学生的恋爱婚姻道德观产生不良影响。网婚服务提供的是一种没有道德约束的游戏。在网络婚姻中,"一夫多妻"、"一妻多夫"、多次离婚等是常见现象,一些尚未涉足婚姻的男女大学生想提前尝试婚姻的滋味,第三者、第四者可以随时插足……这些都是和我国婚姻法规定的"实行婚姻自由、一夫一妻、男女平等的婚姻制度"等内容相违背的。在现实感情世界里,爱情是自私的,婚姻是神圣的,像网上那样同时拥有多个配偶是不道德的，也是违法的。网婚追求的是一种纯粹的自由，但却忽视和淡化了现实的规则，造成了人的价值危机和伦理危机。网婚的出现，从道德观念上冲击着大学生的视角，他们习惯了网婚的随意性，对爱情不忠诚专一，对婚外情不置可否，这些都更容易使他们对将来的婚姻和家庭不负责任，从而造成社会问题。

六、诱发违法犯罪活动

网络作为一个自由开放的虚拟空间，在给人们提供足够便捷的同时，也正在成为诱发犯罪的温床。专家指出，网络成瘾正在成为诱发大学生违法犯罪的重要诱因。

首先，“泡网”是引发违法犯罪的诱因之一。大多数迷恋网吧的大学生没有自己独立的经济来源，不分白昼黑夜地泡在网吧需要花费大量的金钱，当他们囊中羞涩无力支付上网的费用，却又抵制不住网吧诱惑的时候，一些自我控制能力差的大学生，就可能不自觉地产生偷窃、抢劫的念头，为弄钱上网而走上犯罪道路。更有一些瘾头较大的大学生甚至参加一些更为恶劣的违法犯罪事件。

其次，网络游戏中的血腥场面、暴力行为，对大学生产生了潜移默化的影响，为大学生提供了不良的榜样作用与可操作的行为模式。进入大学后，大学生由于学习压力的骤然减轻、就业压力的加重、生活目标的迷茫、人际关系的淡漠等因素，不少人开始走进网吧打发时间、发泄情绪。沉溺于网络的大学生，大多数都喜欢玩一些以“攻击、战斗、竞争、打怪、升级”为主要内容的网络游戏。在许多受大学生青睐的作战闯关游戏中，两方或多方对垒，以消灭对方为目的，血腥、暴力画面频频出现。游戏中的暴力情节和帮派组织很容易使他们形成错误的暴力观念和帮派意识，在他们的心中种下犯罪意识的种子。专家指出，玩暴力游戏会增加攻击性，刺激反社会倾向。越喜欢玩暴力游戏的大学生，其反社会倾向越严重，在对抗法律法规、对抗父母以及冲动不计后果几方面都有影响。网瘾大学生模仿能力强、自制力差，性情容易变得冲动，极易受到网络游戏中不良信息的影响，进而做出打架斗殴、敲诈“雷肥”、诈骗、抢劫甚至杀人等行为。有一些大学生因为长时间迷恋网上的枪战、杀人等游戏，在现实世界中，他们经常也是打打杀杀，不是弄得这个头破血流，就是把那个打得鼻青脸肿，生活充满着血腥味，这些游戏使人都成了“知人知面不知心”的危险人物。2004 年 5 月，江西某学院一名大四学生上网成瘾，得了狂想症，造成了杀死两人、重伤五人的惨剧。

再次，网上大量的黄色信息泛滥，扭曲了大学生的心理，诱发大学生违法犯罪。一些大学生因为经常浏览黄色网站，或沉陷于网聊、网恋、网婚之中，最后发展到在现实中实施性犯罪，或者破坏别人的家庭等犯罪行为。据调查，大学生已经成了中国网络色情犯罪的主力。虽然大学生具有一定的知识文化水平，对网上黄色信息的入侵具有一定的免疫力，但网上黄色信息的泛滥如洪水暴发一般，色情图片、文字、电影及音乐等扑面而来，避之不及。“网络黄潮”、“色情文化”给大学生的身心健康以极大的摧残。这些不健康的内容，造成大学生自我过分放纵，法律以及道德观念淡薄，人生观、价值观扭曲，继而迷失方向。大学生应有的自我心理调节和社会约束一旦失控时，性犯罪的出现在所难免。据调查，接触过黄色信息的大学生 90％以上有性犯罪行为或动机。

某高校一名男大学生邢某，经常在上网期间浏览黄色网站，慢慢沉溺其中不能自拔，后来在网站上冒充小孩家长，以“为孩子请家教”为名，骗取寻找兼职家教的女大学生叶某的信任，并将其骗至家中扣留，期间多次欲对其实施强暴，均因叶某反抗未果。后叶某趁其熟睡逃脱，并报警。警方接警赶到，将还在熟睡的邢某抓获归案。检察院经过依法审查，以涉嫌强奸罪（未遂）对邢某依法提起公诉。检察机关审查后认为，被告人邢某思想淫乱，以暴力相威胁的手段奸淫妇女，其行为已触犯《刑法》，依据《刑法》，被告人将面临3年以上10年以下的有期徒刑并处罚金。

网上游戏、网上聊天和网上色情是网络三魔爪，又被称作“电子海洛因”，许多自制力不强的大学生一旦接触，便深陷其中而不能自拔，并会以此为诱因，走上违法犯罪的道路，给平静的学校、家庭、社会带来巨大的波澜，严重破坏家庭的安宁幸福、学校正常的教育教学秩序以及社会的稳定。而大学生自己既是犯罪者，又是受害人，因为他们要为自己的违法行为付出代价，自食其果，一生中都难以摆脱这个污点。有的人可能由此出现人生道路上的大转折，人生轨迹从此改写。

第三章　大学生网络成瘾的成因

大学生网络成瘾的形成有多方面的因素，归纳起来，可以分为外因和内因两种。外因主要包括家庭因素、学校因素和社会因素等方面，内因主要包括大学生的生理因素和心理因素两个方面。

第一节　大学生网络成瘾的家庭因素

我们常说“家庭是孩子的第一所学校，父母是孩子的第一任教师。”家庭对个体成长的影响最早、最大，也最持久。在一般的情况下，人都是出生、成长、生活在一个家庭之中，并受到来自家庭的教育。家庭是孩子的第一所学校。一个孩子从呱呱落地时起就受到家庭环境的各种影响，父母和祖辈的言行都潜移默化地影响着孩子。孩子在家庭接受启蒙教育，得到生活保障，受到品德修养的陶冶，获得生活经验和一定的知识，然后再进入到更广泛的社会领域中去。在家庭这所学校里，父母是第一任教师。父母的教养方式、父母的文化水平及道德修养、父母对人际关系的处理方式、家庭成员关系、家庭氛围、家庭的经济条件等因素，都深刻地影响到孩子的成长。

大学生的成长和家庭因素息息相关。大学生的健康成长、成才与家庭的良好因素有关，反之亦然。大学生在成长中出现各种问题也往往与家庭的不良因素有关。大学生网络成瘾问题，同样也与家庭的不良因素有关。在实际生活当中，大学生网瘾群体问题的根源不是“网瘾”，而是“心瘾”。网络成瘾只是大学生个体心理问题的外在表现形式，而网络成瘾的关键则是个体心理问题的成因。在大学生网络成瘾的诸多因素中，家庭因素是导致大学生网络成瘾的主要原因。同济医学院公共卫生研究中心2005年公布的调查显示，网络成瘾的孩子中有90％是因为家庭教育环节出现了问题，其他原因占10％。

家庭是影响个人心理健康的最初的重要因素。人从出生开始到长大成人，有相当长的一段时期需要在家庭中度过，也正是这一时期奠定了个人一生心理健康的基础。大多数孩子的心理问题都出在父母身上。孩子的心理问题可以折射出家庭的问题，可以反映出父母的教育方式，甚至父母的心理问题。

一般说来，家庭对大学生网络成瘾的影响主要表现在以下几个方面：

一、家庭结构

家庭结构的复杂性和不稳定性是大学生网络成瘾的重要原因之一。

所谓家庭结构，是指家庭的组成成员及其组成方式。当代的家庭结构类型一般有大家庭（如三世同堂、四世同堂、五世同堂）、双亲家庭（第一次婚姻组成的完整家庭）、单亲家庭、再婚家庭、丁克家庭、空巢家庭等。其中,大家庭、单亲家庭、再婚家庭是大学生染上网瘾的重要原因。

(一)大家庭与大学生网瘾

大家庭在我国农村居多,在城市中也有,不过越来越少。

三世同堂,或者少数四世同堂的大家庭,家庭成员众多,经历各不相同,文化程度不一,思维方式和观念差距较大,这就往往使家庭关系变得比较复杂。在教育孩子的方式上,长辈们的观念和方法难以统一,不容易形成合力,让孩子无所适从,影响孩子的健康成长。

一般来说,父母对孩子管教比较严格,而祖父母却比较溺爱孩子。当父母管教孩子时,祖父母往往会出面干涉,护着孙子或孙女,而不管孙子孙女的所作所为是否正确。祖父母出面做孙子孙女的庇护伞,常常是让父母感到头疼的事。一般来讲,祖父母对孙子孙女的关怀,更多的是出于对天伦之乐的享受,不像父母那样需要承担很重的责任,因此他们对自己所表达的爱的方式不加考虑。祖父母认为自己的出发点是保护孩子,却不料起了反作用,有了他们这把庇护伞,孩子们不但不服父母管教,而且更趋于娇纵与溺爱,甚至变得无法无天。这对孩子们的成长其实是不利的。他们长大后,往往很难改掉从小形成的不良习惯。

小斌是北京某高校的一名男生,他来自北京某农村一个四世同堂的大家庭,家里有曾祖母、祖父母以及小斌的父母。因为是三代单传的独苗,小斌从小就被曾祖母和爷爷奶奶视为掌上明珠,异常宠爱,像个活菩萨似的供着,好吃的,好玩的,要什么就给什么。有时小斌犯了错,父母刚教育几句,爷爷奶奶马上就奔过来“护驾”,反而批评起小斌的父母,曾祖母也抡起拐棍指着小斌的父母说:“你们谁敢动我宝贝重孙的一根毫毛,我这把老骨头就跟谁拼命!”在这种情况下,小斌父母的教育方针往往不能实施。只要有曾祖母和爷爷奶奶在,他们就无法管教小斌。久而久之,小斌变得有恃无恐,益发倔强任性,不服管教。进入大学后,没有人像曾祖母和爷爷奶奶那样的围着他转,他感到很不适应,再加上从小养成的倔强任性的性格,使他和同学很难处好关系,失落的小斌常常跑去网吧寻找“知己”聊天,后来又迷上了网络游戏。自控力不强的小斌渐渐染上了网瘾,常常跑到网吧通宵达旦地玩网络游戏,周末也不回家看看,电话也不打一个。小斌父母知道后,耐心劝导小斌以学业为重,戒掉网瘾,但小斌根本不听。父母一气之下,减少了每月给小斌的生活费,让他饿不死就行,零花钱一分也不给。小斌打电话向爷爷奶奶“告状”,爷爷奶奶马上扔下手里的农活,倒了几趟公交车来到小斌宿舍,专门来给孙子送“上网费”。小斌父母既管教不住小斌,又劝说不下祖父母,对此奈何不得,一筹莫展。

小斌是一个典型的被大家庭长辈惯坏的例子,因为处处有曾祖母和爷爷奶奶撑腰,小斌养成了不服管教的习惯,而且任性倔强,自控力不强。进入大学后,离开了长辈的呵护,小斌不能很好地适应新生活,就去网上寻找安慰,很快沉溺其中不能自拔。

（二）单亲家庭与大学生网瘾

单亲家庭也是大学生网络成瘾的重要原因之一。

单亲家庭，是指家庭中只有父亲或母亲，是一种家庭结构不完整（或缺损）的家庭。单亲家庭出现的原因一般有两种：父母离异或父母一方死亡。这种家庭由于结构不完整，其家庭教育功能也大部分不完整，这对孩子的成长是不利的。在单亲家庭中长大或生活的孩子，很容易在成长道路上出问题，还有可能造成成长期心理自闭等不良后果。

小玲是北京某高校的一名大一女生，最近她刚刚领了“结婚证”。她的“老公”小奇也是一名在校大学生，在武汉某大学读大二。说起两人的这段“姻缘”，还真是“门当户对”，因为他们都是生活在单亲家庭的孩子。

小玲的父母在她上高二的时候离婚了，因为她的父亲有了外遇，之后小玲和妈妈开始了单亲家庭生活。父母离异这件事对小玲的影响很大，她一直不能原谅父亲，也很怕听到别人谈论这件事。看到那些有父母疼爱的同学，她就感到很自卑。原来活泼开朗的她，性格开始变得内向、孤僻，经常发呆，不喜欢与人进行情感交流，心扉被一把牢固的铁锁锁上了。考入大学后，她还是摆脱不了这种困扰，开始去网吧寻求心理安慰。在网上聊天室里，她遇到了小奇。

小奇也是一个不幸的孩子。在他读大一期间，他的母亲出车祸死了。失去母爱的小奇不能接受这个现实，他消沉了很长一段时间。作为一个男孩子，他的自尊心很强，不轻易在别人面前表露自己的痛苦。他选择了上网聊天，借以宣泄内心的痛苦与烦恼。后来，他在网上“邂逅”了小玲。

因为有着相似的经历，小玲和小奇有了共同话题。两个人相互安慰，相互关心，感情越来越深。终于有一天，小玲和小奇决定缔结网络婚姻，他们去一家网站领了“结婚证”，办了婚礼，成为了一对“夫妻”。他们要营造一个属于他们自己的完整家庭，再生个宝宝。他们约好，这场“网婚”，他们要好好珍惜，绝不轻易放弃，不对他们自己的“宝宝”产生任何伤害！

网婚，是需要经常花时间上网来经营的。自从“结婚”后，小玲和小奇“一日不见，如隔三秋”，“小两口”每天上网聊家常，商量一日三餐“吃”些什么。两个人经常逃课去网吧，每天上网聊天的时间常常是 6 个小时以上，周末聊通宵更是常事。

像小玲和小奇这种在单亲家庭长大或生活的大学生，因为缺乏父爱或母爱，缺乏与他人情感上的交流，心理安全感变弱，很容易去网络世界寻求安慰。而长时间上网交流和表达感情，必然对网络产生依赖关系，不知不觉地沉迷在网络的虚幻世界中，染上网瘾。

（三）再婚家庭与大学生网瘾

目前，我国约有 3 亿多个家庭，因为种种变故，许多家庭破裂了。1995 年，我国离婚人数已突破百万大关。随着我国离婚率的不断上升，再婚家庭的比例也越来越高。在再婚家庭中，存在着一个不容忽略的问题：子女问题！

一般来讲，在因家庭结构而引起的大学生网络成瘾者中，来自再婚家庭的比例比来自一般家庭的要高。

再婚家庭，是指夫妻中至少有一方因丧偶、离异等原因再次结婚组成的家庭。电视剧《家有儿女》中夏东海和刘梅组成的就是再婚家庭。不过在现实社会中，像《家有儿女》中那样幸福和谐、孩子得到温暖和抚慰的再婚家庭比较少，大部分再婚家庭中的孩子都会出现与家庭新成员关系适应的问题，其中以不和谐者居多。

从情感方面来讲，由于再婚家庭中继父母的某一方是家庭的新成员，且与孩子没有血缘关系，孩子在感情上不易接受对方，通常会把这个新成员视为原生家庭的“入侵者”，很容易对其产生敌对情绪，也难免与之发生冲突。特别是在单亲家庭生活了一段时间的孩子，更是对继父母充满了嫉恨的心理。在孩子的眼中，亲生父母的离异已经使他们得到的爱减少了一半，而现在继父母又闯入他们的家庭，成为剥夺他们那另一半残留的爱的“敌人”，因此他们对继父母从心底里产生了排斥感。

从养育方式来讲，继父母的养育方式如果不一致，就会给孩子带来巨大的心理压力。因为孩子要适应新的抚养、教育方式，必然会有一个磨合期，在磨合期内各方都比较敏感，容易引发矛盾。如果磨合不好，孩子更难以接受对方的教育。有的再婚家庭中的夫妻双方会因为孩子的养育问题产生分歧和争执，家里充满了火药味，某些继父母甚至会责骂和殴打孩子，这也给孩子带来了伤害和打击。

从生活习惯来讲，再婚家庭成员由于各自原来的生活习惯、生活方式不同，难免会产生摩擦，尤其是当继父母试图改变或干涉孩子的生活习惯时，很容易引起孩子的反感和敌意，也容易给孩子带来心理伤害。

从继子女人数来讲，如果再婚的双方都带有孩子，那么家庭的情况就更为复杂了。因为父母很难做到绝对公平地对待两个孩子。即使父母对两个孩子的态度比较公平，但孩子自己的感受可能是不一样的。

总之，再婚家庭的孩子教育是一个棘手的问题，这些家庭的孩子更容易出事。

网瘾大学生中有不少是来自再婚家庭的。他们正处于青春期，比较敏感，对继父母比较抵触，甚至觉得亲生父母中的一方是站在继父母的立场上，不再像以前那样爱自己了。这些大学生在家里得不到想要的温暖，但是在网络上，他们提出的任何一点儿小小的请求都会得到不少人的帮助。现实生活世界和虚拟网络世界在人文关怀方面的反差，很容易让再婚家庭的大学生“躲”进网络，最终被“网”住，难以脱身。

二、父母的教养方式

子女教育是社会各个家庭普遍关心的话题，在教育过程中，最值得重视的是父母对子女的家庭教养方式。父母是孩子最初也是最重要的老师，他们的一言一行对孩子有着最为直接的影响。因此，他们教育孩子的观念、态度和方法都对孩子的发展有着极为重要的影响。

一般来讲，父母的教养方式可分为民主型、冷漠型、溺爱型和专制型。据研究，民主型的教养方式不易使大学生出现问题。而冷漠型、溺爱型、专制型的教养方式容易导致大学生网络成瘾。在冷漠型、溺爱型、专制型的教养方式下成长起来的大学生，在父母那里得到的常常是拒绝、否认或惩罚，而缺少情感温暖和理解，其人格特征和人际关系方面都会存在较多的问题，当面对复杂的社会环境时，他们很容易就出现这样或那样的适应障碍，网络便成了他们逃避生活的一种方式。

（一）民主型

一般而言，民主型是对孩子最有利的一种教养方式。这种类型的父母会表现出对孩子的爱，态度温和，能认真听取孩子的想法，能充分理解他们的要求和兴趣，尊重他们的意见。当他们在成长过程中出现问题时，父母不会加以指责、惩罚，或者置之不理，而是采取他们易于接受的方式予以指导，必要的时候在某种程度上加以控制或制止。关于民主型家庭教养方式的例子，在一些影视剧中可以管窥一斑，如美国 1985 年至 1992 年间收视率最高的情景喜剧《成长的烦恼》、我国这两年正在热播的《家有儿女》等。剧中，父母的教育理念和对待孩子们的方式值得赞赏——尊重、理解，鼓励独立，赏罚分明。在民主型教养方式的家庭中，父母在孩子的心目中有权威，但这种权威是建立在对孩子的尊重和理解的基础之上的。他们会给孩子提出合理的要求，设立适当的目标，并对孩子的行为进行适当的限制。在这种教养方式下成长起来的孩子，和父母的关系比较平等、和睦，有很强的自信心和较好的自我控制能力，并且会比较乐观、积极。

民主型家庭出身的大学生，表现出自立、自信、情绪稳定、豁达乐观、易理解他人、喜欢社交、社会责任感强、意志比较坚定，而又不乏灵活性的特点。这类大学生往往在现实生活中生活满意度较高，生活态度积极，自我调节能力较强，不用过多地在网络上寻求心理满足和依靠，因此不易网络成瘾。

（二）冷漠型

冷漠型是一种比较放任且要求较低的教养方式，这种家庭中的孩子最容易网络成瘾。这种类型的父母或者是因为工作压力大，或者是生活节奏紧张，或者是以自我为中心，只顾忙着应付自己的工作和学习，对孩子不闻不问，缺乏应有的教育和关心。孩子提出的要求，他们很少认真考虑，或者直接加以拒绝，或者敷衍了事。孩子被忽视，缺乏真正的关爱和必要的交流，心理受到极大的伤害，觉得自己在父母的心目中无足轻重，因而容易产生自卑、自私、冷酷、敌意心理。子女被父母关爱的过程也是他们学习爱的过程，从来得不到爱的人，将来也不会爱人。

这种教养方式培养出来的大学生，容易出现情绪消沉、兴趣狭隘、缺乏理想和追求、人际关系冷漠、自私自利、任性、自控力差等不良特征。当这类大学生在学习、生活、情感上遇到挫折时，不愿找人交流，容易选择网络来解决，这就使他们极易沉迷于网上聊天或受到不良人群影响而误入歧途。

（三）溺爱型

个体心理学创始人、奥地利心理学家阿德勒博士在其个性心理学畅销书《自卑与超越》中提到：有三种儿童成年后，常常是生活中的失败者——有器官缺陷的、被忽视的、被宠坏的。特别是被宠坏的孩子，很可能成为社会中最危险的一群。

溺爱型教养方式的父母对孩子表现出很多的爱与期待，但是很少对孩子提要求及对其行为进行控制。父母认为家里只有一个孩子，无论如何不能让孩子受委屈，他们把孩子放在高于一切的地位，能满足就满足，真是“捧在手里怕掉了，含在嘴里怕化了”。他们尽其所能地从各方面满足孩子的需求，包括一些不必要的甚至是无理的要求，代替孩子完成一些理应由他们自己完成的事。如做作业、干家务、值日扫地等。他们还过分保护孩子，尽力把孩子的生活道路铺得平平顺顺的，孩子遇到什么难题或挫折，他们马上出面，包办解决，似乎这样就能保证孩子幸福健康地成长。但是事实上，这种过分迁就和保护孩子做法反而对孩子的成长不利，无意间在孩子的心灵上播下了自私、任性的种子，使孩子失去了亲自动手干事情的机会，依赖性强，缺乏主见，适应新环境的能力差，容易在家庭之外的环境中处处碰壁。

在这种教养方式下长大的大学生，养成了“自我中心”的心理定势，任性、蛮横、对人不尊重、自私自利、无责任感。这种被溺爱惯的大学生进入大学校门后，缺乏独立性、自制力差、胆怯、娇弱、经不起挫折、受不得委屈，往往很难适应集体生活，与同学相处不好，在现实社会中感受不到自己存在的价值，易于产生社交退缩行为。网络为他们提供了发泄的机会，同时，他们的个性特点又使他们极易依赖甚至沉迷于网络。

（四）专制型

专制型教养方式的父母对孩子的限制性非常强，他们通常对孩子的期望值比较高，从自己的意愿出发，为孩子提出严格的要求，制定种种规定，期望孩子绝对服从，而极少向孩子解释为何要遵守这些要求和规定。如果孩子不服从，就会受到来自身体、经济或情感上的惩罚。有些专制型父母对孩子的教育很严厉，过分严格、粗暴甚至虐待，一不顺心或孩子的行为不符合他们的愿望，就对孩子发脾气或进行打骂。这些父母较少考虑孩子的感受和愿望，很少与孩子进行情感交流，不能敏感觉察到孩子内心世界的变化，经常干涉或限制孩子的行为。虽然有时这些父母为孩子设立的目标和标准很高，甚至不近情理，但却不允许孩子进行反抗。这种教养方式的父母和孩子是不平等的。在这种教养方式下长大的孩子，会比较多地表现出恐惧、焦虑、逆反、退缩等负面情绪和行为。

专制型家庭出身的大学生，与父母的关系比较疏远。其中有些大学生所读的学校或专业并不是自己喜欢的，而是父母逼着他们选择的。这类大学生学习往往不主动，成绩不理想，很少得到家庭和老师的肯定，长期下去极易导致心理抑郁、上网成瘾等后果。还有一些专制型家庭出身的大学生，性格压抑、孤独、自卑、懦弱、冷漠、缺乏独立和自我判断的能力，容易产生恐惧、焦虑、敌意或残忍的心理。遇到问题和挫折时，他们出于对长期受管制的逆反心理，不愿与家长和老师进行沟通。他们有很多自己内心的需要，但在现实中得不到满足，于是便转向虚拟的网络世界寻找理解、友情甚至爱情。而网络轻松自由的环境则会对他们产生吸引，从而造成网络成瘾。

三、家庭氛围

家庭氛围是指家庭中占优势的价值观、情绪气氛和成员关系，是父母与子女相互作用的一个重要方面。家庭氛围的良好与否，和大学生网络成瘾有着重要关系。一般来说，具有不良家庭氛围的大学生网络成瘾的可能性比家庭氛围良好的大学生要大。

（一）家庭气氛紧张、压抑

有些家庭，父母由于感情、性格、经济、家务、赡养老人、疾病等种种原因，常年争吵不休、导致家庭气氛紧张。有的父母脾气暴躁，一点很小的事都会火冒三丈，有时还会殃及孩子，对孩子责骂惩罚，孩子常常成为父母坏脾气坏性格的受害者。孩子生活在这种恶劣的家庭氛围中，经常胆战心惊，害怕受到惩罚，身心健康受到很大影响。他们通常会情绪消沉，烦躁不安，无心致力于学习，情感不能正常发展，坏脾气坏性格也会逐渐形成。

还有些家庭，父母有着不良习惯和嗜好，如酗酒、吸烟、赌博、懒散、不讲卫生等，精神文明程度低下，或一味追求低级趣味，或整日沉迷于打麻将、跳舞等活动，对孩子的学习不闻不问，对孩子的成长也很少关心。孩子们在这种家庭氛围中，不是效仿父母的语言粗鲁、不负责任、自私贪婪、吹牛撒谎等缺点，就是感觉到很压抑，很想逃离这种环境。

在紧张和压抑家庭氛围中成长起来的大学生，缺乏安全感和归属感，家庭不再是他们心灵的港湾，而成为了不愿久留之地。进入大学后，他们似乎终于得到了“解脱”，平时很少和父母联系，学校放了寒假、暑假他们也不愿回家，而是跑去泡网吧。这些大学生在学习成绩不理想、情感无所寄托的情况下，容易沉迷于网络这一虚拟世界，因为它可以满足他们在现实生活中无法得到的心理需求。

（二）父母教育理念不一致，矛盾重重

有些父母在教育孩子方面，教育理念不一致，没有统一的价值观，并为此常常争论不休，甚至发生争吵，使家里充满了火药味。这使孩子无所适从，不知道该听哪一方的。事实上，大多数父母在教育理念上都会观点不一，这并非就一定会产生不良的效果，关键在于父母双方应怎样处理这种分歧。但是，对孩子来说，他们知道父母是因为他们而发生了争吵。一些敏感、胆小、内向的孩子会因此感到惶恐不安，提心吊胆。在以后的日子里，为了不使父母发生争吵，他们常常会察言观色，谨小慎微，即使在家中也不能表现出孩子的天性，生怕因为自己的不小心又使父母发生争执。孩子在如此的自我压力下，成长会受到不利影响，尤其是在心理健康方面。

受父母争论的影响，孩子的是非观念不明确，认为哪一方在争论中获胜，哪一方的观点就是正确的。同时，孩子的自我控制能力也得不到很好的发展。自我控制能力是指一个人控制和支配自己行为的能力，这种能力是从小逐渐形成并发展的，并且需要父母的帮助和支持。当孩子出现一定的行为后，如果父母一致肯定或否定，他就会知道自己正确与否，并学会在新的环境中继续或停止、改正这种行为，从而发展自我控制能力，但如果父母意见不一致，孩子再次遇到同样的情况时，他根本就不知道自己究竟应该怎样做，更谈不上有意识地改正自己的行为。此外，当父母的教育观点不一致，在孩子面前发生争执、甚至彼此否定对方时，也会使孩子对父母产生失望的情绪。

在这种家庭氛围中成长起来的大学生，缺乏安全感，是非观念模糊，缺乏主见，容易形成双重人格。其中一些大学生既不喜欢自己的家庭氛围，也不适应大学校园生活，他

们拒绝或回避与外界交流，网络的虚幻世界很容易成为他们的避风港。

此外，大学生网络成瘾的家庭因素还包括家庭人际关系、父母的文化水平、家庭的经济条件等方面。

第二节 大学生网络成瘾的学校因素

大学生网络成瘾的学校因素主要有师生关系相对淡薄、大学课程设置不够完善、课外活动吸引力不够、管理宽松等几个方面。

一、师生关系相对淡薄

目前，大学师生关系的淡薄问题已经受到越来越广泛的关注，也是大学生网络成瘾的原因之一。

与中学的班主任全天跟班、任课教师常常授课辅导的亲密师生关系相比，大学的师生关系明显相对比较淡薄。特别是高校扩招后，在特立独行的“85后”、“90后”等涌入大学校园的数字时代，老师和学生的关系更加疏离和淡薄。

小江进入大学已经一个学期了。在这个学期里，他总共看到过辅导员三次正面，听辅导员讲过三次话：一次是入学班会上，一次是“国庆”放假班会上，一次是寒假放假班会上。小江和班级里的同学们平时在教学楼、办公楼或校园里见到辅导员时，常常是双方互相打个照面就匆匆走开了，“有时连招呼都来不及打，平时学校或院系有什么通知，都是辅导员告诉班干部，然后班干部再告诉我们。进入大学半年了，我还没和辅导员说过一句话呢，估计他连我叫什么名字都不知道。”小江如是说。至于任课教师，小江说虽然和任课老师每周都能见面，但也很少有交流。原因很多，有的老师们忙于科研课题，没有时间和他们课下讨论问题；有的老师家住得比较远，一下课就忙着赶学校班车回去，没时间和他们交流。有的老师还担任校内或校外其他行政、学术职务，更是忙得脚不沾地儿。小江说有的任课老师连他们班同学的名字都叫不全，更不消说把每个同学的名字和本人对上号了。有的同学下课后向老师请教问题，很多老师常说的一句话是“我还有事，时间比较紧张，你们有什么问题就发我电子邮箱……”虽然大部分老师都及时回信解决了同学的问题，但却少了面对面的交流，少了师生之间那种当面讨论问题的热烈气氛和亲切感。这让很多习惯于中学师生关系的大学生感到茫然和无所适从。小江说，他们感觉和老师的关系很疏远，当他们在学习和生活中遇到问题或困难时，有的人宁愿不向老师和同学倾诉，转而从网络中寻求帮助和安慰。后来有些同学就离不开网络了，他们沉浸于聊天、打游戏，连课也开始逃了。

师生关系淡薄的原因是复杂的，诚如上文中小江所说，大学老师本身是一个原因。现在的高校教师，要评职称，做课题，忙于科研或其他方面的事务，压力很大，不可避免地减少了与学生交流的时间和精力，导致了师生之间的陌生感。另外，随着高校的扩招，学生越来越多，但教师队伍不可能马上同步跟上，每个学生所能分摊到的教师资源大大减少，大部分学生只能持有一份来自于老师的“残缺的爱”，再加上很多老师无暇顾及给予这份“残缺的爱”，师生关系也因此越来越淡薄。此外，很多大学划分校区、在郊区建设大学城等因素也加大了师生关系的疏离和陌生。随着昌平、良乡等大学城的陆续兴起，很多高校的师资力量跟不上，基本都安排教师在各个校区之间来回流动授课，并在各校区之间开设班车，但由于许多老师的家在市内，上课在郊区，结果导致老师们上完课不得不马上走人，否则就赶不上校车回家。这使老师和学生课下几乎没时间当面交流，更拉大了他们之间的距离。

除了教师、学校本身的原因外，还有来自大学生方面的原因。随着90后逐渐成为校园的主力军，师生关系变得更加不易于沟通。90后是属于“脱离父母脱离老师展示自我秀出自我”的一代，比80后更加有个性，这本身就增加了师生良好关系互建的难度。从高校教师的角度来说，他们觉得这些80末、90后大学生比之前的大学生更难以管理，更难以组织教学。有些大学生组织性不强，我行我素，对学校和班级组织的学习和课外活动安排想参加就参加，不想参加就“躲”人，辅导员的话对他们来说就是耳旁风。任课老师上课时，也常常看到有些学生上课心不在焉，听mp4、玩手机（包括手机上网）、看报纸、读小说、吃零食、窃窃私语、趴着睡觉，甚至“虚位以待”（逃课走人）……老师提问时，常常遭遇尴尬的冷场，因为没有人愿意主动回答问题。学生不替老师擦板书也已是常事。有的大学生甚至说：“大学老师比中学老师多出几十倍，大部分每周才来上一次课，我们为了学分才去上课，谁还会认真听啊？老师们长什么样，我都记不住，走在校园里，我大概都认不出他们来。老师们没时间管我们，我们也懒得让他们管……”此外，还有一些学习态度比较认真的大学生，他们有着自己的大学生涯和职业生涯规划，有着巨大的学习和就业压力，他们要花费大量时间和精力考取各种证书，没有足够的时间与老师交流，这也造成了大学师生关系的淡薄。

师生关系的淡薄，使一些自我调节力和自我自控力不强的大学生觉得在学校缺少人文关怀，无人严加管束，当面对网络的温情和诱惑时，他们很容易沉浸进去，进而成瘾。

二、课程设置不够完善

课程设置是高校教学工作中的重要环节之一。高校的根本任务是培养人才，为社会各领域输出合格乃至优秀的岗位工作者。完善课程设置，提高教育教学质量，在培养人才的过程中起着极其重要的作用。

但是，目前大学的课程设置并未完善。时代在不断发展，社会在不断进步，一些符合社会需求和大学生需要的课程还没有同步跟上，这就有可能使大学生转而通过其他途径来获得这方面的知识，网络途径就是其中之一。大学生在网上搜寻自己感兴趣的知识时，如果不能合理使用网络，很容易引起网络成瘾。

在大学的课程设置中，网络道德教育、性知识教育以及社会需求专业教育等几个方面有待开展和完善。

（一）网络道德教育课程的缺失与网络成瘾

目前，虽然高校普遍开设了计算机课程，但授课内容主要是强调计算机技术的学习和应用，以及计算机网络知识的学习，而缺乏健康上网的积极引导。网络教育，不仅仅是为大学生提供网络知识的学习，还要为他们提供网络道德教育、责任意识教育以及自我保护意识教育等全方位的教育。因为缺少网络全方位教育方面的课程，很多大学生在网上放任自流，被网络游戏、网络不良信息所吸引，沉溺网络不能自拔。

互联网的出现，是人类文明的一大进步。网络本身是无罪的，大学生上网也本是无罪的。但网络世界上充斥着方方面面的信息，有健康的，也有不良的，色情、暴力、赌博、迷信、反动等网站比比皆是。面对光怪陆离、充满诱惑的网络虚拟世界，以及扑面而来的信息浪潮，一些心理发育尚未成熟、鉴别力不高的大学生很容易受到网上不良信息的误导，并因迷恋这类信息而沉湎于网络。

鉴于网络对大学生带来的负面作用，大学应开设或加强网络教育课程，不只要教给大学生上网的技巧，更要对他们进行网络道德等方面的教育，让他们不断提高自身思想道德素质，提高对各种信息的鉴别力，做到自觉抵制不良信息的诱惑，思想上筑起抵制网络垃圾的"防火墙"。

（二）性知识教育的匮乏与网络成瘾

长期以来，我国性知识教育是一个禁区，经常出现"谈性色变"的现象。其实，性是人类的一种自然属性，是正常的生理现象。性知识教育不仅仅是性的教育，而且是人的教育、文明的教育。总体来说，现代大学生对性已持相对开放的态度。性知识教育对于正值青春期的大学生来说，有着十分重要的意义。通过性知识教育，可以使大学生了解一些关于性的知识，正确对待青春期出现的一些性生理和性心理现象，对性冲动保持理智的态度；可以使他们学会保护自己，调节自己，爱护自己，发展和完善自己，更好地防止在成长发育期间产生性生理疾病和性心理障碍。对大学生进行适当的性知识教育，对他们今后的恋爱婚姻和终生幸福也是非常重要的。从社会的角度看，性教育对于提高青少年的性道德、防止性罪错、建设性文明也有普遍意义。

在校大学生的年龄一般在18～22岁，正值青春期，生理发育逐渐趋于成熟，对性这个敏感而神秘的话题，开始产生强烈的兴趣。但是，大部分大学生的性知识基本还是一片空白，除了在中学的生理课上学到的一点人体构造的简单性别知识外，他们很少受过学校的正规性知识教育。虽然有些高校开设了相关课程，但由于传统观念的影响，任课教师总是以刻板的方式进行相关知识的灌输，欲言又止，生怕"点醒"学生。这些高校的大学生对学校的性知识教育感到不满。

实际情况是，不管大学课堂是否开设性教育课程，大学生的性意识觉醒是必然的。课堂上得不到自己想知道的性知识，大学生们只好"自学成才"。在互联网日益普及的今天，大学生想了解性这种私密又神秘的东西，最方便、最善于解答疑问的莫过于网络。但是，由于大学生的性心理尚未完全成熟，容易受到网络色情信息的诱惑，他们很可能改变获取性知识的初衷，而把视线转向黄色网站，获取关于性的各种信息。久而久之，其中的一部分大学生渐渐陷入网络色情成瘾的泥潭。

（三）专业不适合社会需求与网络成瘾

目前的就业形势比较严峻，出现了大学生"就业难"的局面。很多大学生在找工作时，发现自己所学专业和社会需求不对口，用人单位所列的招聘信息中很少有自己所学的专业。即使找到工作岗位的大学生，也往往所用非所学，专业知识在工作中很少用到。

很多学生在没有步入大学前就对大学生就业难、所学专业和社会需求不对口的这些情况有所了解。进入大学后，看到大四毕业生为找工作忙得焦头烂额，他们认为大学开设的许多课程与毕业后找工作没有直接联系，开始产生"既然专业对就业没有用，那干吗还要学习它"的想法。一些对大学课程设置抱有怀疑情绪的大学生，认为学习社会需求不大的专业是在浪费时间、精力和金钱，很有可能由此产生厌学倾向。

有的大学生对所学专业不感兴趣，不能安心读书，对自己的未来没有目标，没有归属感，对自己的前途感到很茫然，容易丧失信心，产生悲观失望的情绪。在这种情况下，一些心情低落的大学生开始选择上网来发泄或逃避现实问题。久而久之，难免网络成瘾。

其实，大学生就业难的因素是多方面的，这其中既包括国家经济发展和劳动力市场这些环境因素的状况，也包括大学自身专业和课程设置方面的状况。要解决这个问题，需要多方面的合力。2009 年 6 月，教育部发布的信息显示，全国 730 余所高校共计新增普通本科专业 1662 个。就大学本身来说，在设置和调整专业时应充分考虑其与社会的对接问题。

三、课外活动吸引力不足

大学生的校园生活除了上课学习之外，还有一项重要内容——课外活动。课外活动被称为第二课堂，它不仅是第一课堂（教室）的延伸和补充，而且还是丰富学生精神生活、发展学生的兴趣、爱好和特长的重要方式。

与中学时代相比，大学生拥有大量可以自由支配的时间，也拥有更多的自由。关于大学生到底有多少可以自主安排的课余时间，可以粗略进行一下计算：除去每天 8 小时的睡眠时间，如果以每周 5 天，每天 6 节课，每节课 50 分钟来计算，大学生每周的上课时间是 1500 分钟，而剩余的课余时间竟有 5220 分钟，几乎是上课时间的 4 倍！

那么，大学生又是如何利用这部分课余时间的呢？

很多大学生参加了大学校园里组织的各种课外活动，如技能培养类、文学艺术类、理论研究类、体育休闲类、科普公益活动类、科技创新类等。还有一些大学生加入了学生社团，如摄影协会、旅游协会、演讲与口才协会、诗词协会、体育协会、礼仪协会、美术协会、科幻协会、影视协会、汽车协会、足球协会、心理社团等。这些活动活跃了大学校园文化氛围，丰富了大学生的课余生活，增长了他们的见识和才干。

但是，有些高校对大学生的课外活动重视度不够，一年才组织几次集体活动。有的高校里的学生社团不是数量少，就是发展不够完善，管理松散，活动质量低，不能长时间吸引大学生的兴趣。每年新生入学时，学校的各大社团都开始热火朝天地招募新成员，大一新生也热情高涨地纷纷报名，有人甚至同时报了好几个社团。但是没过多久，就有人感觉社团活动没什么意思，而且太耗费时间，得到的锻炼也没有预想中那样多，因而对它们失去了原有的兴趣，开始退团。在大学校园里，几乎每年都有新的社团诞生，但真正有影响力的大学社团却不多，真正让大学生得到有效锻炼也很少。

如果大学生有大量课余时间可供安排，而他们的课外活动却很少，精神生活贫乏，很多需要不能得到满足的话，那么他们就会通过其他形式来加以弥补，如逛街、看电影、上网聊天、打游戏等。当然还有一些刻苦学习的同学，把全身心投入到学业之中。但是，爱玩是青少年的天性，处于青春期的大学生仍然童心未泯，在课余时间，他们更喜欢娱乐一下身心。在各种娱乐方式中，上网受到相当一部分大学生的青睐，他们纷纷涌入网吧，查资料、下载东西、聊天、打游戏……特别是周末，学校附近的网吧满是大学生的身影。有的大学生常常通宵上网，直到下个周一开始上课，心思还在网络上收不回来。时间一长，某些大学生开始离不开网络，夜以继日地痴迷于网上虚拟世界中，染上网瘾。

四、管理机制宽松

高校的宽松管理机制和生活环境也为大学生迷恋网络提供了诱因。

跨入大学门槛的大学生，生活环境和学习环境发生了重大变化。在中学期间，他们是老师的重点培养对象，是父母的重点保护对象，无论在学校还是在家里，总有老师或家长关心和监督。进入大学后，他们脱离了原来活动范围狭窄的生活环境，置身于大学校园这个宽松而陌生的环境之中，开始了一种全新的独立性较强的集体生活，没有父母每天的关心和叮咛，没有老师时刻的监督和具体指导，班集体的概念也比中学淡薄，平时接触和打交道最多的就是宿舍成员，而这些新成员来自天南海北，生活习惯和处事方式各不相同。

在这种管理比较松散的新的生活环境中，从中学严格管制环境中走出来的大学生获得了很大的自主权。有的大学生在适应了一段时间后，很快融入了这种全新的生活。但是，有的大学生对这种宽松的环境感到很不适应，在经历了高考压力之后突然放松的情况下，在找不到新的方向目标而茫然的情况下，在缺乏自我管理能力、缺少家长老师监督的情况下，他们开始上网寻求安慰和感情寄托，并很快被丰富多彩的网络世界所吸引。

大学的管理机制相对宽松，但是往往缺少人文关怀，这容易使大学生产生逆反心理、厌倦心理和放任心态。大学生的课程和学习时间不太紧张，有可供自己支配的自由时间，有可供自己支配的金钱，摆脱了父母对自己的监控，学校附近又有很多网吧，他们不仅上网时间非常充裕，而且条件更加便利。大学生存在情感需要的丰富性与满足的有限性之间的矛盾，在现实需要受阻或遇到挫折后，他们往往求助于网络来满足情感的需要。这种情况在大学低年级学生中尤其普遍。大一新生往往存在着不合群、自卑感、人际关系不协调、学习上不适应、不会科学安排自己的生活等特点，这些都使得大学生把网络作为自己最好的安慰剂。

大学生普遍存在着从众心理与攀比心理，看到身边的同学都上网聊天、打游戏，他们也盲目地跟风，而不管自己这么做是否有意义。面对网上扑面而来的海量信息，鉴别能力不高、心理不够成熟、猎奇心理比较强的大学生很容易在虚拟的世界里无法对自己的行为进行控制，从而导致一味地沉溺于其中。

此外，大学生网络成瘾的学校因素还有大学生评优竞争的压力、同学关系相处不融洽、缺乏正确引导等方面。

第四节　大学生网络成瘾的社会因素

大学生网络成瘾的社会因素主要包括网络虚拟世界的诱惑性、相关法律法规不健全、文化传媒影响等方面。

一、网络虚拟世界的诱惑性

网络是社会发展的产物。它自身的很多特性对当代大学生产生了强大的诱惑力，容易使他们沉溺其中。被称为“第四媒体”的网络具有虚拟性、广泛性、交互性、丰富性、开放性、即时性、快捷性、间接性、平等性、匿名性等特点，构成了人们生存的“第二空间”。网络给大学生的日常学习、生活和工作带来了种种便利，这是现实社会所难以提供的，而这些又是大学生所需要的。因此，网络对大学生充满了巨大的吸引力，这也是大学生网络成瘾的诱因之一。

网络信息资源丰富，更新快，是集文字、声音和图像于一体的立体化传播形态，而且它还具有开放性和快捷性的特点，可以满足大学生的求知欲。大学生正处于人类成长过程中的心理断乳期，他们有着强烈的好奇心与探索欲望，渴望了解书本外的各种知识和信息，了解外部世界。网络的功能齐全、信息丰富、雅俗共赏、操作方便，正好可以满足大学生的求知需要。但是，网上信息良莠不齐，缺乏有效的监管，暴力游戏、色情网站、反动言论充斥其间，抵制力和自控力较差的大学生，往往受这些不良信息的影响而沉溺其中。

网络的虚拟性、开放性、广泛性和匿名性为大学生提供了一个情感交流的平台，这种新颖便捷的交流方式容易使大学生对其产生交往依赖。因为网络具有广泛性，大学生可以从不同地域的数千万名上网者中选择交谈对象，可以同时与许多互不认识的人进行情感交流，相互倾诉，相互安慰，找到知音的机会大大多于现实的范围。网络的匿名性又给大学生带来了安全感，只要你不主动在网上泄露个人真实身份信息，这个交流平台是相对比较安全的，不必担心因与他人交流自己的隐私或秘密而危及自身利益。网络的这个特点对于一些性格内向、不善现实交际的大学生而言，正好可以补偿一下他们的人际交往需要。他们在虚拟世界里可以抛开自己对现实社会交际的焦虑，重新塑造一个自我形象，一个隐藏自身缺点、增加更多优点、能够吸引他人的经过美化的自我形象，满足一下与他人交往的快乐，而不用担心被人发现或揭穿。由于网络具有匿名性，大学生在网上更容易打开心灵之窗，尽情表现自我，实现在现实世界中无法企及的情感满足。相比较而言，现实生活中在一个人需要倾诉的时候却有很多顾忌，交际成本也明显比网络高出许多。因此很多大学生更愿意在网上表现自我真实的内心世界，寻找感情寄托。通过网络聊天、网上交友，以及论坛和博客的互动交流等人际交往的行为，大学生获得了人际交往上的满足。但是，网络并不能取代现实社会，长时间沉迷于网络情感交流的大学生，一旦回到现实社会，往往不适应现实社会与网络世界的巨大反差，不愿面对现实社会，宁愿逃避在网络里。

此外，网络还具有高科技的特征。计算机程序和网络世界具有较大的操作性和互动性，硬件、软件和网络世界的某些内容都可以根据自己的需要进行调整、设置和管理，具有一定的挑战性。这些特点激发了大学生的好奇心和探索欲望，他们对网络技术产生了崇拜，渴望成为信息时代呼风唤雨的英雄人物。他们通常会从网上下载使用各种软件，以追求网页制作的完美性和编制多种程序为嗜好，并相信有朝一日自己也会成为一流的游戏和计算机程序设计者。他们花费大量的时间和精力对计算机性能或网络世界进行优化升级，影响了正常的学习和生活。如果他们长时间沉迷于这种“高技术”活动，就会导致网络成瘾。

总之，网络这个虚拟社会的多种特性，可以引发出大学生各种潜在的欲望和需要。一般而言，大学生在网上消耗的时间和精力越多，自我克制的能力反而越容易丧失，越容易沉湎于这一虚幻世界。

二、相关法律法规不健全

目前，我国已经建立了网络管理法律的初步框架。国务院陆续颁布了《计算机信息网络国际互联网管理暂行规定》、《中国公用计算机互联网国际互联网管理办法》、《互联网站从事登载新闻业务管理暂行规定》、《互联网上网服务营业场所管理条例》等法规；信息产业部发布了《互联网电子公告服务管理规定》；文化部公布了《互联网文化管理暂行规定》；《刑法》和其他有关法律文本也有打击计算机犯罪、保护信息安全的条款。这些法律法规强化了对网络使用的管理和监督，对规范网络行为起到了积极的作用。但是，这些法律法规并不能完全覆盖现实的网络问题，可操作性也不强，亟待进一步健全和完善。

网络相关法律法规不健全主要表现在网络资源污染难以彻底清除、网吧监管不善、网络游戏管理乏力等几个方面。

（一）网络资源污染难以彻底清除

由于技术和经营管理上的原因，目前很难对网上的大量不良信息进行彻底的剥离。网络作为一个自由开放的空间，既有积极的有价值的学术信息、娱乐信息、经济信息，同时又有大量黄色、暴力、反动言论等有害信息掺杂其间。与一般的信息相比，这类不良信息对心理发育尚未完全成熟、好奇心强、鉴别能力差的大学生来说，具有更强的诱惑力。

在众多的不良信息中，色情信息对大学生心灵的污染和毒害最大。随着宽带互联网、网络视听节目、博客和点对点网络等互联网新技术、新应用的发展，互联网上色情信息呈增多和蔓延之势。不少黄色网站通过提供淫秽电影并收取会员费，然后再提供不同内容级别的所谓三级片与A片，同时还大量提供淫秽色情的图片（这些图片一般不收费）吸引流量，吸引访问者成为会员。有些门户网站把色情销售放在BBS的某个栏目下，或是性知识、性教育栏目下，在网络上兜售。随着通讯业的发展，一些网站靠经营黄色短信赚钱，这些黄色短信通过网络下载到手机上，得到了二次或N次传播。

网络上色情信息泛滥。一些违法犯罪者利用网络视频聊天室组织网上色情表演，利用一些网站传播色情电影、动画和小说，发布大量不堪入目的色情低俗图片、文字和视听语言，严重污染了网络环境，扰乱了网上秩序。几乎每个上网者在网上都遇到过这样的情形：有的网页上常常会时不时突然“蹦”出一些涉黄图片和内容；有些黄色网页甚至不需要点击便会层出不穷地弹出来干扰视线。上网者往往很容易就浏览到这些不健康内容，这对心理尚未完全成熟的大学生产生了不良的影响。一些大学生因为受到网络色情内容的诱惑，沉溺其中不能自拔，荒废了学业，甚至还有些大学生由此走上了性犯罪的歧途。

由于色情网站犯罪是一种新型、隐蔽的犯罪类型，我国相关法律法规尚不健全，办案人员在审理此类案件时遭遇了“量刑难”的问题，许多“率先”侦破的案件却不能“率先”宣判定刑。这就对网上违法犯罪活动缺乏足够的震慑力，也使网上的不良信息难以彻底根除。

（二）网吧监管不善

中国网吧的诞生距今虽然只有十余年的时间，然而其发展的速度及规模却超乎人们的想象。如今，网吧已经逐步发展成为集上网、休闲、娱乐为一体的重要的社会场所，星罗棋布在各个学校附近。有的城市甚至盖起了几层楼的网吧，而且总是人满为患，生意兴隆。在国外，不论是发达国家，还是发展中国家，都很少有中国这样繁荣的网吧业。就连比邻而居的日本、新加坡、泰国等亚洲国家，也很少出现这样的网吧行业盛况。在这些国家的网吧里，通常不过十几张电脑桌，人也很少，环境非常清静。

网吧行业在如雨后春笋般迅速发展的同时，也逐渐暴露出许多自身问题和社会问题，如网吧过多过滥、存在安全隐患、网络游戏内容充满暴力与色情、违法接纳未成年人的现象屡禁不止，危害了未成年人的身心健康等。特别是一些黑网吧，现已成为社会公害，各界对此反映强烈。

目前，我国网络市场尚不规范，社会上黑网吧数量众多，成为传播有害信息的主要温床。据资料统计，我国无证和证照不全的网吧占总数的30%，有的地方甚至达到50%以上。有的网吧经营者为了牟利，绞尽脑汁，采取各种手段，诱使大学生经常进入网吧。他们为大学生提供了很多上网的便利条件，如会员制、贵宾卡、优惠包夜、提供储值消费、提供床位住宿等吃、住、玩“一条龙”服务，或者主动提供国内外一些游戏、色情网络地址，以此来吸引大学生长期光顾。

近年来，随着各大学易址扩建和大学城的兴起，网吧行业又找到了新的营地。学校办到哪里，网吧马上追随到哪里包围住学校，为大学生上网提供“地利”的条件。很多大学城和大学分校区往往建在城郊结合处，远离市区。大学生学习之余，除了学校附近的网吧之外，几乎没有什么外出活动场地。这些城郊结合处的网吧监管力度比较差，随处可见。网吧经营者为了营利，为大学生大开方便之门，不仅不劝阻大学生彻夜上网，反而提供各种优惠条件加以怂恿，如会员通宵上网只需 5 元，会员一次充值 100 元赠 50 元等所谓优惠。他们通宵达旦营业，提供吃住玩“一条龙”服务，甚至公开提供含有赌博、色情、反动等内容的网络游戏，这样很容易使缺乏免疫力的大学生在网吧耗费大量时间和精力，在网络的虚拟世界中迷失自己。还有一些非法网吧，为了获取高额利润，违反正当经营之道，雇用了许多大学生帮他们在游戏世界里赚钱。受社会上拜金主义的影响，一些大学生形成了金钱至上的思想道德观念，认为金钱不仅万能，而且是衡量一切行为的标准。这些情况反映了我国网吧监管措施乏力，相关法规执行监督缺位。

尽管我国已经实施了《互联网上网服务营业场所管理条例》，但在各地并没有得到切实的贯彻执行，对网吧的管理依然存在漏洞。有关管理部门在监管中存在权限交叉、职责不清的状况，给违法经营者以可乘之机。大多数网吧经营者缺乏必要的专业技术和法律知识，网络安全意识淡薄，无视法规，在经营中疏于管理。网吧行业的健康发展，需要外部监管和网吧自律相配合，必须两条腿同时走路才能奏效。目前，如何实现网吧的规范运行，尚处于探索之中。

（三）网络游戏管理乏力

近年来，我国网络游戏产业蓬勃兴起，并得到了高速发展。网络游戏拥有平均每年 50%以上的增长率和 260 亿元的市场规模，被称为“互联网吸金第一利器”。网络游戏的收入已经超过网络的广告收入，成为网络运营商的主要利润来源之一。与此同时，我国也出现了庞大的网络游戏用户群。据 2009 年 11 月中国互联网中心发布的《中国网络游戏市场研究报告》显示，我国网络游戏用户的规模在 2009 年取得了较大的增长，达到了 6931 万人，增长率超过 20%。其中，在校学生是构成我国网络游戏用户的最大群体，占到总体的 37.2%。

网络游戏在互联网上迅速蹿红的同时，由它所引发的一些法律和社会问题也相继出现，其中最为突出的就是青少年网瘾问题。

由于我国对网络游戏的设计、开发、审核及运营缺乏一套有效的程序和监管机制，网络游戏代理商想方设法钻法律空子，致使网络游戏出现了非健康运营。此外，游戏的分级及“防沉迷系统”、“绿色网游”等也没有很好地运用到网络游戏产业的监管之中。

网络游戏的精神社会价值观和规范是由游戏公司参考现实社会建立的，同时又服务于游戏公司的经济利益。游戏公司可以随时为了一己私利而改变游戏规则，甚至钻政策和法律的空子，以非法手段将网络游戏作为金融工具来牟取暴利。为了追逐经济利益，很多游戏公司不断采用并升级大量诱使玩家成瘾的游戏设定，人为地加深玩家的沉迷程度。游戏公司的这些做法，势必会让玩家成瘾的程度越来越深，并对他们的身心造成伤害。

三、文化传媒的影响

文化传媒对网络功能的大肆渲染，也是大学生网络成瘾问题出现的诱因之一。

文化传媒作为一种信息和文化传播工具，对大学生这一特殊的受众群体有着不可小觑的影响。一方面，大学生是思想活跃、易于接受新生事物的群体，有着对大众传媒信息本能的求解；另一方面，在瞬息万变的信息汪洋面前，这一群体又有着“迷茫不知辨析”的通病，容易形成盲目追随时髦的风气。很多媒介过度宣传网络的功能，使很多大学生简单地认为网络可以成为生活的某种方式，而不去考虑它可能会有负面效应。

美国纽约大学的心理学教授史密斯和科恩在连续5年追踪调查了500名15～45岁的美国男子后认为，经常夸大网络界“一夜暴富”的可能性，使很多年轻人头脑混乱、迷失方向。如新闻媒体整日吹捧世界软件行业巨头比尔·盖茨和美国在线董事长史蒂夫·凯斯等人奇迹般致富的成功事例，导致很多人患上了“盖茨崇仰症”和“史蒂夫崇仰症”。调查发现，不少年轻男士崇拜盖茨、史蒂夫，渴望像他们那样迅速成功，把大量的时间用在网络、宽频和持有股份上，在办公室一泡就是一天，足不出户。他们还愿意掏空存款购买琐碎无聊的东西，包括名表、高级西装、可以上网的手机以及送给女友的大束鲜花，但是却没有时间陪伴女友。他们大多非常执著，似乎犯了一种“执著病”，不是认为自己相当不错，就是感到自卑，认为自己微不足道、无足轻重。研究发现，在决定个人前程的关键时期，例如大学毕业寻找工作，或者是“三十而立”之际，他们最容易患上“盖茨－史蒂夫崇仰症”。

在我国的大学生，特别是男大学生之中，也存在很多盖茨、史蒂夫崇仰者。北京某高校在计算机系毕业班进行了一次问卷调查，70%的男大学生在“理想工作”一栏中选择的是：像比尔·盖茨或史蒂夫·凯斯一样成为行业巨头。为什么盖茨、史蒂夫在大学生中这么受崇拜？这主要是拜媒体所赐。

媒体宣传例一　比尔·盖茨创造了20世纪最美丽的财富神话。他拥有大多数人耗尽毕生精力都不能获得的财富，并多次蝉联世界财富排行榜首位。在商业史上，从来没有哪位创业家像比尔·盖茨一样，那么年轻就如此成功；也从来没有人像他一样，用那么快的速度就使那么多的人成为富翁……

媒体宣传例二　他是一个奇迹，更是一个神话。如果你的办公桌上有一台个人电脑，里面几乎必定装有微软的操作系统。他使个人计算机成了人们的日常生活用品，并因此改变了每一个现代人的工作、生活乃至交往的方式。他对人类社会的贡献就像爱迪生发明灯泡……

媒体宣传例三　你如果问当今世界上谁可以算是成功人物，谁可以拿来做成功学教案，相信你会说出不少人来，不过，有一个人你肯定也会默认，那就是蝉联《福布斯》首富时间十三年、缔造微软帝国神话，世界上最厉害的软件高手之一的比尔·盖茨。你看到比尔·盖茨的成功有何感慨呢？感慨他是一个天才？感慨他有着非凡的机遇？感慨他运气好……

其实，世界上的富豪分为两类：一类是继承巨额财富，含着金匙出生的幸运儿；另一类是不断奋斗，从无到有、白手起家实现自我的造命人。其实，对于盖茨来说，他两种都占，不过更偏向后者，尽管他有着显赫的家世，然而他的创业根本没用家里一分钱……

媒体宣传例四　在凯斯的领导下，不过短短的十几年，美国在线的资本总额已经达到1640亿美元，1999财政年度收入48亿美元，利润7.62亿美元，雇员12100人，成为世界最大的网上服务公司，也是世界最著名的电子商务平台，它的即时网上寻呼产品称雄美国。可以说，美国在线是代表美国“新经济”的最为著名的网络公司。今天的美国在线已经是世界上规模最大、身价最高、经营最成功的互联网企业，其股票市值高达1600亿美元，相当于电脑巨人IBM的两倍……

媒体宣传例五　曾几何时，史蒂夫·凯斯是多么的风光，他站在权力的巅峰，无数人顶礼膜拜。他创建了著名网站——美国在线，在他的领导下，美国在线由一个无名小字辈成长为全世界最大的网络服务商。近一两年来，凯斯更是以一系列的大手笔在互联网上纵横捭阖，收购网景，鲸吞时代华纳，对微软帝国叫板……他的增长速度甚至让比尔·盖茨都感到吃惊，感受到威胁。而这一切，只不过是20年内发生的事情……

盖茨缔造“微软帝国”、史蒂夫创建“美国在线”的创业神话，被媒体过度渲染，使很多大学生因过度崇拜盖茨、史蒂夫，且渴望自己也能迅速成为百万、千万、甚至亿万富翁，因而患上了“盖茨崇仰症”。清华大学计算机系的一位男生说，盖茨和史蒂夫白手起家，奇迹般地成功让青年学子找到了榜样，他们不甘于像父辈那样点点滴滴地积累财富，而是想效法盖茨和史蒂夫，从网络中找到“一夜暴富”的捷径。

由于一些新闻媒体大肆渲染各种网络传奇和网络神话，网络精英成为我们这个时代最受推崇的人物，他们是互联网时代的领导者，不仅有高超的技术，还有对网络发展的敏锐的感知力，成为无数大学生崇拜的偶像。微软总裁比尔·盖茨、美国在线董事长史蒂夫·凯斯、百度总裁李彦宏、Google中国区总裁李开复、慧聪集团总裁郭凡生、盛大网络总裁陈天桥、网通总裁田溯宁、CA创始人王嘉廉、九城CEO朱骏……他们年轻、富有，一些人在20岁出头就通过互联网一夜暴富成为百万富翁甚至千万富翁。这样的文字连篇累牍，充斥着各种媒体，并对大学生造成了潜移默化的影响。媒体在报道这些财富人物时，常常过度渲染个别“成功英雄”的事迹，制造各种偶像，甚至神化他们。一些心理尚未成熟的大学生，受媒体的舆论导向影响，不能形成正确的成才观。他们幻想着在这个虚拟的网络里，找到迅速致富的捷径，或者幻想着通过互联网淘到他们的第一桶金，他们迫不及待地想要在30岁甚至20岁就成为百万富翁。为了实现这个虚无缥缈的梦想，他们把除了吃饭、睡觉之外几乎所有的时间和精力都耗费在电脑网络上，甚至到了痴迷的程度。

第四节　大学生网络成瘾的自身因素

大学生网络成瘾的自身因素可分为生理因素和心理因素两方面，其中心理因素又包括人格特征、心理压力、自制力不足以及上网动机等几个方面。

一、生理因素

近年来的一些研究提示，网络成瘾可能存在一定的生物学基础。

（一）神经递质与网络成瘾

美国精神病学家诺拉·沃尔科((Nora Volkow)是一位致力于研究人类为何会成瘾的权威人物。她从生理学角度进行研究，发现大脑中有一个叫做“享乐区”(hedonic region)的区域，每当网络成瘾者上网时会对大脑进行化学反应式的刺激，从而释放出一种名为多巴胺的令人兴奋的神经递质，进而使人产生快感。如果这种刺激是经常性的，大脑会强化对自身的这种化学反应，从而产生成瘾行为。有研究显示，长时间上网会使大脑里的多巴胺水平升高，令上网者呈现出短时间的高度兴奋。但兴奋感消失不久，随后而来的颓废感和沮丧感却较前更为严重。时间一长，这些影响就会给人体带来一系列复杂的生理和生物化学变化，打乱人体机能的自我平衡能力，引起植物神经紊乱以及体内激素水平失衡，从而使人形成网瘾。网络成瘾者初期只是表现为对网络的精神依赖，之后很容易发展成为身体上的依赖。

除了多巴胺外，成瘾行为还与其他多种神经递质有关，包括 γ-氨基丁酸(GABA)、乙酰胆碱、去甲肾上腺素、5-HT 等。目前，研究比较多的是去甲肾上腺素和多巴胺。前者在成瘾行为中的作用主要是调节情绪，维持睡眠状态；后者在成瘾行为中的作用主要是平衡乙酰胆碱，刺激愉悦中心，调节情绪，影响认知过程。

（二）精神障碍与网络成瘾

有研究表明，网络成瘾和精神障碍家族病史有一定的关系，而家族病史与遗传有关。

美国佛罗里达大学大脑研究所的精神病学家萨丕拉(Nathan Shapira)博士的研究表明，网络成瘾者家族中有很高的精神障碍发病率。萨丕拉等人对成年网络成瘾者进行了调查，结果显示，有近 95％的调查对象具有精神病家族史，60％的研究对象一级及二级亲属中，至少有一位物质滥用。

哈(Ha)等人应用金伯利·杨的网络成瘾量表(IAS)对 12 例青少年网络成瘾者进行研究，结果显示，网络成瘾青少年精神疾病的共患情况显著，3 例有严重抑郁，1 例有精神分裂症。网络成瘾与这些精神疾病存在因果关系。

萨丕拉和哈的研究都提示，网络成瘾与精神障碍有一定的因果关系。但是，萨丕拉和哈的研究样本较小，其结论是否具有普遍性尚有待于进一步研究。

（三）脑功能失衡与网络成瘾

国内学者运用 fMRI(功能性核磁共振成像)对网络成瘾者的研究提示，几乎所有严重的网络成瘾者都存在着不同程度的脑功能异常，尤其是他们额叶与颞叶部往往存在十分明显的低代谢区和低血流灌注区。

研究提示，网络成瘾者可能存在大脑前额叶奖赏功能系统及抑制功能失衡，由此导致他们更倾向于选择近期奖赏——上网，而不考虑远期的不良后果——网瘾及其带来的危害。一般情况下，人会根据自身内在的动机(冲动)来调节自己的行为，同时脑内还有抑制机制来控制自己的行为，这是一个对自身行为的主动调节过程，借以平衡刺激－奖赏－反应之间的联系，从而实现联系之间的转移，抑制不合适的联系。该项调节和抑制功能主要由额叶控制负责。当额叶功能异常时，这种调节机制失衡，导致个体更倾向于选择强化因子（上网带来的愉悦感），忽视其他正常的奖赏，同时对认识上的冲动（上网意愿）及行为冲动（上网）抑制能力下降，选择上网，最终导致网络成瘾。

颞叶皮质通常被看成性格与学习的大脑功能区，假如这一区域活动不稳定，人便容易心烦意乱，与他人相处也会变得困难重重。颞叶区活动明显减退是出现不善交际、性格内向的重要原因。颞叶功能异常，可能导致个体倾向于从网络中寻求慰藉，形成网瘾。

徐州师范大学语言研究所研究员赵仑等人对青少年网络成瘾者进行了面孔识别的脑事件相关电位（ERP）研究，结果发现，网络成瘾者在面孔识别的早期加工过程与正常人存在差异，他们的视觉信息处理功能发展异常。

二、心理因素

大学生网络成瘾的心理因素主要包括人格特征、心理压力、自制力不足、上网动机等几个方面。

（一）人格特征

网络成瘾者的人格特征一直是研究者们关注的问题，因为这往往是网瘾问题的内在心理根源。在研究大学生网络成瘾问题时，也绝对不能忽视大学生的人格特征因素。

国内外很多研究证明，网络成瘾者往往具有某些特殊的人格特征，而且大多数成瘾者在形成网瘾之前，常常已有其他的心理障碍，特别是抑郁症和焦虑症。

英国大不列颠心理学会的调查结果显示，年龄在20～30岁之间、受过良好教育、性格内向的年轻人是IAD的易患人群，其中忧郁特质和焦虑特质人群对IAD易患性尤高。布兰特学院的心理学教授珍尼·英拉翰·马丁总结了40多位心理学家的研究，发现有网瘾倾向的个体常常孤僻和抑郁。美国卡内基梅隆大学及匹兹堡大学的研究都显示，网络成瘾者往往具有以下人格特点：孤独、敏感、抑郁、倾向于抽象思维、警觉、不服从社会规范。

我国台湾大学的林以正教授在研究中发现，具有高焦虑、低自尊、忧郁、自我概念不明确人格特征的个体容易网络成瘾。且这四项程度越深，网瘾程度越严重。由此，林以正教授指出，网络成瘾现象的产生是网络使用者的个人特质与网络功能交互作用的结果。

香港相关学者研究发现，青少年网络成瘾的倾向与他们的个人管理及自律不足有关。网络成瘾者在情绪管理能力、办事集中能力上的表现都明显比一般上网者要差。

综合国内外多项研究成果可以看出，网络成瘾者在人格特征方面往往具有敏感、忧郁、脆弱、多疑、焦虑、情绪不稳定、意志薄弱、自制力差、性格孤僻、认知能力差、缺乏自信、悲观、逃避现实、自卑、成就感低等因素。

在大学生网络成瘾的研究中，要特别重视大学生的人格特征研究。一旦具有上述人格特征的大学生上网，很容易沉迷于网络，导致网络成瘾。

(二) 心理压力

近年来,大学生面临着许多心理健康问题。一般认为导致大学生心理健康问题的直接原因是家庭、学校、社会环境中的各种压力。大学生的心理压力主要包括学习压力、生活压力、情感压力、就业压力、人际交往压力和自我认知压力等方面。

1. 学习压力

虽然大学生已经告别了以学习为重心的中学时代,但作为高校在校学生,学习仍然是他们的天职。在经历了高考这座万马穿行的独木桥后,大学生们本以为会大大松一口气,自此生活在一个自由轻松的象牙塔童话世界里,再不用为学习大伤脑筋了,孰料他们的美好幻想很快像肥皂泡般破裂了,因为学习依然是大学生活的主要组成部分。上了大学后,他们很快被英语四六级考试、计算机等级考试、专业课程学习,以及方兴未艾的考研热、出国热等大小不一的考试所包围。他们又回到了为考试而辛勤付出的时代。如今,高校普遍实行了学分制,课程考试未通过就要交费重修,学分修不够就不能顺利毕业,这让大学生们终日朝乾夕惕,不敢懈怠。成绩好的大学生要争取奖学金,要在学习上赶超竞争者,不断地给自己制定更高的要求,自己对自己施加学习压力。成绩不怎么好的大学生更不敢放松学习,他们要为考过 60 分而努力。在众多的考试科目中,英语四六级考试和计算机等级考试是他们以后就业的过门招牌,也是某些高校评优的参考条件,特别是英语,它是以后考研的必考科目,因而成为在校大学生学习追逐的目标。本科就业前景不佳,考研热不断升温,这又给处于学习压力之中的大学生们加上了一个沉重的包袱,很多大学生又开始为考研而挑灯夜战。大学生也还是学生,学习压力依然不轻!

2. 生活压力

进入大学后,大学生过上了独立性较强的集体生活,不可避免地要考虑生存问题或者说是生活问题。有的大学生来自农村或城市困难家庭,经济条件差,生活压力大。高昂的学费,生活中不可或缺的日常开销,和同学人际来往的花销,都会让贫困大学生捉襟见肘。大学生的生活压力,不仅仅来自于学校,还来自于社会。大学生已经处在学校与社会的交接点上,他们或多或少接触了社会,在面对社会生活和学校生活之间存在的巨大差距时,他们不知道自己以后是否能够顺利融入社会生活,难免有种不知所措的感觉。

3. 情感压力

大学生的情感压力主要来自于亲情、友情与爱情。在亲情上,很大一部分的大学生有报答父母的养育之恩和学习费用的压力。在友情上,大学生有如何获得别人的友情,如何与朋友相处融洽,在奖学金、公派出国等利益面前是否与好朋友展开竞争、与朋友同时喜欢上了一位异性同学应该如何处理等方面的压力。在爱情上,他们有是否和自己喜欢的异性开始一场恋爱、如何获得对方的爱恋与信任、如何处理感情与学业的冲突、老师与同学的看法、父母的反对、失恋、感情的出路(毕业是否等于分手)等方面问题的压力。

4. 就业压力

目前,大学生的就业形势严峻,“就业难”给大学生带来了很大压力。近年来,高校的扩招扩建使大学生人数激增,而企事业单位的人才需求有限,还有一些单位不断精简缩员,下岗失业现象不断。因为就业境况不乐观,今年将要毕业的大学生的就业班车已经拥挤不堪,而往年没有找到工作的大学生又纷纷急忙赶来挤车,旧问题没有解决而新情况又蜂拥而至。需就业大学生的人数一年年增长,而用人单位不断抬高招聘要求又使得原本困难重重的大学生雪上加霜。在这种异常严峻的就业形势下,大学生的压力可想而知。

5. 人际交往压力

对于大学生来说,大学是人际关系走向社会化的一个重要转折时期。踏入大学,就会遇到各方面的人际关系:师生之间、同学之间、舍友之间、同乡之间,以及个人与班级、学校之间的关系等。如何处理好人际关系,对于大学生的大学生活和未来事业,至关重要。良好的人际关系能让大学生在学习生活各方面如鱼得水、左右逢源,而不良的人际关系常会使大学生感到不自信、自责甚至自卑。大学生都有意无意地想锻炼和提高自己的人际交往能力,但因为个人的性格习惯不同,不可能每个人都能在人际交往上应用自如,人际交往上的一些错综复杂的关系网也难免让人感觉扑朔迷离不知所措。本科生中人际关系紧张表现比较多的是宿舍矛盾。大学宿舍是个集体生活的场所,来自五湖四海大江南北的人聚集在一起,由于民族风俗,生活习惯甚至语言等的不同,在日常的相处中难免磕磕碰碰,小矛盾在所难免。许多来自城市的孩子,过去都是自己独处一室,上了大学后,至少四人同住一屋,学习生活习惯不同,难免发生各种矛盾,一些学生相互间又不能包容和谅解,致使矛盾激化,甚至有的家长也被卷入进来,最后需要院系老师出面才能解决。如何平衡和处理好大学人际关系,常使处在这一关系之中的大学生感到压力不浅。

6. 自我认知压力

自我认知也叫自我意识,或叫自我,是个体对自己存在的觉察,包括对自己的行为和心理状态和认知。最了解的人应该是自己,最不了解自己的人也是自己,这是个矛盾的命题。站在自我的角度看待自身难免会有失偏颇,而要客观地给自己一个准确的自我定位也不是件容易的事情。大学生处于青年中期,自我认知处于初步形成的时期。随着大学生社交、恋爱、面试、文体活动的增加,大学生比中学时代更加重视自己的身材外貌状况,还会关注整个身体状况的社会评价,在这方面,女大学生苛求自己外貌带来的压力明显超过男生。一般来说,大学生对自己的大学生涯和未来职业规划都有一个预期的目标,在这方面男生的压力一般都高于女生。大学生尚未就业前,普遍自我认知过高,一旦真的进入毕业求职者的行列,面对身边千军万马的竞争,心中顿生落差,不免发出“山外有山,人外有人”的喟叹,为自己的实力不如他人而倍感压力重重。

综上可见,大学生面临巨大的压力。不少大学生由于学习压力大、家庭经济困难、情感不顺利、求职受挫、人际关系紧张、对自己不自信等的原因,在现实生活中感到失意、心理负担加重,于是他们便开始寻求解脱方式,逃避现实的压力。而网络成为他们逃避现实压力的最好的选择。通过网上聊天或游戏，大学生可以暂时忘却学习与就业等方面的紧张与压力，甚至能获得陌生人的理解、宽容、支持、夸奖和钦佩，赢得别人的尊重，这使大学生的心理得到了极大地满足，而且感觉网络胜于现实，以致乐此不疲地去网上寻找“知音”、“知己”。而当他们一旦回到现实生活中，学习的困难、生活的不顺利、失恋、就业难等状况立刻让他们的信心变得脆弱，于是他们只好再次去网络上寻求虚拟的成功。如此循环下去，最终导致沉湎于网络而不可自拔。

(三) 自制力不足

大学生正处于生理发育基本成熟，而心理发育尚未成熟的青春期后期。这一时期正是大学生人生中自我意识最强烈的时期，但同时也是自制力不足的时期。

大学生处于自我意识最强烈的时期，他们急于确立自我价值，而网络正好给他们提供了一个展现自我的平台。网络本身所具有的平等性、匿名性和便捷性等恰恰是大学生追求的理想生活方式的特性。网络自由平等的特性，为大学生创造了“海阔任鱼跃，天高任鸟飞”的自由空间。在网络上人人平等，在匿名的保护下可以畅所欲言，而且观点越新、越奇，越可能引起网友的注意，说不定某天还会“一举成名”。如果大学生没有树立正确的价值观，很容易被网络给他们带来的所谓“自我价值成就感”所吸引。

大学生思维活跃，求知欲旺盛，对各种新鲜事物都充满好奇。网络作为一个神奇的新兴事物，自然对他们产生了莫大的吸引力。“触”网后，精彩的网络世界给大学生带来了愉快的体验，也给他们带来了网络成瘾的诱因。大学生正处于心理行为的成长关键期，价值观和行为方式尚未定型，虽然具有一定的自我控制力和约束力，但与中年人相比，其自制力和约束力还相对较弱，一旦脱离了家长和学校的监管，再加上没有明确的奋斗目标和刻苦学习的精神状态，大学生很难抵制网络的诱惑，往往可能被网上层出不穷的新游戏、新网友、新技术和新信息“网”住，开始沉溺于网恋、网游，甚至迷恋起凶杀、色情等不健康的东西，进而成瘾。如果没有师生、亲友、心理咨询师、医生等人的帮助，仅仅依靠他们自己，是很难摆脱网瘾的。

(四) 上网动机

大学生的上网动机是多方面的，其中有些动机容易导致网络成瘾。

1. 寻求情感慰藉

现在的大学生多为独生子女，又正值情感丰富的青春期，他们渴望友谊，渴望同龄人之间的理解和交流。特别是一些性格内向、在人际交往中感到困难，而且家庭缺少幸福感的大学生，更是对情感交流充满了渴望。网络为他们提供了一个自由交流、交往的空间。大学生在网上结交到天南地北的网友，既开阔了视野，又使自己的生活变得更加丰富多彩，满足了情感交流的心理需求。有的大学生在网络上找到了可以依附的群体、找到了“知己”，开始迷恋上网上聊天，对网络一日不见如隔三秋，逐渐成瘾。还有一些大学生，或者是恋爱失败，苦闷情绪无从发泄；或者人际关系出现问题，委屈的心理无处倾诉；或者是学习上受到挫折，评奖失利，心里伤心郁闷；或者是对大学生活感到无趣、空虚、茫然，害怕进入紧张艰苦的学习状态……这些原因都成为他们上网寻求情感慰藉的契机，在这种状态下，很容易迷上网络虚拟世界给予他们的温情，得到自己现实中得不到的东西。如果一个在现实生活中屡遭恋爱失败挫折的大学生，在网上是个聊天高手，赢得众多少女的芳心，他自然会迷恋上网络，而不愿回到给他带来失恋痛苦的现实世界。

2. 满足好奇心理

大学生正处在求知的黄金时期，他们主观上有着强烈的好奇心和求知欲望，对课堂之外的知识有着极强的兴趣，什么都想知道，什么都想尝试。丰富多彩的网络世界，无疑对大学生充满吸引力。他们在网上聊天时，对陌生的网友充满好奇，想知道对方长得什么样子，想知道对方的兴趣爱好，向对方刨根问底。大学生越想了解对方，就越想在网上和他们聊，如果聊得很投机，就更喜欢上网了，每天都要和网络"亲密接触"一番。不知不觉间，已经离不开网络了，网瘾悄然形成。

3. 满足好胜心理

大学生的独立意识比较强，渴望自己的价值和能力能得到充分的体现。当他们在现实生活不能满足这种好胜心理时，就有人开始转向从网络中寻找。网络给他们提供了一个施展才华、发挥想象的大好空间。许多网络游戏内容具有挑战性和赌博性，这对好胜心理强的大学生来说极富诱惑力。在虚拟的网络游戏中，他们不断闯关、不断升级、不断获得积分，经过长时间的积累，终于变得天下无敌，这极大地满足了大学生的好胜心理和成就感。网络上虚拟的成功，使有些大学生为之着迷，欲罢不能。

4. 满足性心理

处于青春期尾声的大学生，性心理日趋成熟。他们内心情不自禁地对异性产生了强烈的兴趣、好感和爱慕，并渴望了解异性和追求异性。但是，在现实生活中，他们受社会文化传统、道德约束、家庭教养方式、成长环境等因素的影响，在行为上表现得比较拘谨、羞涩和冷漠。不少大学生不了解性的基本知识，性对他们开说充满了浓厚的神秘感。由于他们性心理的发育尚未完全成熟，容易出现由于性认知偏差、性幻想、性压抑和性行为带来的心理困扰。他们的性心理渴望得到满足，于是开始从网络中寻求。在网上，关于性知识的信息鱼目混杂，色情影片、色情故事、色情笑话、色情照片甚至色情服务无所不有，涉世未深的大学生极易把精力转移到网络的色情内容上。其中有些大学生免疫能力差，自控力弱，很难抵制色情内容的诱惑，沉湎其中难以自拔，久而成瘾。

5. 满足娱乐心理

第20次中国互联网络信息的报告数据表明，青少年学生网民对互联网娱乐功能的使用超过任何一种其他功能。与传统的文体娱乐活动方式不同，现在许多大学生消遣娱乐活动已经从现实世界转移到了网络上。在网上聊天、玩游戏、看电影、听音乐等活动已成为大学生学习之余进行自身调节、自我放松的一种时尚。但是，很多大学生自制力不强，被网络娱乐占用了大量的正常学习和休息时间。有的大学生甚至通宵上网，严重影响了正常的学习、生活和身心健康。网上娱乐的最大特点是具有极大的趣味性，特别是网络游戏，它还专门设计了一套激励程序，有的甚至具有赌博倾向，这对涉世未深的大学生来说具有极大的诱惑力，使不少缺乏上进心和具有心理缺陷的大学生沉溺其中，不能自拔。

第四章 大学生网络成瘾的预防

大学生网络成瘾问题，一直是各界关心的问题。它是一个综合性的社会问题，同时也是一个长期困扰家长、学校和社会的棘手问题。

解决大学生网络成瘾问题，应坚持以预防为主。一般而言，很多大学生在出现网络成瘾倾向的初期是很容易接受教育并改正的。如若不然，随着时间的推移，他们将会越来越难管，越来越容易失控。而这种失控又不是一时形成的，它是一个渐进的过程。所以说，预防比挽救一个大学生网络成瘾者更为重要。

防止或减少大学生网络成瘾问题的发生，必须要有一套行之有效的科学方法与预防措施。大学生网络成瘾的预防，应围绕着家庭、学校、社会和大学生自身来进行。本章就从这几个方面着手，讨论一下如何预防网络成瘾。

第一节 家庭预防

在大学生网络成瘾的预防中，家庭是第一阵线。父母是子女的第一任教师，其地位和角色是任何人都无法取代的。子女一生都脱离不了与父母的密切关系。大学生正处于青春发育期的晚期阶段，正好是心理断乳的关键期。尽管处于青春后期的大学生已经逐渐独立起来，但是，他们仍然需要来自家长的关心和帮助。

在预防大学生网络成瘾问题上，家长具有极为重要的作用。他们可以通过自己能够操控的方式，对子女的网络成瘾倾向进行正确疏导，如改变不良的教养方式；调整对子女的期望值；掌握一定的网络相关知识；营造良好的家庭氛围；合理安排子女的寒暑假活动等。可以这么说，父母是预防子女网络成瘾最好的老师，家庭是预防网络成瘾最早最好的课堂。

一、改变不良的教养方式

相关研究证明，在大学生网络成瘾者中，有相当一部分是因为家长不恰当的教养方式引起的。专制型、溺爱型、冷漠型等不良教养方式容易导致大学生网络成瘾，而民主型教养方式家庭出现大学生网络成瘾者的比例较小。

家长们应该首先接受这个事实：子女网络成瘾或网络成瘾倾向的出现，家长是应该负有一定责任的。

在网络成瘾的大学生中，其父母的教养方式往往有如下缺陷：对子女的行为过度干涉；对子女过度溺爱、过度保护，子女要什么就给什么，很少对子女提出要求；对子女情感冷淡，不与子女沟通，显现出较少的情感温暖与理解；对子女过于严厉，子女有过错时严加惩罚；看不到子女的优点和长处，对子女的要求、建议常常采取拒绝和否认的态度，打击他们的积极性和主动性；对子女很少关心，对他们的行为不闻不问、放任自流。

一般来说，在专制型、溺爱型、冷漠型家庭教养方式下成长起来的大学生，易于出现自卑、胆怯、自尊心过低、缺乏安全感等心理问题。特别是专制型和冷漠型的教养方式，由于家长过于严厉，对子女常常加以拒绝或否认，会使子女情绪消极、不愿与家长沟通，进而对家庭生活和社会生活产生抵触心理，而易于躲进网络虚拟世界中寻找安慰和快乐。

为了避免大学生网络成瘾的发生，家长应该防患于未然，改变不良的教养方式，采取积极的民主型教养方式。

民主型的教养方式，在维护父母权威的基础上，对子女采取了赏识、宽容、民主的态度，让子女体验到父母的爱心及家庭的温馨，更有利于子女的健康成长。大学生的父母要以民主、平等的方式与子女沟通，要尊重子女的人格，尊重子女的想法和意见，经常给子女表扬和鼓励，用欣赏的眼光看待子女的成长，耐心倾听子女的倾诉，获得子女的信任。当子女有安全感或信任感时，他们才会向其信任的父母、老师、同学、朋友等人说出自己心里的秘密，才能有效地预防可能出现的一些行为偏差，如网络成瘾。

研究表明，正处于从依赖性阶段逐渐过渡到独立性阶段的大学生们，绝大部分都希望家长能给予他们更多的理解、赞赏、关怀和鼓励，希望拥有平等互助的家庭氛围。在这种家庭现实环境中，大学生们体会到尊重和成长的快乐，从而减弱了在虚拟网络世界寻求心理满足的欲望。在建立良性的亲子关系中，父母应该关注子女的需求和期望的变化，注意保护子女远离网络伤害，使他们拥有一个良好的成长环境。

二、调整对子女的期望值

在大学生网络成瘾者中，有一部分是因为家长的期望值过高引发的。父母对孩子的期望也是家庭教养中非常重要的问题，望子成龙是大部分家长的心愿。但是，如果对子女的期望值过高，脱离他们的实际能力和水平，会给子女造成一种高压状态，实际效果很可能适得其反。

中国的父母，大都会有意无意地将自己的价值观念和理想期望渗透在对子女的教育之中，倾向于按照自己的意志和思维模式去培养孩子，甚至将子女视为实现自己理想的载体。当孩子很小的时候，他们对孩子的期望是“希望孩子健康成长”；当孩子上小学以后，他们的期望就慢慢提高了，大都希望孩子学习成绩优秀，各方面发展突出，日后成为栋梁之才；当孩子进入大学之后，他们期望孩子品学优异，多拿奖项，担任学生干部等，以便于继续深造或找到一份理想的工作；在大学生就业问题上，家长们普遍希望孩子日后能够成为某单位领导、某集团老总、某领域领军人物等，总之都是社会上层人士，因而对孩子的就业门槛要求比较高。

家长对子女的期望值高，本来也不是什么坏事，在一定程度上可以激发子女积极向上。但是，凡事有度，过犹不及。如果家长对子女的期望值过高，不切实际，就会产生负面影响。不但对子女的健康成长没有帮助，还会引发子女产生其他不良行为，如网络成瘾等。

一些大学生家长对子女的期望值过高，一旦达不到理想的效果，就开始失望、抱怨，甚至怪罪于子女。父母的期望值过高，会使子女难以负重。在子女难以实现父母预期的目标时，他们常常会由于压力过大而丧失自信，进而产生的负罪感。当他们在学习上、就业上找不到成就感及自我价值感时，就会渐渐地转向其他方面，如虚拟的网络世界等。在玩网络游戏时，大学生们往往会从一个默默无闻的普通人变成威震四方的英雄人物，很容易就体验到成功。尽管这种成功是虚拟的，但它所带来的感受却是很真实的。这种和现实世界迥然不同的感受，使大学生不但在游戏中找到了自己的自信和尊严，更得到了前所未有的成就感，这些都是导致他们"网络成瘾"的关键所在。

为了防止大学生网络成瘾问题的发生，家长应该对子女的期望值进行合理的调整。家长的期望值要根据子女的能力和兴趣而定，不要强迫子女事事、时时、处处都出人头地，也不要强迫子女做他们不喜欢做的事情。即使做不到这些，家长至少要把所有的期望都埋在心里，不要过多表达。可以说，家长的每一次督促、每一次对子女高期望的表达，都有可能成为子女心理压力的来源。

具体来讲，作为大学生的家长，要学会尊重子女的独立意志，因为大学生毕竟和中小学生不同，他们的独立意识更强，情感也更加敏感细腻。在子女的学业上，家长不要一味地要求学习成绩名列前茅或者竞争奖项，而是应该从长远考虑，建议子女打下扎实的专业知识根基，同时发展自己的特长和爱好；在职业生涯规划上，家长要多了解子女对自己的人生有怎样的规划设计，并尽可能地根据子女的能力和兴趣，帮助他们完善人生规划，培养他们的敬业创业精神，而不是去包办他们的理想。

在就业问题上，家长也应该合理调整对子女的就业期望值。近年来，就业形势严峻，大学生面临"就业难"的问题。一些家长，特别是农村大学生的家长，对当前的就业形势缺乏正确认识，他们多年付出，甚至花费一生的心血把子女培养大，总认为子女上了大学以后就可以飞黄腾达，毕业后能够找到一份体面的工作，光耀门楣。殊不知，在当前大学生就业压力不断加大的情况下，这样的期盼让子女对工作产生了更高的要求，一旦他们的心理预期目标受挫，便会产生沉重的心理负担。父母对子女的就业高期望值，往往会将子女推进轻松自由的虚拟世界，比如网游。有时，甚至会引发子女产生过激行为，如自杀。

作为大学生的家长，应该关心和了解目前大学生的就业情况，以及这些情况产生的原因，正确认识当前形势，调整就业期望值，对子女少一点期望，多一点理解。同时，对子女的水平、能力、薪资期望、心理承受度等进行全面分析，帮助他们做出比较准确的定位，以便使子女树立正确的择业观念，避免走进就业误区。

三、掌握一定的网络相关知识

大学生网络成瘾，除了他们自身的动机需要和缺乏自制力之外，还和家长在观念、教育方法、知识等方面跟不上子女成长教育的需要有相当大的关系。有调查发现，在拥有电脑的家庭中，30%左右的父母不会使用电脑和上网。

作为子女的"第一任教师"，父母是保护子女避免网络成瘾的第一道防线。父母最好不要在子女已经产生网络成瘾倾向之后再实施干预策略，而是应该防患于未然，在子女接触电脑和网络之初就应该积极关注，必要时予以合理引导。而要做到这点，父母就需要不断提高自己的知识水平和修养。

现在，不少大学生家长自身就是“网盲”，对网络缺乏了解，无法正确引导子女掌握和使用网络。他们对子女上网、玩电脑游戏深感忧虑，认为网上不仅有陷阱，而且子女沉湎其中流淌的还有时间和金钱，有的家长甚至把网络视为洪水猛兽，因此，对子女上网和玩电脑游戏的行为进行“封杀”。家长的这种担忧，是可以理解的，但盲目“封杀”并不能有效地解决问题，甚至还会激发父母与子女间的矛盾，使子女变得更加难管。

信息时代的家庭，正在快速地向网络化推进，子女逐渐成为家庭的中心。这是人类历史上一个极为独特的时期，子女和父母在家庭中扮演的角色正在发生急剧改变。在技术进步的轨迹上，子女超越了父辈们并掌握了主导权，已经有能力影响成人世界。生活在信息时代的父母们，在教育子女上也要与时俱进。

在高新技术飞速发展的当代社会，任何人都不可能是全知全能的权威。作为大学生的家长，只有放下架子，与子女共同学习与成长，做子女的朋友，才能跟上时代发展的步伐，才能保持与子女的融洽沟通，才能尽到为人父母的责任，才能对子女的网上行为做出正确的引导和监督。

大学生家长，最好能够掌握基本的电脑和网络使用知识，尽可能地多了解互联网，并理性地看待孩子上网，与子女共同了解网络世界的多元化，才能与他们拥有更多的共同话题。这样，父母才能和子女建立对话、沟通的可能，也可以就上网的问题进行更好的交流，一起更好地学习有效使用网络平台。

有些大学生家庭，因为种种主客观因素的限制，家长不具备掌握电脑及网络使用知识的条件，对子女上网行为的不能进行有效的指导和监督，这还需要学校、大学生本人及社会的共同努力来加以解决。

四、营造良好的家庭氛围

多项调查研究表明，家庭氛围不和谐、缺乏家庭情感温暖的大学生，更容易转向网络寻求安慰和支持，从而产生网络成瘾倾向。

单亲家庭、婚姻有裂痕家庭、经常争吵不断的家庭、父母期望值过高以至于过分指责子女的家庭，使孩子得不到应有的父爱和母爱，享受不到家庭的温暖与幸福。这些家庭环境中出来的大学生就有可能借助于沉溺网络来满足心理上的空虚和寂寞，从网络中找到自信、尊严，实现自我价值。

有鉴于此，家长们应该高度重视大学生网络成瘾问题，关心爱护子女，积极营造和谐、美满、平等的家庭氛围。家庭各个成员（尤其是父母）之间的关系要亲密和谐，幸福温暖。为减小父母对子女的消极影响，保证子女的健康成长，父母要尽量改变自己的不良习惯或嗜好，减轻和淡化家庭内部矛盾，不断磨合、不断适应，在新的基点上达到新的和谐，为孩子做表率。

大学生和中小学生不同，他们平时住校，过集体生活，在家的时间比较短，和父母的交流相对少一些。从常理上讲，大学生的生理与心理都已趋近或达到成熟，与父母的交流理应比中小学生顺畅，但现实情况显然并非如此。据调查，很多大学生和父母存在沟通上的障碍，有心事也不愿与父母交流，宁愿找同学倾诉。他们大都反对父母的教育方式，或者难以忍受“父母的不理解”，对父母有一种或抵触或敬畏的情绪。

大学生的这种行为，是青春期成长的正常表现。作为父母，应该理解子女青春期的这些行为特征，不要对子女表示不满或进行指责，而是应该予以理解、包容和关爱，积极营造良好的家庭氛围。父母不要从家长权威的角色出发，而是从朋友的身份出发，采用平等、尊重、温和的方式与子女沟通交流，多了解子女的学习、生活和情感等具体情况，关心他们的成长，适时给予鼓励和鞭策，尽量避免施加压力。这样的方式，子女比较容易接受。这种轻松和谐的家庭氛围，有助于父母和子女间的良性沟通，有利于预防大学生网络成瘾。

一般来说，从父母关系融洽、父母对子女比较关心爱护的家庭出来的大学生，很少出现网络成瘾倾向，因为良好的家庭氛围给了他足够的关爱、温暖和快乐。

五、合理安排子女的寒暑假活动

寒暑假是大学生们最快乐的时光，也是部分家长们最担心的时期。据调查，相当一部分大学生网络成瘾是放假期间在家里形成的，假期成了大学生网络成瘾的“井喷”高发期。特别是春节期间，不少大学生收到了压岁钱，即使在家上网遭到父母的反对，他们也有一定的经济条件去网吧上网。

放假在家，暂时解脱了学业压力，可以好好放松一下，再加上时间比较自由充裕，一些大学生不能自觉控制自己贪玩的本性，选择了网络这个休闲娱乐的平台。假期中，他们几乎天天泡在网上，甚至通宵聊天、打游戏，生活作息规律全被打乱。下网后，他们常常魂不守舍、无精打采。开学后，发展到旷课、逃学去上网，沉迷于网络。

为了防止大学生在寒暑假期间过度沉溺于网络，家长应该多和子女沟通，帮助他们合理安排寒暑假活动。总的来说，寒暑假还是要以休息为主，不能给子女加压太多的学习任务，不过，休息和娱乐也要讲究方式和方法，上网可以，但要有个度。家长要理性看待子女的上网问题，与子女共同制定上网的行为契约、计划，对子女进行正确的引导和监督。同时，适当安排休闲和娱乐活动，共同参与子女感兴趣的有意义的活动，比如参加各项体育活动、文艺活动、社会公益活动、社区服务活动、志愿者活动等，转移他们对网络的注意力；或者外出旅游度假，培养子女新的兴趣与爱好，减少他们上网的欲望。

父母们要提倡和鼓励子女多参加健康的有意义的活动，多与其他青少年交往，提高人际交往能力，增强社会适应能力。当子女们通过这些活动体会到自己在特长、交友等方面的成就感时，他们的自信心会大大增强，从而对人际交往、社会活动更加感兴趣，也会不断发展自己的爱好特长，如此一来，自然会减少对网络世界的迷恋。

总之，时代潮流对传统的家庭教育产生了冲击，新情况不断出现，父母作为子女的监护人和教育者，只有尽快转变观念，不断提高自身素质，营造良好的家庭环境，掌握科学的教养方式，才能有效地预防子女网络成瘾。

第二节 学校预防

高校作为大学生健康成长重要场所，在大学生网络成瘾的预防中，无疑肩负着重大的责任。大学生的大部分时间是在学校度过的，学校要切实担负起培养教育大学生的责任。学校应采取有针对性的措施，疏堵结合，引导大学生健康上网，尽力减少网络对大学生的负面影响，杜绝网络成瘾。具体来说，高校应该做好以下的工作：

一、开展网络教育

随着互联网技术的迅猛发展，网络正以神话般的速度将其触角伸向社会生活的各个领域。如今，高校内外网络遍布，校园日益信息化，大学生的学习和生活不可避免地会受到网络的影响。但是，如何正确看待和使用网络，很多大学生却并没有深刻的认识和体会。有鉴于此，学校在为大学生提供网络便利的同时，也应该对他们加强网络教育，以期引导他们正确对待网络虚拟世界，提高对网络游戏危害性的认识，增强对不良信息的辨别能力，形成科学文明使用网络的良好习惯。

网络教育，不仅仅是计算机网络知识的学习和教育，还包括网络道德教育。特别是后者，目前日益受到学校和社会的广泛关注，成为当今继网络之后的又一热点。

开展网络道德教育，主要是针对网络匿名性的特点，教育大学生在无人监控的情景中如何做到自律，不说粗话脏话，不无故攻击他人，不看反动、色情网站，让大学生清楚地了解网络上什么是道德的，什么是不道德的。让他们认识到，若要在网上受益，就应当遵守网络规则，自觉维护网络秩序。具体来说，学校可通过演讲赛、辩论赛、征文比赛等形式，举办一系列以“文明上网”、“如何正确对待和使用网络”等为主题的第二课堂活动，倡导文明、健康的网络生活，让大学生在活动参与中潜移默化地接受网络道德教育，自觉规范上网行为。

要完善网络道德教育内容，还需要紧密结合网络法制教育，大学生责任意识教育、大学生自我保护意识教育，以及加强信息教育、提高信息素质等全方位的教育。把网络道德教育与爱国主义、社会主义教育结合起来，以加强大学生对网络文化价值观的鉴别能力，内在地培养出他们自觉的网络道德意识、道德意志和道德责任，提高道德自我教育的能力。

对大学生开展网络教育，尤其是网络道德教育，是与预防网络成瘾密切相关的。一个真正有道德、有责任意识、有自我保护意识的大学生，会时刻记住自己对家庭、对社会、对国家肩负的责任和使命，会自发地将学习放在首位，会正确合理地使用网络，会主动规范自己的上网行为，会自觉抵制网络不良信息和游戏的诱惑。一般来说，他们会健康上网，科学上网，把网络当成学习的工具而不是玩具，不会过度使用网络，不会让网络影响到自己正常的学习和生活，因而不易网络成瘾。

二、构建良好的师生关系

大学师生关系的疏远，是大学生网络成瘾的原因之一。一些自我调控力和适应力不强的大学生，在缺少教师关怀和管束的情况下，很容易坠入网络温情的陷阱。

教师和学生永远是大学校园里的主角。然而，在高等教育大众化的背景下，这两大主角之间的关系却是以相对淡薄来定义的。有的大学生如是描述："大学师生关系，就是没关系"、"大学师生是零关系"、"大学师生关系根本就不存在！"……某些大学，甚至发生过教师和大学生之间的矛盾和冲突。

良好的师生关系是预防大学生网络成瘾的基石。作为人类灵魂工程师的教师，在预防大学生网络成瘾中起着极为重要的作用。

首先，教师要转变观念，提升自身素质，在构建良好的师生关系中发挥主动性。教师要重新审视大学师生关系的内涵，尊重学生的人格和权利，以教师职业道德规范来约束自已，自觉树立高度的工作责任心和社会责任感，不断提升自身的素质，以高水平的教学、严谨的治学态度、认真执教的精神、与时俱进的思想来吸引学生，影响学生。教师应千方百计提高课堂教学质量，正如深圳大学校长章必功所言："课堂磁性才是最根本、最有力、最持久的吸引。"此外，由于教师在年龄、阅历、经验等方面都比学生占优势，因此，在师生良好关系的构建中，教师应该发挥主动、主导、主要作用，尊重学生，对学生坦诚相待，善于启发和引导学生。在此基础上，教师与学生产生互动交流，相互理解，相互赏识，建立起和谐的师生关系。

其次，教师要加强与大学生的思想情感交流。从对大学生网络成瘾的原因分析中发现，不少大学生是因为在校园现实生活中有孤独感，缺乏情感温暖，遇到难题时无人倾诉，所以从网络虚拟世界中寻求情感寄托。如果教师平时能够多给大学生一点关注，注重与大学生进行思想情感交流，积极主动帮助他们解决学习生活中的具体困难，让他们在求学过程中能够体会到教师对自己的关心和爱护，在现实生活中获得情感支持和满足感，就能在一定程度上预防网络成瘾的发生。此外，师生之间可以一起从事一些有意义的事情，或者通过参加课外活动，一起娱乐、比赛、郊游、野炊等来建立友谊，为顺利进行思想情感交流打下基础。

再次，就学校方面而言，需要为和谐的师生关系提供制度保障，给师生们提供一个平等、友好、和谐的舞台。目前，大部分高校对教师的评比，主要是比科研成果、论文数量，却不比教学成果，"书教好了，也不可能当院士。"教学、育人的指挥棒是软的，科研的指挥棒是硬的。因此，有些教师把育人放在次要位置，把个人科研放在首要位置，一上完课就匆匆忙忙赶紧走人，抓紧时间搞科研。为了改变这种情况，让教师真正对教书、育人都有责任心，学校应该尝试教学体制改革，给师生提供一个公平公正的环境，从根本上减少师生之间的利益性，不要过分苛求教师的科研业绩工程，并在教师岗位工作量中计入为学生服务的工作量。

最后，引导学生尊敬老师，让学生在构建良好师生关系中发挥先行作用。良好师生关系的建立，离不开师生的共同努力。教师要主动关心爱护学生，学生也应该尊重教师、理解教师。学生应该怀着一颗感恩的心，尊重教师的人格、学识和教学工作，在学习、生活、为人处世等方面主动地与教师进行沟通，虚心向教师求教。在学习方面，学生应积极调整自己的状态，主动适应教师的教学。鉴于近年来高校学生人数逐年增加，教师所面对的学生群体不断增大，而个人精力有限，不可能照顾到每个学生，所以，在师生良好关系的建立中，学生更应该主动找教师交流，珍惜课堂上、课堂下与教师沟通交流的机会，或者通过书面形式、网络对话等进行沟通。

三、开展丰富多彩的课外活动

课外活动，被称为第二课堂，它是丰富学生精神生活、发展学生的爱好、特长和创意的重要方式，有助于开发学生的学习积极性和创造性，培养学生的分析能力和独创精神，促进学生的全面发展。

相对于中学生来说，大学生有更充裕的课余时间可资利用。如果他们的课外活动很少，而他们却又精力充沛、内心多种需要不能得到满足的话，那么他们就会通过其他形式来加以弥补，如上网聊天、打游戏等，久而久之，难免网络成瘾。

作为高校，应当重视大学生的课余生活，开展丰富多彩的课外活动，如举办各种富有趣味性、怡情益智的文化体育活动，组建各种学生社团，提倡学生参加力所能及的社会公益性活动，提供勤工俭学的机会等，将大学生的课余时间用各种健康有益的校园活动来充实。具体来讲，学校可以举办各种竞赛，如演讲赛、辩论赛、智力游戏竞赛、体育比赛（包括趣味运动会）、歌咏比赛、手工比赛、网页制作大赛、办公文档操作比赛等；可以组织各种健康有趣的活动，如英语角、琴棋书画、武术、摄影、旅游、喷绘写真、采风写生等；可以建立或扶持各种学生社团，如音乐协会、美术协会、演讲学会、心理健康协会等；还可以鼓励大学生参加“三下乡”，打假期短零工体验社会、体验生活等社会实践活动。通过这些具有知识性、趣味性、艺术性、思想性、公益性、实践性的活动，吸引广大充满活力的大学生积极参与其中。大学生有了兴趣爱好，有了充实的课余生活，就能将多余的精力投入其中，而不是浪费在网络上。

应当注意的是，近几年来，大学生的一些课外活动已经出现了世俗化倾向，这主要是受到了某些低级的非主流文化的影响。低层次的课外活动.不利于大学生身心的健康发展，也不利于良好校园文化建设与形成，因此，要加强对高校课外活动的科学管理与宏观指导。

丰富多彩的校园课外活动，在充实了大学生课余生活的同时，也使大学生的思想觉悟得到提高，个性特长得到发展，知识面得到拓宽，实践能力得到加强，创造性思维能力得到培养，社交能力得到锻炼，有助于培养大学生的自信心和成就感，使他们自觉杜绝网络成瘾。

总之，高校应积极开展丰富多彩的课外活动，吸引大学生广泛参加。通过各种形式的课外活动，引导广大学生将课余时间投入到现实生活中各种健康而又有意义的活动中，多接触现实世界，多与人沟通和交流，扩大交友范围，培养自身广泛的兴趣爱好以及健康向上的休闲方式。这将有效避免大学生的寂寞感、空虚感和孤独感，有助于预防大学生网络成瘾。

四、加强校园网络文化建设

目前，各高校基本都建立了自己的校园网络。校园网作为校园教育和科研的重要基础设施，承担着教学、科研、管理和对外交流的重要角色，已经成为广大师生工作、学习、生活不可缺少的工具。

学校要有意识地利用这些硬件设施，以服务学生为本，建立适合大学生的绿色网站，营造良好的上网氛围，将大学生的上网行为引导到积极健康的轨道上来。

加强校园网络文化建设，对预防大学生网络成瘾具有重要的作用。

第一，加强校园网的宣传功能。若要办好校园网络文化，首先应该树立正确舆论导向，针对一些事关大局、事关政治方向、事关稳定的敏感性问题，要有正面的声音，给涉世不深的大学生以政治上的引导。注意对国内外重大新闻时事、重大科技活动和社会焦点、热点的报道，引导大学生关心时事、关心社会。另外，要针对大学生群体，在校园网上对大学生进行网络教育、法制教育、道德教育、责任意识教育和自我保护意识教育等，使大学生端正上网动机，正确使用网络。

第二，加强校园网的学习功能，引导大学生把互联网作为学习知识、获取信息、培养创造力的工具。在网站中设立学习、答疑、考研信息等专栏，介绍各门课程的学习方法，考试答题窍门；若有学生提出问题，教师要答疑解惑，并定期发表或转载一些学术论文，介绍学科前沿信息等；及时发布各类学习、培训以及考试信息。每个学生都可以通过注册用户登录网站，进行即时查询，与教师和其他学生进行交流。

第三，开展丰富多彩的网上活动，引导大学生健康使用网络。由于大学生有较大的自主性和较高的创新要求，且已有一定的专业知识作为支持，因而可以开展一些更具专业性的网上活动，如网络媒体素养课程或讲座、专题论坛、电子读物、电子阅览室、网页设计、征文大赛、网络知识竞赛、Flash 动画设计大赛等，借以吸引、凝聚学生。此外，鼓励和扶持各个学生社团创办自己的网站，活跃网上社团文化，如书法、美术、摄影、体育健身、音乐、旅游等类别，各社团成员可以在校园网上展示自己的成果，与其他爱好者分享心得和经验，进而体验到成就感和满足感。通过这些网上活动，引导教育大学生正确使用网络，避免网络的不良影响。

第四，学校还可以建立或链接一些心理健康教育网站，开展网上心理咨询，使校园网成为高校心理健康工作者和大学生之间沟通交流的媒介和桥梁。一些大学生喜欢在网上“减压”或“发泄情感”，学校心理咨询网站可以帮助学生解决学习和生活中遇到的问题。此外，还可以定期对大学生进行网络使用情况及网络心理健康普查、网络心理测试，建立大学生网络心理健康问题监督、预警机制，积极主动地对可能出现网络成瘾倾向的大学生进行心理咨询和心理辅导，给大学生以潜移默化的影响和作用，培养大学生健康愉快的情绪和乐观向上的生活态度，营造良好的校园网络文化氛围。

第五，加强对校园 BBS 的管理。高校 BBS(包括论坛、留言板、聊天室)不同于大众 BBS，它是以大学生为主、面向广大师生的人际交往平台、休闲娱乐平台，也是面向大学生的思想政治教育平台，所以，应该提倡校园网络的文明发展，给大学生提供一片净土，杜绝各种有害信息在校园 BBS 上的传播与流通，构建"无信息污染"的校园网络环境。为此，需要加大对校园 BBS 的监控管理力度，通过审查、监控等方式来规范大学生的网络行为，对校园 BBS 上反动、色情等不健康内容进行清理，以净化网络环境，在校园 BBS 上筑起一道网络德育长城，建立一道百毒不侵的防火墙，防止各种不良信息污染腐蚀大学生的心灵。

五、发挥辅导员的作用

在大学校园里，与大学生接触最为密切的基层教育者当属辅导员。辅导员是大学生思想政治教育和日常教育管理的直接组织者和实施者，他们工作的重要组成部分之一就是与大学生进行沟通和交流，并予以正确引导。高校应该充分发挥辅导员的作用，做好大学生网络成瘾预防工作。

首先，辅导员要未雨绸缪，贯彻预防为主的方针。辅导员要重视网络教育工作，对各年级大学生，特别是刚入校的大一新生，开展网络教育活动，帮助他们认识网络成瘾的危害，使他们自觉远离网络成瘾。具体来讲，辅导员要抓好理论教育和实际学习教育两方面的工作。在理论教育上，辅导员可以通过组织网络常识讲授、主题班会、专家讲座、学生座谈、党团员活动、上网专题讨论或辩论、榜样示范等多种形式的活动，对大学生进行网络知识教育、网络道德规范教育，以及网络成瘾危害教育，帮助大学生提高思想认识，提高他们的网络道德修养，培养他们健康的上网观念，避免将上网作为逃避现实生活问题或者消极情绪的工具。此外，辅导员还可以帮助大学生揭开网络游戏设计的奥秘，以及网络游戏运营商不择手段挣钱牟利的秘密，使大学生正确对待网络游戏，防止网络游戏上瘾，这也是预防网络成瘾的一剂良方。在实际学习教育方面，辅导员可以帮助大学生了解网络的多种用途，尤其是学习功能，如使用校内外网站、电子图书馆等网上渠道搜集资料、信息等，这对大学生撰写学年论文、毕业论文是非常有益的。辅导员还可以结合大学生所学专业，帮助学生掌握专业信息的网上搜集渠道，拓展网络的学习功能，引导大学生投入到专业研究中。辅导员还可以培养大学生网络方面的创新能力，例如让大学生亲自参与网络媒介产品的制作或案例评价，系统掌握网络媒介素养的基本知识，系统学习网页和网站设计，培养大学生自觉的、能够持久稳定发挥作用的网络媒介素养，进而自觉抵制网络成瘾。

其次，辅导员要注意加强与大学生之间的沟通和交流，培养他们健全的人格。大学生（特别是大一新生）在进入新的学习环境和人际交往领域之后，一般都有个适应过程，一旦他们不合群或者不能适应新环境，就容易产生失落感，往往会以网络为寄托，进而产生网络成瘾倾向。因此，辅导员要特别关注大学生的这一转型期，注意与他们保持沟通和交流，对刚入校的大学生加强适应性教育，帮助他们解决学习和生活方面遇到的各种困难，帮助其制订科学的职业生涯规划，帮助其树立起人生奋斗的目标。在日常工作中，辅导员要将"深度辅导"落到实处，经常性地与大学生开展谈心活动，使大学生敞开自己的心扉，以便及时发现和解决大学生面临的困惑和难题。辅导员要有针对性地帮助大学生处理好学习、生活、情感、考研、出国深造、择业、社会交往等方面的具体问题，增强大学生克服困难、经受考验、承受挫折的能力，提高大学生的社交能力和自信心。此外，辅导员还要培养大学生健全的人格。辅导员要帮助大学生树立积极乐观、健康向上的心态，培养活泼开朗的性格，让大学生加强自控力，提高心理素质，学会解决内心矛盾冲突的有效方法，体验现实生活的幸福感，主动参与学校组织的各项集体活动，不断提高自己的能力和素养，有意地控制上网欲望。

六、加强对大学生的日常管理

相对于中学来说，高校对大学生的管理比较宽松，一部分对网络诱惑自制力较差的大学生，在缺乏监管的情况下，容易走向网络迷途。有网瘾倾向的大学生经常要花费大量的时间上网，甚至连正常上课和睡觉的时间都要搭进去，表现出作息时间异常、经常迟到早退或旷课、对学习不感兴趣、常常外出或不在宿舍就寝等，因此，高校要加强对大学生的日常管理，辅以行之有效的行政手段，尽可能杜绝大学生网络成瘾。

首先，严把考勤关。有的高校教师对学生上课到课情况不管不问，对学生无故缺席的情况听之任之。课堂管理上存在的这个漏洞，被一些大学生充分利用，他们经常逃课上网。鉴于此，高校要严格把好考勤这一关，加强对学生上课出勤的监管。任课教师要不时抽查点名，班级辅导员也要经常和任课老师沟通。同时，要完善班级上课考勤制度，发挥党团员和班干部的作用，及时掌握班级学生出勤的异常情况。如果发现大学生利用上课时间上网，轻者严肃批评，重者按违纪给予处分，形成严管氛围。

其次，强化大学生宿舍就寝管理制度。高校要对大学生宿舍执行严格的作息管理制度，对大学生宿舍就寝进行常规性的定期检查，并辅以不定期检查、抽查；大学生公寓楼的大门要按时关闭上锁，在关闭期间禁止大学生随意出入；采取必要手段限制学生上网行为，如晚上 12 点至第二天早上 8 点之间，切断学生宿舍电源和网络信号供应，使学生无法在电脑上通宵上网。虽然此举对大学生来说有点强硬，但对于自制力不强、不够自觉的大学生来说，却不失为一种比较简单有效的办法。另外，制定宿舍成员相互监督的制度，对那些熄灯后使用手机上网的同学进行监督管理。

加强大学生课堂考勤和就寝管理，无疑会对有网瘾倾向的大学生产生较大的约束力，可以有效地预防大学生沉迷网络，防止其荒废学业。

此外，高校也要注意完善课程设置、减轻学生压力、加强学校与大学生家庭之间的联系等方面的工作，积极预防大学生网络成瘾。

第三节 社会预防

希拉里·克林顿说过：“培养一个孩子需要的是全社会的力量。在对青少年网络成瘾的预防上，社会系统责无旁贷。”

诚然，导致大学生沉迷网络的外在因素除了家庭因素和学校因素之外，还有社会因素。因此，预防大学生网络成瘾，社会也负有重要的责任。家庭、学校、社会应该共同合作，建立起共同预防大学生网络成瘾的工作机制，以便有效预防大学生网络成瘾。

为了预防大学生网络成瘾，促进互联网的健康发展，社会各界要积极采取有效措施，通过法律、行政、技术、舆论等手段，尽可能净化网络源头，共同构建网络安全。

具体来说，社会预防应该从以下几个方面着手：

一、健全网络法律法规及网络游戏监管制度

随着网络的日益普及和对人们日常生活的不断深入，网络管理与监督的问题也日益凸显出来。的确，网络给人们带来了无数的便利和好处，但与此同时，由于目前我国对网络相关法律法规的不健全及监管的缺位，一些利用网络来传播有害信息、进行各种犯罪活动的事例也屡见不鲜。对于心理发育尚未完全成熟、好奇心强、鉴别能力差的大学生而言，网络色情、网络游戏、网络暴力等不良信息对他们具有很强的诱惑力，对其心灵的污染和毒害也最大。如果要预防大学生网络成瘾，就必须管理和规范网络行为，健全网络法律法规，加大对网络的监管力度。

（一）政府出面掌舵，健全网络法律法规

近些年，我国政府虽然已经陆续出台了二十余部关于互联网管理方面的法律法规，但并不能完全覆盖现实的网络问题，而且这些法律法规在实施上还有许多不尽如人意的地方，在执行过程中存在多头管理、相互扯皮等现象，致使有些法律法规形同虚设，执行阻力很大，亟待进一步健全和完善。另外，互联网技术发展很快，每一项新技术、新手段的应用，都会给原有的法律法规提出新的要求，因此，政府一方面要做好现有法律法规的延伸和司法解释工作，另一方面还要紧跟互联网的发展趋势，及时制定与之相适应的法律法规。具体来说，立法机构应当尽快制定和完善互联网管理的相关法律法规，努力做到有法可依、依法建网、依法治网、依法用网；各有关执法部门要切实履行职责、恪尽职守，做到有法必依、执法必严、违法必究；建立网络警察队伍，并加强其对网络的监督和管理功能，对网络进行有效的实时监控。

（二）加强对网络游戏的监管

网络游戏是一种文化传递、价值渗透的方式，它对玩家有着不可忽略的影响。目前，我国的游戏市场极不规范，暴力、色情充斥其中，而且国产游戏很少，多是引进国外游戏，需要提防国外不良信息的侵入。这些问题已经引起了政府有关部门的重视，并开展了对进口游戏的审查和监管。

由于我国对网络游戏的制作、审核及运营缺乏一套行之有效的程序和监管机制，给网络游戏代理商钻法律空子以可乘之机，致使网络游戏出现了非健康运营。为了避免包括大学生在内的青少年出现网络游戏成瘾，政府相关职能部门应该加强对网络游戏制作、审核、运营方面的监管。此外，还可以借鉴国外网络游戏的监管经验。

第一，加强对网络游戏制作的监管。对那些故意引诱玩家连续不断投入时间和金钱玩游戏的设计制作手段，应当坚决予以杜绝和处罚。

第二，加强对网络游戏审核的监管。对网络游戏进入市场之前的审批监管，实质上就是对网络游戏内容的监管，这是对网络游戏监管程序中的重点工作，不符合相关政策

法规的网络游戏坚决不允许进入网络市场。对网络游戏内容的监管,同时会督促相关公司改进游戏规则、打击低俗之风、提高网络游戏的文化含量。

第三,加强对网络游戏运营的监管。这主要是对已经开始运营的网络游戏进行监管,实质是技术监管,设立内容分级和过滤系统,使游戏者免受不良游戏的毒害。另外,可以采取网络游戏分级制度、网络游戏实名制、指纹信息登录等方法,对大学生上网玩游戏进行控制。

此外,政府相关部门要尽力弥补"网络游戏防沉迷系统"的漏洞,并使其对大学生也发挥一定的作用。网络游戏反沉迷系统于 2007 年 7 月在上海率先投入使用,目的是为了防止青少年利用过多时间在网络游戏上而荒废学业,从而增加大量社会问题,如一些媒体热炒的家庭纠纷、离家出走、自杀等。但是,该系统很多地方都存在漏洞,例如未成年玩家完全可以虚报个人信息或者购买成年人的账号来对付,同一游戏可以"歇号不歇人",如果时间一到,玩家可以立即切换到另外一个账号继续练级,或者游戏时间到限之后,玩家可以改玩其他的游戏。业内人士认为,要弥补该系统漏洞,只有做到通过识别玩家 IP 地址,并将各类游戏服务器之间身份信息互联,才能有效限制玩家游戏时间,从而使得监管能够得以落实。但是,对于大学生而言,防沉迷系统的功能很不明显,因为很多游戏是针对未成年人做出的身份证辨认系统,而对作为成年人的大学生却失去了约束,所以政府应当在相关法律法规法令上出台更人性化的措施来引导大学生远离网络成瘾。

目前,政府重拳出击,加大了对网络游戏监管的力度。2009 年 8～11 月,国家新闻出版总署陆续查处并关停 26 款低俗网络游戏及 45 款违规境外网络游戏。网络游戏行业的另一监管机构文化部也大刀阔斧地对网络游戏的不健康内容进行叫停或整改,关停多款"黑帮"游戏,并在前不久对"开箱子"等带有赌博性质的游戏内容发出了禁令。2010 年 8 月 1 日,中国首部加强网络游戏管理的部门规章——《网络游戏管理暂行办法》正式实施,其规定旨在加强网络游戏内容管理、保护游戏用户尤其是未成年人权益,营造健康、绿色网络环境。它在总结以往管理经验基础上,对当前行业存在的一些突出问题细化了监管措施,要求网络游戏运营商从内容、技术等方面保障青少年不受侵害。政府出台的一系列监管措施对大大小小的游戏公司带来了不小的冲击。随着政策收紧和商业模式的转变,网络游戏行业的"淘金盛世"将会走向低谷。

二、净化网络环境

互联网是一个自由开放的空间,在这个空间里,并不是遍地鲜花,而是毒草与鲜花并生。互联网技术在不断进步,新变化不断出现,但却并没有自然而然地带来更加健康有序的网络环境。相反,很多网站出于经济利益的驱动,大肆发布色情、暴力、虚假信息;网络犯罪、病毒攻击和各种黑客行为此起彼伏;网络不文明行为屡见不鲜;无节制的"人肉搜索"使网民的个人隐私信息曝光于天下;敌对势力利用网络对网民们进行思想文化渗透,实施西化、分化阴谋……纷繁芜杂的网络环境,毒草丛生,亟待净化。

严厉打击网络有害信息,净化网络环境,对包括大学生在内的青少年的身心健康有着重要的影响。要做好网络环境净化工作，需要社会相关部门联合起来进行具有针对性的专项治理，创建和扶持适合大学生的绿色网站。

（一）重拳出击网络色情、暴力信息

互联网上充斥着大量的色情、暴力等有害信息，且呈增多和蔓延之势，严重污染了网络空间，扰乱了网络秩序。网络色情内容是以文字、图片、漫画、动画、视听、电影等方式表现出来的，目前，互联网上的色情网页已经接近4亿个。此外，网络暴力信息也屡见不鲜，据有关统计，在互联网上流动的非教育信息中，约有70%涉及暴力，而且，很多大型的网络游戏及相关网站存在着枪战、杀戮、帮派等暴力内容。

有关研究显示，48.28%的青少年接触过黄色网站，43.39%的青少年接触过含有暴力、色情、恐吓、教唆、引诱等内容的不良信息。网络上泛滥成灾的色情、暴力信息，对涉世未深、求知欲强、辨别是非能力差的青少年的身心健康带来了危害，他们不仅难以抵御有害信息的诱惑，而且还容易把有害信息作为现实生活中模仿的对象，严重影响心理健康和行为发展，甚至走上违法犯罪的道路。处于青春期后期的大学生，有更多的自由时间上网，面对网络色情、暴力信息，他们之中的很多人缺乏抵制力，沉陷其中不能自拔，以致荒废了学业，甚至给自己、家庭、社会带来了悲剧。

对于网络中出现的色情、暴力等不良信息的传播，世界各国的通行做法是采取强制性措施予以打击。目前，我国政府相关部门也对这些不良信息加强了监督和控制，并坚决予以大规模的打击和整改，以净化网络空间。

尽管网络上的色情、暴力等有害信息具有隐蔽性、渗透性强等特点，但也不是无迹可寻的，不是不可追踪的。追踪是发现源头、揪出不良信息散布者的唯一途径，做不到这一点，网络环境的净化永远只能是“亡羊补牢”。2006年以来，我国公安机关和其他各有关部门通过开展专项行动，对网络色情等有害信息进行了多次整治，效果显著。2009年3月至7月公安部部署开展了“09亮剑”打击网络淫秽色情专项行动，破获了一批大案要案，沉重打击了境外色情网站联盟，整治了一批与淫秽色情网站利益相关的网络服务商，清理了一批网络淫秽色情违法信息。在专项行动期间，全国公安机关共发现、删除网络淫秽色情违法信息50余万条，关闭存在淫秽色情和不健康表演内容的违法网站（含栏目）4328个。2009年12月，公安部会同中央外宣办、工业和信息化部等九个部门继续组织开展了整治互联网和手机媒体淫秽色情及低俗信息专项行动。截至2010年2月底，各地公安机关查处网络淫秽色情案件940起（刑事案件334起），查处不法分子1000余人。此外，各地公安机关还删除网上淫秽信息21万余条，关闭淫秽色情网站、栏目205个。

政府相关部门在网络有害信息的打击措施上取得了很好的成效，有力地打击了网络色情、暴力违法犯罪活动，境内网上色情、暴力信息明显减少，通过手机网络传播不良信息的势头也得到有效遏制。但是，由于种种原因，网络色情、暴力有害信息却依然难以根除，净化网络环境还有很长的一段路要走。今后，政府相关部门还要充分运用法律、行政、技术等手段，加大对互联网的监管力度，并会同有关部门督促互联网服务单位落实安全管理责任和技术防范措施，防止色情、暴力等违法信息通过互联网传播扩散。

同时，政府也要把对互联网的集中专项治理转化为经常性、制度化的长期监管，为青少年的健康成长营造良好的网络环境。

（二）扶持和开发适合大学生的健康网站及游戏

净化网络环境，要疏堵结合。政府相关部门在治理网络不良信息的同时，也要注意采取疏导的措施，扶持和开发适合大学生的健康网站及网络游戏。

目前，除了各高校创办的校园网之外，社会上真正适合大学生的网站并不多，好奇心和求知欲正处于旺盛时期的大学生，不可避免会登录诸多的成人网站，而这些网站又常常充斥着色情、暴力、反动等不良信息，给大学生的身心健康带来了危害。政府部门应当尽快扶持和开设一批适合大学生的优秀中外网站，这些网站要融合知识性、教育性、娱乐性、实用性为一体。如今，一些以学习、求职、休闲娱乐为宗旨的网站如中国考试网、中国考研网、考试 163、IT 认证考试资源网、前程无忧、中华英才网、豆瓣网、中国人等，办得如火如荼，受到众多大学生的青睐，政府应加大对此类网站的扶持力度，并为之树立正确的导向，引导网站健康发展。此外，为了适应大学生学习、就业、考研、社会交往、休闲娱乐、心理咨询等方面的进一步需求，政府应该做好铺路工作，为大学生开设一些健康有益的绿色网站，并用健康网站占领大学生网络阵地。在为大学生创办的网站上，政府要将可读性、服务性与权威性、指导性有机结合起来，并对一些事关大局、事关政治方向、事关稳定的敏感性问题，发出正面的声音，给涉世不深的大学生以政治上的引导。

除了扶持和开发适合大学生的健康网站外，政府也要鼓励大力开发健康网络游戏，特别是国产网络游戏。我国目前流行的网络游戏很多是进口的，如受到大学生热捧的《地下城与勇士》、《穿越火线》、《魔兽世界》等，这些游戏多数内容不健康，因此，在加强对进口网络游戏内容审查的同时，大力开发健康的、适合青少年身心发展的网络游戏，对于净化网络环境非常重要。开发健康网络游戏，需要政府、社会和网络游戏公司多方面共同努力才能得以更好地实现。政府要积极扶持发展国产网络游戏产业，鼓励开发适合青少年的具有中国特色、具有趣味性、融合民族精神、爱国主义、社会主义法制等内容的创新游戏产品，力图构建一个将弘扬民族优秀文化与先进信息技术相结合的健康的中国网络游戏产业体系。政府还应当加强宏观调控，引导网络游戏产业的全面均衡发展，扶植游戏文化研究中心、游戏产业研究中心等机构的建设，完善游戏技术人才与管理人才的培养体系等。网络游戏开发公司也要自觉增强开发适合大学生的健康网络游戏的意识，减少网络游戏中暴力、色情的成分，提高玩家的素质，让大学生在健康的游戏中娱乐益智。网络游戏经营单位也要自觉抵制不健康的网络游戏，认真核查被授权人的网络游戏运营资质，维护网络市场秩序。

三、加强网吧的规范与管理

随着计算机网络的迅猛发展，与之相关的信息服务行业开始陆续问世，网吧就是其中最为普遍的信息服务场所。

网吧（Internet café 或 coffeenet），是一个主要提供互联网连接服务的营利性的公共场所，面向成年人开设，社会公众可以利用网吧内的计算机及上网接入设备等进行网页浏览、学习、网游、聊天、视频、听音乐或其他活动，网吧经营者通过收取使用费或者提供其他增值服务获得收入。1994 年，世界上第一个网吧在伦敦开业。在中国，网吧大规模兴起于 1998 年前后，并且发展迅速，目前已经成为中国第二大上网场所。

网吧的兴起和繁荣，是社会进步和人类物质生活不断发展的一种表现形式。网吧为那些没有电脑和上网条件的人们提供了一个经济、便捷的触网机会。在互联网刚刚登录中国的初期，正是网吧让社会公众接触到了网络，从而带动了中国信息化的发展。可以说，中国信息产业的飞速发展，网吧功不可没！

但是，目前网吧也带来了很多负面问题，主要出在管理不规范上。不少网吧经营管理者缺乏必要的专业技术和法律知识，他们网络安全意识淡薄，在实际经营中疏于管理，对上网人员放任自流。还有一些网吧经营者唯利是图，在利益的驱动下，同行间使用了很多非公开性的竞争手段，打着“网吧”的幌子，经营含有暴力、淫秽、赌博等内容的电脑游戏，吸引网民进入网吧。此外，有关部门对网吧的管理尚不完善，也给违法经营者以可乘之机。还有一些“黑网吧”，环境较差，设施简陋，经营秩序混乱，空气浑浊，甚至存在着安全隐患，严重危害网民的身心健康。

网吧经营管理的不规范，在引发大学生网络成瘾方面有着不可推卸的责任。网吧是目前阶段最适合年轻人消费的休闲场所，尤其受到大学生的青睐。如今，高校内外网吧林立，比比皆是。大部分校外网吧设备齐全，网速飞快，通宵达旦营业，甚至提供“吃、住、玩”一条龙服务，费尽心思吸引大学生网民前来上网。网上聊天室、色情图片、虚拟的网上奖励、可以获得赌资的游戏等对那些好奇心和好胜心很强的大学生来说，无疑具有莫大的吸引力，再加上大学生是成年人，进网吧不受限制，因而很容易沉迷于网络，进而成瘾。

网吧是大学生网络失范行为发生的重要场所，为了预防大学生网络成瘾，必须加强对学校内外网吧的规范和管理，支持和鼓励网吧的健康发展。对网吧的规范和管理，需要争取更多的社会力量的支持：教育、文化部门应制定分管措施和办法，对大学生从教育上加以引导，从文化上加以熏陶；司法、公安部门应不断完善相关法律法规的制定和执行；工商、税务部门应加强对网吧经营场所的监察审核，对网吧进行管理整顿，取缔非法网吧；网络管理部门应筹资建设网吧监控中心，利用远程计算机监控体系实现对网吧和互联网文化活动的全程实时监管；网吧经营者应提高自身素质，掌握必要的专业技术和法律知识，建立“信息海关”和“信息安全防火墙”，阻止“危害数据”的进入，剔除有害信息，从源头上净化网络。总之，要不断探索网吧规范化管理的新路子，为大学生提供一个健康的网络环境。

四、加强主流文化传媒对大学生的舆论导向

报纸、杂志、广播、电视、网络等多种形式的文化传媒对网络功能、网络传奇、网络神话、网络精英“一夜暴富”的大肆夸张和渲染，是大学生网络成瘾问题出现的诱因之一。为了预防大学生网络成瘾，应当加强主流文化传媒对大学生的正面宣传和舆论导向作

用，避免对网络相关信息进行过度夸张、不客观的报道，以免误导大学生。

据中国社会科学院2003年发布的《中国12城市互联网使用状况及影响调查报告》显示，网民最信任的是电视新闻，其次是报纸和广播新闻，网络新闻排在末位。而在网络新闻中，网民对政府新闻网站的信任程度远高于商业门户网站。可见，作为党和政府喉舌的主流文化传媒，在引导社会舆论方面具有先天优势，而其优势的实质就是建立在权威和真实基础上的公信力。主流文化传媒应该充分发挥公信力这一利器的作用，用一元化的指导思想引领多样化的社会思潮，积极主动地引导社会舆论，用事实说话、用典型说话、用数字说话，不给虚假信息的滋生和传播提供机会。

首先，主流文化传媒应当针对大学生群体，对“网络”这一新生事物进行客观、公正的评价，加大对有关网络使用问题的宣传，引导大学生正确认识网络的积极作用与负面影响，而不要过分夸大网络的积极作用。目前，计算机网络发展迅速，触网的大学生人群日益壮大，他们对网络表现出了极高的认同和参与热情，一些文化传媒跟风炒作，过度地渲染网络的积极作用，使很多大学生简单地认为网络可以成为生活的某种方式，而对其负面影响缺乏充分的认识，因而盲目追风，继而沉湎于网络游戏、色情、网恋等不能自拔，给自身的健康成长带来严重影响。鉴于此，主流文化传媒应该承担起舆论引导的职责，在肯定网络所带来的种种便利之处的同时，也要对网络的负面影响，特别是网络成瘾的危害进行真实客观的宣传报道，引导大学生正确、合理、科学、规范地使用网络，健康上网。

其次，主流文化传媒应当针对大学生群体，树立“健康成才观”的舆论导向。由于一些新闻媒体对各种网络传奇和网络神话的过度渲染，“一夜暴富”成为无数大学生的梦想，他们将网络精英视为偶像，幻想着自己也能从网络虚拟世界中找到迅速致富的捷径，所以将大量的时间和精力耗费在电脑网络上，以致沉迷其中难以自拔。主流文化传媒要针对大学生群体，更多地去了解他们的真实想法和内心需求，引导他们树立“健康成才观”，为他们提供各种积极向上的宣传报道。主流文化传媒要加强对个人或群体奋斗创业历程的正面宣传，电视和网络媒体可以邀请一些通过自身努力、发挥自身技术特点在社会上取得成功的网络精英做客电视节目组或网站直播室，对大学生进行现身说法，揭秘“神话”无非也是在现实努力的基础上创造的，给大学生树立起正面的榜样。主流文化传媒要引导大学生树立起适合自己的人生理想目标，同时又能够立足现实，使他们形成正确的成才观，走上健康的成才之路。

第四节 个人预防

家庭、高校、社会可以采取一系列预防措施对大学生上网进行引导和管理，但大学生网络成瘾预防的关键还是在于大学生自身，主要还是靠大学生自己加强认识和自我约束。因为外因只是引起事物发生变化的条件，内因才是促使事物变化的根本原因。

在网络成瘾的预防中，大学生应该从自身出发，及时觉察自我并积极进行自我调整，做好个人预防工作。

一、树立正确人生目标，做好职业生涯规划

据调查，大学生网络成瘾问题在很大程度上是由于大学生本人没有树立正确的人生目标，没有做好职业生涯规划而导致的。

英国著名哲学家怀特海说："在中学阶段，学生伏案学习；在大学里，他需要站起来，四面观望。"迈进大学门槛后，大学生首先遇到的是角色转变的问题。从高中到大学，无论是生活方式、学习方法方面，还是人际交往方面，大学生都会有全新的认识和感受。面对大学校园生活中的新问题，面对自己未来，大学生需要从新的视角去思考，为自己制定一个切实可行的新目标。

前苏联文学家高尔基说："一个人追求的目标越高，他的才能发展得就越快。"如果一个人规划了自己的未来方向，也就有了人生追求的高度。而人一旦有了追求，未来也就不再遥远。当大学生明确了自己的人生目标，也就找到了奋斗的方向，知道什么事情是重要的，什么事情是不重要的，然后朝着这个方向去努力。在此过程中，大学生对原来制定的一些不切实际的目标，要做适当调整，使自己以更好的心态投入新的学习生活。

在大学阶段，每一名大学生都应该花时间考虑清楚，自己希望在个人素质、人生事业、工资收入等方面分别达到什么目标，并以此为基点，树立起正确的人生目标。这种人生目标，不仅包括学业方面的内容，还应该囊括个人修养、体育锻炼、兴趣发展等方面的内容。一旦树立了正确的人生目标，大学生就应该积极主动地规划实践，并为实现它而持之以恒地努力奋斗。

树立了正确的人生目标，大学生就不会感到迷茫，不会虚度光阴，不会无所事事，不会无益于他人和社会，也不会身陷网络泥潭不能自拔。

职业生涯规划是大学生所关注的重要问题之一，有关职业选择的种种问题也成为引发大学生心理困扰的重要原因。

大学生职业生涯规划的有无及好坏直接影响到大学期间的学习生活质量，也直接影响到求职就业甚至未来职业生涯的成败。很多大学生在校期间，对自己的未来职业的发展和规划考虑不够充分，尤其是大部分低年级新生，更是对未来的职业考虑欠缺。由于没有做好职业生涯规划，这些大学生对自己的未来发展方向缺乏有预期的、理性的定位，在临近毕业时，仓促地去找工作，往往对职业的定位过高，一旦求职碰壁，就会产生择业挫折感，并引发不同程度的心理问题，有的甚至逃避到网络中去，不愿面对现实的就业压力。

择业是每一个大学生面临的共同课题，大学阶段，是未来职业的准备时期，大学生应该在这一阶段为未来的就业方向和事业发展做好准备，制定好职业生涯规划，并为之进行系统的学习和实践。

二、认识网络成瘾危害，优化网络心理素质

大学生要充分认识网络成瘾的危害，经常了解一些与网络有关的反面事例，这对预

防网络成瘾是有帮助的。

大学生已经开始走向成熟,在许多问题上已有区分良莠的能力。在对待网络问题上,他们应该了解到,网络是一把双刃剑,它固然带来了种种便利,给大学生活增添了清新亮丽的色彩,使大学生开阔了眼界、增长了知识,给了大学生释放情感的机会,但如果不能正确使用它,沉迷其中,其危害也是不可低估的,当大学生在信息高速公路上自由驰骋的时候,或许他们生命的一部分正渐渐消失在虚拟空间的某个黑洞之中。

大学生要清醒地认识到,网络虽然不像毒品海洛因那样会危及生命,但也同样会让人成瘾,进而影响身心健康。网络成瘾会导致视力下降、头晕眼花、肩背肌肉劳损、注意力难以集中、思维模糊、疲乏无力、食欲不振、生物钟紊乱、免疫力下降等不良生理反应,这些对大学生身体健康极为不利。无节制的上网使大学生没有时间和精力投入学习,上课打瞌睡甚至旷课,学习成绩下滑,严重地打乱了正常的学习和生活秩序。不仅如此,网络成瘾也会慢慢吞噬大学生的心理健康,诱发大学生人格异化、道德失范、意志力丧失、人际关系冷漠等不良后果。

在充分认识网络成瘾危害的基础上,大学生要加强自我约束,优化个人网络心理素质,自觉抵制网络成瘾。具体来说,优化网络心理素质主要包括以下几个方面:

(一)形成良好的上网习惯

良好的上网习惯包括良好的心理习惯、良好的行为习惯,以及良好的道德习惯。良好的心理习惯主要是指大学生上网的心理动机、需要、兴趣等出发点比较积极健康;良好的行为习惯主要是指大学生上网的时间、频率以及各种安排比较合理,网上行为文明;良好的道德习惯是指大学生具备优良的网络道德品质和修养,遵纪守法,自控自律。

(二)健全网络自我意识和网络人格

大学生在网络中要健全自我意识,明确认识自己和网络之间的关系,确保自己在网络环境中保持理性的思维和清醒的认识,不要在网络空间中迷失自我。此外,大学生还要健全网络人格,在网络环境中对自我的认识要客观公允,对社会有良好的适应能力,人际关系和谐,个人情绪稳定乐观。

(三)培养高尚的网络道德和心理品质

网络行为是一种隐匿性强,无人监督的行为,完全依靠自己的选择和控制,大学生要学会自爱、自重、自律、自省,提高网络道德意识水平,在网络环境中保持积极、健康、平和的心态,培养成熟的心理品质,以集体和他人利益为重,抵制消极影响,做一个文明高尚的网络公民。

(四)培养高雅的网络情趣和审美格调

网络世界纷繁芜杂、良莠不齐,大学生必须提高自己的辨别能力,在网络上,不观看内容低俗的图文,不使用不雅的语言,不发表消极反动的言论。多关注积极健康的文字、图片、广告、影视等在内的信息,提高自己的文化审美情趣。

三、培养健康的兴趣爱好、减少对网络的依赖

大学生应该培养健康的兴趣爱好,参加各种活动,丰富自己的课余生活,做好网络

成瘾的自我预防工作。

爱因斯坦有句名言:“兴趣爱好是最好的老师。”兴趣爱好是一种带有意识特点的心理倾向,并带有自发的、积极的情绪色彩。兴趣爱好的培养也是一种心理品质的培养,健康的兴趣爱好对人格的形成和发展起着巨大作用,它可以使人的智力得到快速发展,眼界得到开阔,善于适应新环境,对生活充满热情。如果大学生具有培养健康的兴趣爱好的意识,志趣高尚、自然就会减少对网络的依赖。

一般来说,大学生的兴趣爱好主要可以分为以下几大类别:音乐艺术、体育运动、旅游休闲、电脑游戏、读书学习等。通过这些兴趣爱好的培养,大学生不仅可以充实课余生活,还可以发展多种能力,提升个人素质修养。

课外活动是培养大学生健康的兴趣爱好的实践过程,同时也可以强化大学生兴趣爱好的广度和深度,培养大学生的团队精神和创新能力。大学生应该从自己的爱好特长出发,积极参加学校、社会组织的各种活动。

培养兴趣爱好对于大学生,乃至每个人来说,一般有两种结果,可以这么形容:世界上有两种花,一种花能结果,另一种花则不能结果。兴趣爱好也像花一样,有些能结果,能成就一番事业,例如比尔·盖茨爱好编程,喜欢设计软件,最终创建了微软帝国,缔造了连续12年世界首富的神话!而有些兴趣爱好不能结果,不能带来实际效益,如绘画、阅读、摄影、书法、围棋、欣赏音乐、体育健身等,这些爱好,虽不能直接带来事业成就感,但却可以愉悦身心,带来放松和快乐!

总之,如果大学生培养了健康的兴趣爱好,并在这些兴趣爱好中提升了自己的价值,体验到了现实生活中的快乐,他们就会把注意力集中到这些兴趣爱好上来,上网打发时间或追求虚幻东西的想法就会逐渐淡化。进而,他们就会逐渐摆脱对网络的依赖,并远离网络成瘾。

四、注重情感交流,寻求现实情感支持

引发大学生网络成瘾的一个重要原因是他们在现实生活中缺乏情感交流与温暖,缺乏良好的人际关系沟通技巧,因而在网络上寻求情感安慰和支持,满足自己的心理需要,逐渐对网络产生了过度依赖。

研究表明,如果一个人长期缺乏与别人的情感沟通和积极交往,缺乏稳定的良好人际关系,那么这个人往往有明显的性格缺陷。“物以类聚,人以群分”,人有交往的需要,有合群的倾向。人生在世,就必须与他人、社会交流信息、沟通情感。大学时期是大学生走向成人的关键时期,也是大学生面临各种复杂人际关系的时期,这一时期的与他人的情感交流与人际交往经验将会对其今后的成长产生重要影响。因此,大学生应该注重亲情、师生情、友情、爱情等情感交流,不断地提高人际交往能力。

(一)大学生要注重亲情,主动与父母进行情感交流和沟通

调查发现,北京高校三成以上大学生不与父母沟通,或者存在沟通上的障碍。大学生和父母沟通难,有父母方面的原因,也有大学生自身的原因。就大学生自身而言,在保持自立、减少对父母依赖性的同时,应该学会理解父母,学会站在父母的角度考虑问

题，珍惜父母对自己的爱，进而主动关心父母，体验交流的快乐，使亲情升温。不同时代的亲情关系有不同的特征，大学生与父母沟通的方式也应与时俱进，可从多方面主动去和父母交流沟通，如打电话、发短信、写邮件，或者传统的写信，关心父母的健康和工作，关心父母内心真正的需要，假期多和父母共同参与一些事情，增加双方感兴趣的话题，加强亲情交流。

（二）大学生要注重师生感情，主动和教师进行沟通

教师是大学生人际交往的重要对象，师生关系是一种纯洁而无私的人际关系。师生之间心理距离小，心理相容度高，教师对学生充满关心与爱护，学生也应该敬重和信任教师。进入大学之后，大学生们面临着新的环境、新的群体，需要重新整合各种关系，在这个过程中，难免会遇到种种困惑和难题，这时可以主动找辅导员、心理咨询老师以及其他教师倾诉，进行情感沟通。师生可以一起商量，共同寻求解决办法。目前，高校师生之间的直接沟通与情感交流仍然不足，师生感情需要进一步加强。

（三）大学生要注重友情，经常与同学进行情感交流，处理好同学之间的关系

大学期间，同学是大学生人际交往的主要对象，同学关系是大学生人际交往中最基本、最普遍、最重要的关系。青春期正是渴望友情的时期，每个大学生都希望能结交到知心好友，但友情不是空降来的，而是需要去主动寻找，需要真心付出。大学生年龄相仿、经历相同、兴趣爱好相近，又在同一个环境之下学习和生活，因而沟通与交往比较容易，他们在日常学习、生活中能够产生一种如同亲属般和谐稳固的友情关系。在大学生多为独生子女的今天，大学同学间的友情有亲情化、家庭化的倾向。同学间友情的力量是巨大的，当遇到困难和挫折时，同学好友一句温暖的话语、一个真诚的关怀，都会令人倍感亲切和安慰；而当在成功时，与同学好友分享快乐与喜悦亦是一种幸福的享受。大学生在发展友情的同时，也要注意处理好与同学之间的关系，因为大学生来自不同地域、不同家庭背景，他们的生活习惯和个性气质存在着较大差异，再加上大学生空间距离比较小，交往密度高，难免会发生矛盾冲突，这个时候，就需要作为独生子女的大学生放下心理防备，克服性格中以自我为中心的情绪，接受周围的人，并从心底接受现状，在现状中与周围的人和睦相处。另外，同学之间要相互帮助，当发现其他同学因遇到挫折和难题而采取消极退避的态度时，大学生要积极主动帮助他们走出消极的生活状态，树立对学习和生活的信心。

（四）大学生要理性对待爱情，处理好恋爱问题

随着社会的发展和青少年的早熟，谈恋爱已经成为大学生活中一道常见的风景，在大学校园里，随处可见手牵手的情侣。大学生谈恋爱一直是大学校园的热门话题，更是男女生宿舍"卧谈会"上久议不衰的主题。如今的大学生对爱情少了以往的矜持和羞涩，更多地表现出对爱情的强烈向往和追求。对于很多大学生来说，进入大学以后，重新面对一个陌生的环境，情感上难免会感到寂寞，不可避免地要结交新朋友，尤其是要寻找可以与自己相互倾诉的知心朋友。大部分同学认为和异性交往比同性更为容易，再加上对异性的懵懂好感，当两个人交往加深时，就不可避免地会发展成为特殊关系，

爱情也就成了填补内心情感需要的最广泛渠道。大学生已经开始迈入成年人的行列，谈恋爱是他们很正常的感情外显行为。人活着是要有所依附的，爱情可能就是一个很好的依附对象，因此大学生往往比较向往爱情。有了爱情，在你情绪低沉的时候会有人陪在你身边分担你的痛苦，在你成功的时候也有人和你一起分享快乐，大学生活变得更加温暖和精彩。

爱情是人类最温馨最美好的情感之一，大学生要学会认真、理性地对待爱情，处理好恋爱问题。大学生首先要树立正确的恋爱观，恋爱是为了寻找志同道合、白头偕老的终身伴侣，而不是为了安慰解闷，寻找刺激，更不是单纯为了性的满足。作为新时代的大学生，其恋爱观应该是理想、道德、事业和性爱的有机结合。大学生要学会处理爱情与学业的关系，恋爱是人生的一件大事，但并不是人生的全部，大学生应该以学业为重，学习是大学生的主要任务。大学生不宜过早地谈恋爱，但也不要认为爱情是学业的绊脚石，如果处理得好的话，爱情也能对学业起到催化作用。在上网聊天几乎成为每个大学生"必修课"的今天，"网恋"是常见现象，大学生要慎重对待网恋，避免自己在感情上受到欺骗，要相信现实中的恋爱更为可靠。在爱情路上，难免会遇到"失恋"的挫折，大学生应该正视这一现实，学会适当的感情宣泄和情境转移，尽快把失恋升华为一种奋发向上的动力，尽快投入到学习或者工作中去。切不可因为失恋而一蹶不振，认为生活、人生都失去了意义。要知道，恋爱是生活的重要组成部分，但不是生活的全部。古罗马著名政治家、演说家西塞罗说过："青年人对于爱情，要提得起，放得下，才是一个智者。"

总之，当大学生能够从现实生活中得到足够的情感支持，就不会对网络产生情感依赖，就不会走进网络迷途。

五、提高人际交往能力，培养良好的沟通技巧

大学生要注重提高自己的人际交往能力，努力培养良好的沟通技巧。

人际交往是大学生活的基本内容之一，师生之间、同学之间、室友之间、老乡之间、社团成员之间、个人与班级以及学校之间等各种人际交往，构成了大学生的社交网络。大学生处在一种渴求交往、渴求理解的心理发展时期，良好的人际关系是他们心理正常发展、个性保持健康和具有安全感、归属感、幸福感的必然要求。另外，在科技日新月异的当代社会，知识更新的频率很快，每个人都需要不断地进行知识的补充与更新。但是，个人的能力是有限的，仅仅依靠书本上的知识远远不能适应社会发展的实际需要，而积极的人际交往，是获取新知识的有效途径。因此，对于大学生而言，应该积极主动地提高自己的人际交往能力。

与此同时，大学生也应该努力培养各种良好的沟通技巧，主要从以下方面着手：

第一，正确定位自我。对自己进行客观公正的评价，做到既不清高，亦不妄自菲薄，又要充分发挥自己的长处；

第二，增强人际交往魅力。培养良好的个性特征，提高个人的内外素质，给别人留下美好的第一印象；

第三，掌握巧妙的交谈艺术。思维敏捷、沉着冷静、自信乐观、语言表达准确到位、

有适度的幽默感。在交谈艺术中，幽默的人永远会受到欢迎，永远是社交场上的中心。

第四，把握成功的社交原则。平等交往、互利互让、尊重他人、宽容大度、真诚待人、讲究信用。

如果大学生拥有了较强的社交能力，就会拥有良好的人际关系。良好的人际关系不仅是大学生心理健康水平和社会适应能力的重要指标，也是其今后事业发展与人生幸福的基石。

良好的人际交往，增强了大学生的自信心，使他们对现实生活充满兴趣，认识到网络世界永远无法取代现实生活中的真实感知，进而自觉抵制网络成瘾。

六、制订上网计划，合理控制上网时间

为了避免网络成瘾，大学生在上网前，可以先给自己制定一个上网计划，合理安排上网时间，上网时有意识地克服自己的好奇心和欲望，矫正不良的上网习惯，自觉控制好上网时间。

正常的上网行为是必要的，尤其对大学生来说，可以扩宽求知途径，获取各种信息，扩大交往面等，同时也可以满足大学生追求个性、追赶时尚潮流和唯恐落伍的心理。如果大学生对网络一无所知、一窍不通，那反而是不正常的，相当于在向社会说“我跟不上时代的发展”。但是，很多大学生上网时缺乏自控力，不是正常的网络使用，而是沉迷于此，以至于耽误了学业和前程。

大学生在每次上网之前，先花两分钟的时间，考虑一下这样的问题“我今天上网要做什么”，“我准备上网多长时间”……然后制定一个上网计划，把上网要完成的具体任务、上网大约所用的时间等写在一张小卡片上，提醒自己。不要认为这两分钟是多余的，它可以为你省 10 个两分钟，甚至 100 个两分钟。当提示卡片上的任务逐一完成后，要立即下网，避免毫无目的地在网上“闲逛”，耗费大量时间。反复多次地制定上网计划并认真执行，可以帮助大学生减少上网的盲目性，增强他们的自控力，使他们有意识地抵制网络上的各种诱惑。

大学生要根据学习要求、求职需求和生活规律来合理安排自己的上网时间，每天总的上网时间不宜超过 4 小时，一周不宜超过 15 小时，晚上的上网时间不可过长。要学会限时关机，如果自己无法控制，可以主动邀请同学监督；或者在电脑上安装控时软件，一旦上网超过规定时间，电脑就会自动关机；上课的时候，要主动将手机关机，不要使用手机上网，以免影响到正常的课堂学习质量。合理控制上网时间，养成理性的上网生活习惯，可以有效预防网络成瘾。

总之，大学生预防网络成瘾，离不开个人态度的端正。大学生自己要有正确的人生目标，对未来要有规划，并朝着这个方向努力，同时加强自身修养，提高个人素质，培养成熟的心理品质，及时调整自己的心态，而不能期望改变生活环境、周围人群这些外在的客观情况，因为外界的预防帮助也主要是为了调整大学生本人的心态而进行的。归根结底，最后大学生何去何从，能否端正对待网络的态度，远离网络成瘾，还是取决于自己！

第五章　大学生网络成瘾的戒除方法

关于大学生网络成瘾的原因及预防方法，前面两章已经进行了探讨。那么，对于已经网络成瘾的大学生，应该采取什么样的戒除原则与戒除方法呢？

本章在总结和参考国内外网络成瘾干预研究成果的基础之上，介绍了大学生网络成瘾戒除的基本原则，以及大学生网络成瘾戒除的心理学方法。

第一节　国内外网络成瘾干预概况

近年来，青少年网络成瘾成为高校及社会各界关注的问题之一。目前，关于青少年网络成瘾的干预方法和对策，国内外已有不少学者进行了研究，并取得了一定的成果。但是，总体上来说，目前国内外对青少年网络成瘾防治方面的研究还存在不足，尚处于探索和整合阶段。

一、国外网络成瘾干预情况

如何有效干预青少年网络成瘾，目前在各国都是新课题。政府、心理专家、教育工作者、医生等都在寻找最佳的方法。而在摸索过程中，由于各国具体情况不同，国外网瘾戒除中心的治疗方法与国内有较大不同，而且受到政府的统一管理，其效果也大相径庭。

（一）德国——电脑是工具，不是朋友

2004 年底，德国有关机构对青少年接触媒体、信息的情况进行了抽样调查，结果显示，参与调查的青少年半数以上上网的频率比较高，其中有相当一部分人接触过网络色情内容。

针对上述情况，为了使青少年正确合理地使用网络，德国家庭、老年人、妇女和青年事务部（简称家庭部）大力推广“青少年在网上”行动，于 2004 年 11 月设立了以青少年兴趣为出发点，集信息、娱乐、学习、咨询为一体的综合网站 www. netzcheckers. de，并使该网站能链接德国各地现有的青少年网上平台，并计划使这种链接扩大到欧洲和世界范围。青少年可以参与该网站建设，加入网上社区活动。

与此同时，家庭部和德国主要电视台等媒体单位联合发起了“瞧一瞧，你的孩子在干什么”行动，呼吁家长主动掌握孩子的上网情况，介绍专家的各种建议，帮助孩子正确使用网络。联邦政策教育中心等机构则推出了一系列健康的游戏和学习软件。

联邦危害青少年媒体检查处是德国专门负责媒体信息安全的政府机构。自 2003 年起，该机构开始负责识别和检查所有网络内容，目前已有 5400 多个媒体被该检查处列为青少年不宜接触的媒体。

2005年，在德国全国性的自愿自我检查多媒体服务提供商组织的倡导下，谷歌德国、雅虎德国、美国在线德国公司等主要互联网服务商达成合作协议，被列为青少年不宜接触的网站将不会在协议接受的搜索引擎中出现，否则他们将会受到最高1.5万欧元的罚款。此外，DOM数据处理公司等与联邦危害青少年媒体检查处合作，于2006年2月起在网上为青少年免费提供保护过滤器的下载，以便过滤青少年不宜网站。

此外，德国还有一个非常有名的帮助青少年戒除网瘾的慈善组织——维希尔之家。该组织于2003年在博腾哈根市建立，是全球首家网络成瘾治疗所。诊所的治疗师由医学、心理和运动专家组成。"病人"进入诊所后，他们会对其进行全面检查，然后再研究制定详尽的治疗计划。网瘾诊所的治疗手段多种多样：

1. 艺术疗法，如绘画、舞台剧、合唱等；
2. 运动疗法，如游泳、骑马、静坐、按摩、蒸气浴等；
3. 自然疗法，如种花、种菜，接触大自然。

通过这些温和的治疗手段，帮助青少年远离"网毒"侵害。网瘾治疗所负责人加尔纽博士说，"把电脑当成一个工具，而不是朋友。"

除了进入网瘾治疗所外，德国治疗网瘾的手段还有很多，例如防网络成瘾食品、网络成瘾治疗营、防止网络成瘾软件等。为了帮助青少年戒除网瘾，德国政府已经将其列入"治疗行为异常"项目中，治疗花费将由保险公司支付。

（二）美国——多管齐下

在美国，如果平均每周上网80小时以上，而且上网目的不是商业或学术用途，就可被认定为网络成瘾。

美国校园最初将互联网主要作为教育工具来使用，青少年网络成瘾者一度很少，但近年来这一数字开始骤然攀升。2005年，美国哥伦比亚广播公司播出了一部描写青少年网络成瘾的电视剧，没想到该剧播出后，引起极大反响，竟有数万名家长给导演写信说："这就像我们家的故事。"2008年，美国相关机构称，网络成瘾将被划入精神疾病的范畴。截至2010年3月，有数据表明，美国竟有十分之一的人网络成瘾。美国教育与医疗结构称，网络成瘾成为了让全美头疼的顽疾。

部分专家认为，随着技术的进步，联网游戏、聊天室、即时通信等网上娱乐性内容在质量和数量上都比以前有了明显提高和增长，更容易引起青少年的兴趣，这可能与网络成瘾者人数的增加有关系。美国《生命时报》的记者就青少年网络成瘾问题采访了一些家长，大多数家长认为，网络游戏、聊天室、聊天工具和黄色网站，是造成青少年网络成瘾的罪魁祸首。

针对青少年网络成瘾问题，曾经最早给网络成瘾下定义的美国网络成瘾中心执行主任金伯利·杨博士建议"五管"齐下：

1. 让学校管理人员和教师了解青少年网络成瘾的危害，并规范学校上网的管理，约束学生的网络行为；
2. 在健康教育计划中引入"网络成瘾"的内容，让学生能像防范酗酒危害一样预防网络成瘾；

3．一旦发现学生有网络成瘾的苗头，教师和家长就要及时疏导，如果情节严重，就需要带他们寻求专业人士的帮助；

4．鼓励学生发展多方面的兴趣，多参加校园团体和社会活动，多与社会和他人接触，避免与社会生活疏离；

5．围绕互联网这个主题，引导学生开展讨论，让他们全面了解互联网的利弊。

为了保护青少年的身心健康免受成人网站的毒害，美国政府采取了一系列措施，如娱乐软件业实行分级制度，特定等级的游戏只能卖给特定年龄的消费者；中小学的电脑实行联网管理，集中对影响孩子身心健康的网站进行屏蔽；提供法律保护，自 1996 年开始，相继颁布了《通讯内容端正法》等相关法律。

目前，还有其他一些治疗网络成瘾的方法正在美国推行，如认知行为训练、找寻动机训练、实用体验训练、目标管理训练等。认知行为训练，是让网络成瘾者对自己的行为所造成的不良后果有所认识并加以改正；找寻动机训练，是要发现为什么会引起网络成瘾；实用体验训练，是要网络成瘾者在他不愿上网的时候（假如他一天已上网 10 小时），治疗者却还要再给他追加 5 小时的上网时间，让其对网络感到疲倦；目标管理训练，则是要限制网络成瘾瘾者的上网时间，在他们完成目标管理后给予奖励。

为了帮助沉溺于网络的网民戒除网瘾，2009 年 8 月 18 日，美国华盛顿州福尔城开设了全国第一个网瘾戒除中心——reSTART，中文译名为“天堂牧场疗养中心”。该中心占地约 5 英亩，风景秀丽。中心配有心理医生、户外活动组织专家、网络专家等，疗程 45 天，每人费用 1.45 万美元，折合人民币接近 10 万元。reSTART 旨在帮助网络上瘾者克服对游戏、赌博、聊天、短信及其他与互联网相关服务的依赖。提供家庭式情境是这个中心所宣传的特色之一，该中心网站有关项目内容介绍的第一句话就是：让受治疗者“在一个旨在营造‘家’一样的安全、自然的家庭式环境中呆上 45 天。”该中心主要通过心理咨询、生活护理、社交技巧训练等传统方法帮助人们戒除网瘾，如让网络成瘾者喂养牲口并从事房屋维修等家务工作，以分散他们对网络的注意力。同时，让网络成瘾者感受他人关怀，并培养他们对动物的热爱，从而帮助他们摆脱对虚拟网络世界的依恋，彻底戒除网瘾。

当地电视台采访了该中心一位来自爱荷华城的网络成瘾者本·亚历山大。这名 19 岁的青年曾是美国艾奥瓦大学的学生，梦想有一天会成为生物学家。但自从开始玩“魔兽世界”后，他开始沉迷于网络，从最初每天玩两三个小时发展成 16～17 个小时，并开始厌学。大学第二个学期，亚历山大不得不辍学，接受传统的网络成瘾戒除治疗。在效果不理想的情况下，家长将他送至这家中心。工作人员让他照料中心饲养的山羊、小鸡和其他动物，做家务如烤点心等，作为恢复日常生活的方式。在治疗中心里，亚历山大根本无法接触到网络，每天只是接受心理咨询、各种劳动，在为期 45 天的“温情治疗”后，他成功戒除了网瘾。

（三）法国——法律护航

为了解决青少年网络成瘾问题，法国政府首先通过法律手段来保证青少年的上网安全，在法律上实施对侵害青少年的网络行为进行从严惩处的法律原则。法国《刑法典》规定：对于制作、录制和传播青少年色情图像者，判处有期徒刑 3 年，并处以 4.5 万欧元罚款；对于制作、传递、传播暴力、淫秽或严重损害人类尊严信息，且该信息有可能被未成年人看见或发现者，判处有期徒刑 3 年，并处以 7.5 万欧元罚款。1998 年 6 月，法国加大了从严从重处罚利用网络毒害未成年人的行为的力度，对《刑法典》中的有关规定进行了修改，对于向身份不确定的公众传播青少年色情图像者，判处 5 年监禁并处以 7.5 万欧元的罚款。法国还通过法律对网络内容的过滤进行专门规定，并由法国法律媒体网（Légamédia）在教育网上向教育界推荐上网法律指南，如校园网指南等。

此外，政府还采取了控制与教育相结合的做法，在剔除有害内容，打击网络犯罪的同时，广泛开展网络文明教育，教育学生，特别是未成年学生提高警惕，防止不良网络内容的侵害。法国教育部与各界广泛合作，主要措施有：组织各类出版人员代表对网站及内容进行筛选过滤，剔除非法和有害内容；教育部门与家长协会、青年协会和教育协会签订协约，共同维护网络安全；公布了教育框架下的青少年上网安全与责任总体规划，为学校提供了学生校园安全上网指南，并制定了相应的紧急情况处置措施；教育部下属网络使用委员会与新闻发展司、教育部、司法与内政部等联合举办网络安全教育活动；鼓励学生参加欧洲网络教育计划。

法国的学校则响应教育部的倡议，以学生为对象，加强了网络管理和网络安全教育。学校的具体做法有：实行校长负责制、加强校园网保护措施、在礼仪与公民教育课中增加网络安全教育的内容等。

家庭在青少年网络成瘾方面也发挥了作用。学校、家长协会及有关部门向家长说明了解和监控子女上网情况的必要性，网络公司制作出各种类型的监控工具，使家庭监督措施得以迅速推广。家长们的主要做法有：1. 陪同年龄较小的孩子一起上网；2. 与孩子共同制定上网公约；3. 告诫孩子在对网上聊天时保持警惕；4. 在电脑上安装保护软件。

网络行业则推出安全上网工具和服务。一些网络公司之间建立起了横向联系，开发网络安全技术、制作上网限制或保护软件、丰富适用信息内容、深化网络青少年上网保护主题活动、向学校和家长推广网络安全服务、跟踪家长监督新软件的使用情况。一些网络公司和软件开发部门在过滤软件方面进行合作，定期试用新软件。消费者协会在法国未成年人网上公布新软件比较结果，以供查询。

（四）英国——电脑游戏分级

针对青少年网络成瘾问题，2008 年，英国有关部门建议在电脑游戏包装上贴上类似“吸烟有害健康”的警示标语，以提醒人们远离网络成瘾的雷区。

早此之前，英国政府由首相委托专人公布了一份报告，旨在回应公众不断增长的对电脑游戏的恐慌情绪。该报告认为，电脑游戏将会危害下一代的信仰和价值观的形成，并使他们对暴力变得麻木。该报告的委托撰写人、临床心理学家、电视教养大师坦尼娅·拜伦博士曾呼吁发起一场声势浩大的宣传活动，在父母、教师和孩子们中间普及这方面的知识，使孩子们能最大程度地从虚拟世界中获益，而不是被它伤害。这包括提高对网络不健康内容比如色情文学的警惕意识，鼓励父母对子女的上网内容进行监督，安装一个识别不恰当内容的驱动器，把电脑放置在客厅而不是卧室。

拜伦博士认为，现行的电脑游戏分类系统是混乱而且不够健全的，因此她建议制订一个简单易行的分级制度。消费者可以通过游戏包装或商品展示柜，对分级情况一目了然。她说，我们必须把游戏分级作为优先措施加以实施。如果你未满 18 岁，你就不可以购买标志为“18^{+}”的游戏，如果你是 12 岁以下，你就不能购买标志为“12^{+}”的游戏。此外，游戏包装上还应该标注上警告人们网络成瘾的标语。

英国研究人员今年 9 月发布的一份调查结果显示，英国网络成瘾的人数呈上升趋势，近一半接受调查的人称无法上网时会感到压抑。近 2 成的人花在网络上的时间超过和家人共处的时间，超过 3 成的人称如果要在上网和做运动之间选择，他们会选择前者。

一些英国家长在孩子同意的前提下，在电脑上安装了监视器，以便随时了解孩子在网上干些什么。还有相当多的一部分家长利用“美国在线”、“英国电信”等电脑网络服务公司提供的“对儿童有益的”过滤软件，以防孩子无意中闯进黄色网站。

值得一提的是，英国还采取了利用课余活动代替上网的办法。英国青少年的课余活动相当丰富，有体育活动，音乐绘画，参观博物馆等。他们的作业负担比中国孩子轻得多，可以尽情参与各类课外活动。老师经常给学生开列课外阅读的书单，供学生娱乐消遣，增长知识。家长则经常在周末带孩子去上各种兴趣班。一般来说，英国的孩子 16 岁开始打工，周末要工作 3 小时。他们在打工过程中积累的经验以及培养的意识和能力，有助于将来真正走进社会。

2010 年 3 月，由于青少年网络成瘾所引发的社会问题日益凸显，各国教育专家纷纷开始研究如何解决青少年网瘾问题。在伦敦的一家诊所就启动了治疗项目，帮助孩子戒除网瘾和游戏瘾，这在全英尚属首例。来接受治疗的孩子网络成瘾的程度已经严重危害了他们的健康和正常生活。孩子们可以住在卡皮奥·南丁格尔(Capio Nightingale)医院中，接受强制训练戒掉网瘾。诊所的工作人员还会和孩子面对面谈心，教授他们社交技巧。

2010 年 3 月底，英国第一家网络成瘾治疗中心在伦敦的卡皮奥·南丁格尔医院成立，由上瘾行为专家理查德·格雷厄姆(Richard Graham)博士负责管理，治疗 12 岁左右少年的网络成瘾。

（五）韩国——政府出资建网瘾特训营

由于韩国网络技术高度发达，其互联网普及率堪称世界第一，有超过 75% 的国民上网，青少年网络成瘾已经成为普遍现象。在韩国，网络成瘾被称为“网络中毒症”。据韩国行政安全部统计，该国约有 200 多万人染上了网瘾，青少年网民中约有 14.3% 的人患上此症，韩国高中生平均每周花费在网络游戏上的时间达到 23 个小时。韩国媒体报道称，该国网吧发生过多起因肺疾病在网吧猝死，以及死于游戏相关的谋杀案，共 10 人死亡。

为了帮助网络中毒者戒除网瘾，韩国采取了多种措施，如对“PC 房”(即网吧)有严格的管理；通信产业部不断加强对网络的监管；政府在全国开办了 140 多个心理咨询中心，并培训了超过 1000 名网瘾咨询师，他们被派往各地的学校帮助青少年等。不过，最能引起人们注意的措施，当属由政府出资创建的戒除网瘾的各种训练营。

韩国第一家治疗网络成瘾的特训营名叫“跳出网络”，将军事训练、体能训练、心理康复训练结合起来，学生们在这里受到军事化管理。在特训营期间，学生们不能使用电脑，每天使用手机的时间也被限制在 1 小时，且不得用手机玩游戏。这所特训营的经费全部由政府提供。

在各种训练营中，有的管理得非常严格，就像军训一样，进入训练营的学员们每天只能参加跑步、骑马等团体活动，增加与现实世界接触的机会，并且学员们都被禁止上网。为了防止学员们利用手机上网，学员们每天的手机使用时间都被限制在 1 小时之内。还有一些训练营是“家庭训练营”，这种训练营要求父母和孩子全都参加，主要是为了增加孩子与父母沟通交流的时间，让孩子们能够脱离网络虚拟世界，同样，在这种训练营里，学员们也是被禁止上网的。

目前来看，这些训练营的效果都比较良好，有调查显示，进入训练营的青少年普遍减轻了对网络的迷恋。

（六）日本——开发青少年专用手机

在日本，只供上网的网吧非常少，多功能的休闲场所“饮茶店”倒是很多，人们在这里可以饮茶、读书、看漫画、上网等。“饮茶店”专门供人玩在线游戏的地方也有，但这种经营场所和有博彩性质的娱乐场所一样，征收的税高，所以很少有人经营，在那里上网玩游戏的青少年也不多。

网络游戏产业在日本的行业自律和分级审查都由“网络共同体特别委员会”完成。该机构自 2004 年 4 月成立以来，已审查了 1200 部以上的游戏作品。另外，日本计算机供应商协会也派生出相对独立的“电脑娱乐评价机构”。

自 2003 年开始，日本实施了交友类网站限制法，规定交友类网站在做广告宣传时要采取明示禁止儿童使用的措施，并且要有确认措施。如果发现使用者是儿童，网站要拒绝服务。违反上述规定开设交友网站的业主，要被判刑最高 6 个月，罚款 100 万日元。

日本有关组织经常举行网上安全冲浪讲座，让家长与孩子一起上网。在体验网上冲浪的同时，家长还能帮助孩子掌握避开危险信息的方法，有助于孩子戒除网络成瘾。

文部科学省也呼吁学校对学生上网进行指导，提高学生的网络免疫力。文部科学省下属的电脑教育开发中心向各学校发放《信息道德指导案例集》，以防范有害网站、交友网站、电脑病毒为主题，以发生在青少年身边的真实案例进行讲解，帮助青少年掌握戒除网络成瘾和应对网络问题的方法。

目前，日本互联网普及率已达 75%，进入了光纤时代。其中，青少年的网络普及率很高，且手机拥有率也很高。有不少青少年沉迷于网络游戏，而且在手机上网普及后，更是喜欢用手机玩游戏和短信网聊。他们经常连续几个，甚至十几个小时用手机互相发短信聊天，玩游戏。频繁使用手机的青少年也更容易受到犯罪分子的攻击，遭到讹诈、诱骗等。一位日本官员说：“日本的父母给孩子们配手机，本意是为了联系方便，可手机现在变成了一种有害的玩具。”

日本开发科技产品较早，其手机技术处在国际领先地位，且该国政府一直关注青少年过分依赖手机的事实，所以日本政府对此也比其他国家更有准备。从2008年3月开始，日本政府要求电报电话公司手机分公司着手行动，专门开发供青少年使用的手机，费用由手机公司负责。这种手机能打电话、能上网查找资料，此外还安装有定向导航系统，但就是不能玩游戏。

此外，还有其他一些国家在干预青少年网络成瘾上各有招数，如印度禁止深夜玩游戏、责成警方强攻网络犯罪等；新加坡把家长视为青少年网络成瘾的“防火墙”，定期派遣心理学家入校辅导学生和家长如何预防和应对网络成瘾、成立互联网家长顾问组等；埃及网络主管部门规定网吧内所有电脑必须把屏幕朝向大门方向，以便管理者随时检查，如发现网吧内有浏览色情、暴力或其他违规内容的，对经营者实施经济上、刑事上的从重处罚，此外还借助家庭的引导来规范青少年的上网行为。

综上所述，国外各个国家对青少年网络成瘾采取的干预措施主要有三：

第一，立法、执法、监督三位一体，制定关于网络监管的法律，有专门的执法部门，辅以监督和举报体系；

第二，不断开发、升级网络过滤软件，为青少年设立更好的防火墙。

第三，社会、学校、家庭沟通合作，普及上网知识和有效的网瘾预防及干预措施。

国外关于网络成瘾的研究，大多重视考察网络成瘾的诱发原因，以提醒成瘾者进行自我内省和矫自我治。部分干预研究以心理干预和药物治疗为主。

二、国内网络成瘾干预情况

我国青少年网络成瘾问题比较突出，引起了社会各界的广泛关注。国内关于青少年网络成瘾的干预方法研究涉及面比较广，但大多仍属经验性的、非针对性的干预建议。以下是近几年的有关干预方法：

（一）个体干预

1. 陶宏开——“陶氏谈心法”

华中师范大学特聘教授、共青团中央所聘首位“网络文明爱心大使”、民间称为“戒网瘾第一人”的美籍华人陶宏开近几年来就青少年网络成瘾问题，做了数百场报告和讲座，帮助几百名网络成瘾的青少年戒除了网瘾，在社会上引发了一场声势浩大的“挽救上网成瘾者行动”。陶宏开为数万名家长提供了帮助孩子戒除网瘾的方法和技巧，其核心就是“陶氏谈心法”。该方法主要有四个步骤：(1)让孩子认同我；(2)将孩子对我的认同转化为对父母的认同；(3)将孩子对父母的认同转化为对学习的认同；(4)由孩子对学习的态度引导出他对上网成瘾的认识。陶宏开的主要谈话技巧有：(1)谈话的环境要温馨；(2)谈话的开始要切入好，不要一开场就谈网络成瘾问题；(3)要和孩子及家长一起谈，先解决父母的问题；(4)要引导孩子自己主动切入上网成瘾问题；(5)具备“三心”(社会责任心、爱心、耐心)，要让孩子感受到真诚；(6)非说教式的，不要强迫等。

2. 娄奇川——"治瘾五步法"

毕业于华东政法学院的娄奇川是上海市阳光社区青少年事务中心徐家汇工作站的一名青少年事务社工，他在实践中自创了"治瘾五步法"，具体做法是：

第一步：相似接纳法。为了取得有"网瘾"的青少年的信任，将热门的网络游戏都学会几招，了解各种最新信息，陪服务对象一起去网吧玩。只有取得他们的认同，才能真正了解他们，找出他们沉迷网络的真实原因。

第二步：危害认识法。意识到"网瘾"的危害，才能产生"脱瘾"的意愿。每个人网络成瘾的原因都不一样，所以一定要找准切入点，击中要害。

第三步：递减控制法。戒网瘾是一个过程，不要急于求成。可以逐渐减少上网时间，例如第一周，每天上网 5 小时；第二周，每天上网 4 小时。如此递减，直至减少到不影响自己的正常工作生活为止。

第四步：地位替代法。网络成瘾，往往由于可以在虚拟世界中获得现实生活无法体会的满足感。因此，组织各种活动，让"网瘾"者多参与，不时给予他们各种鼓励，让孩子在现实中获得肯定。

第五步：改变环境法。改变"成瘾"青少年所处环境，让家长也认识到孩子上网成瘾背后家庭存在的问题，使家长也多用鼓励的方式与孩子沟通，达到联动的最好效果。

3. 杨放如——焦点解决短期疗法和家庭疗法

焦点解决短期疗法(SFBT)是 20 世纪 70 年代末由美国学者 Steve de Shazer 和 Insoo Kim Berg 首先提出的。该疗法一改传统以问题为中心取向的心理治疗模式，不去过多地追溯心理或行为问题的起因，而是将治疗重点放在帮助青少年网络成瘾者寻求个人改变和未来发展的解决模式上，让他们成为自己行为改变的主导者或专家。

中南大学湘雅医院心理卫生中心副主任杨放如将国外的焦点解决短期疗法借鉴过来，作为干预网瘾的方法之一。具体治疗方法如下：

(1)心理整合疗法。以焦点解决短期疗法为主体，辅以认知行为疗法。

(2)家庭疗法。让父母与青少年网络成瘾者同期参与治疗，主要讨论父母的养育方式、父母所需改变的教育与管理方法、在对青少年网络成瘾者的治疗方案中父母需要配合的有关注意事项等。

4. 李振涛——内观—认知疗法

天津医科大学的李振涛教授整合认知疗法和日本的内观疗法，形成了"内观—认知疗法"。它通过回忆最亲近的人给自己的关爱入手，调动感情进入操作程序。在治疗过程中，网络成瘾者的被爱感、连带感、喜悦感、羞耻感、成就感、解放感等被充分调动起来。在此基础上，打破顽固的自我中心认知立场，激发、增强被治疗者的自信、责任与报恩的义务感，使情绪变得安定、舒缓、持久，再经过认知疗法进一步修正认知偏差和行为模式，消除内心冲突，从容自在地顺应不断变化的现实世界。通过治疗，使青少年网络成瘾者更加全面了解自我，也能够全面客观地看待网络。

5. 其他个体干预方法

华东师范大学心理学系教授梁宁建的研究表明，运用评价性条件反射技术(EC)训练，促使网络成瘾者形成新的互联网信息。评价联结，使他们更容易从新的角度来提取互联网的相关信息，从而有可能改变其成瘾性的网络心理和网络行为。

2004 年，重庆市第九人民医院儿童保健中心的主任医师邵智、重庆市第九人民医院心理咨询与治疗中心的杨容等人根据 20 例中学生网络成瘾者的临床心理特征，分别采用认知疗法、行为疗法进行成瘾行为矫治。2009 年前后，邵智、杨容等人又采用心理治疗及心理治疗与抗抑郁药治疗相结合的综合治疗，分别对 66 例中学生网络成瘾者进行治疗，结论是：抗抑郁药（如氟西汀）有助于中学生伴抑郁的网络成瘾的临床矫治，尤其在减轻戒断反应、改善人际与健康等方面具有显著作用。

（二）团体干预

除了个体干预外，国内有关机构和组织相继开展了一系列的团体干预工作和活动。

1. 格桑泽仁——“德觉”心理疗法

“德觉”心理疗法，又称“德觉八式” 疗法，是国内心理教育专家、四川大学格桑泽仁教授采用催眠疗法治疗网络成瘾的方法。其设计是，在封闭的催眠治疗基地，由六七十人组成一组的孩子们呈一特殊图形睡觉，在地球磁场的影响下，借助“德觉”催眠法，改善甚至改变网络成瘾青少年的意识。

格桑教授认为，青少年网络成瘾，是网络游戏的节奏造成的，这种节奏完全是对青少年的一种精神上的控制和催眠，久而久之，就会成瘾。

在进行实验并取得一定成效后，2005 年 1 月，格桑泽仁教授发起并组建了国内第一家青少年戒除网瘾基地，采用催眠疗法为主的“德觉”疗法来治疗网络成瘾。“德觉”，在藏语中的意思是快乐、安康。这种疗法主要是通过对网络成瘾的青少年进行科学的分类，再通过一个为期 21 天的快乐、安康的封闭式的催眠治疗，来解决网络成瘾问题。治疗主要是在晚上进行的。

“德觉”心理疗法的治疗机制在于，网络成瘾者被催眠后，会出现幻觉，这是潜意识跳入了意识层，在这种状态下，潜意识就会活跃起来，产生积极因素，可以改变意识。人的行为都是和潜意识紧密关联的。疾病、网络成瘾、不良嗜好等，通过催眠可以得到改善，甚至彻底改变。

“德觉”心理疗法的催眠基地是封闭的，实行军事化管理。催眠期间的活动安排比较紧凑，一天至少有 12 项内容，如 108 字真言阅读、“德觉”八式操、上网和三次催眠等。

2. “虹”计划训练营

2005 年 1 月 22 日上午，由北京市未成年人保护委员会、共青团北京市委员会、北京市科学技术委员会、中国科学院心理研究所联合主办的北京市青少年网络依赖戒除“虹”计划首期训练营开营仪式在中科院心理所一层报告厅举行。

“虹”计划主要包括：成立“北京市青少年网络依赖戒除研究中心”；开办北京市青少年网络依赖戒除训练营；举办网络依赖戒除名家系列公益讲座。

经有关专家精心挑选的 13 名青少年接受了首期训练营。首期训练营从 1 月 22～28 日利用学生寒假期间，在怀柔训练基地采用素质拓展和心理测试相结合的方式，对营员进行为期 8 天的封闭式训练和矫治。训练营成员中最小的 16 岁，最大 24 岁，营员们接受了系统的、专业的戒除治疗。专家针对营员的个案特征和依赖程度，从网络依赖倾向者的内因入手，制定有针对性的培训方案，用相对封闭管理的环境对依赖者进行系统脱敏，使之建立新的行为定势。

训练营结束后，专家和青年志愿者还对每名营员进行定期的跟踪和回访，进一步巩固训练效果，在全市青少年网络依赖倾向者中广泛推广“虹”计划。

当年 4 月、7 月，这四家单位又分别联合举办了第二期和第三期“虹”计划训练营。

“虹”计划训练营为社会公益项目，入营者不需承担任何费用。

3. “戒网瘾”冬令营

2005 年 2 月初，华东师范大学心理咨询中心举办了为期 2 天的“戒网瘾”冬令营，使 6 名网络成瘾的孩子接受了一次温暖的“心理按摩”。这次冬令营活动的目的，是要帮助这些沉迷网络不能自拔的孩子“戒除网瘾”。具体就是帮助孩子、家长学习相互沟通、正常沟通，将孩子的注意力从网络世界转移到现实生活中。

冬令营结束后，心理咨询中心对 6 名孩子进行了回访，其中 1 名孩子成功戒除网瘾，其他 5 名孩子的症状明显减轻。

专家表示，“戒网瘾”冬令营只是第一步，家长还需要进一步改善与孩子的沟通，深入了解他们内心世界，培养孩子多方面的兴趣，避免他们“网瘾重犯”。

4. “挽救上网成瘾者”行动

2005 年 3 月，华中师范大学特聘教授陶宏开向全社会呼吁发起“挽救上网成瘾者”。

该活动发起的起因是 2004 年 5 月 5 日《武汉晚报》头版头条的一篇关于网络成瘾青少年的报道《谁来救救我的女儿》，17 岁的湖北女孩曲某因沉溺网吧，面临休学。其母亲下过跪、动过手、报过警，但毫无作用。最后向《武汉晚报》求助。陶宏开教授第二天便介入了该个案。5 月 7 日，60 岁的陶宏开教授在家里接待了母女俩。经过 11 个小时的长谈，曲某露出了久违的笑容，与陶宏开教授沟通后，再也没有去网吧。曲某成功戒除网瘾的事例，吸引了众多有类似经历的家长。

此后，陶宏开教授又与《武汉晚报》联手，开展“挽救上网成瘾者行动”，并与当地团委联手向社会征集志愿者。活动推出后，几十名志愿者和上百名青少年辅导员也都加入这一行列，陶宏开教授每天要辅导 20 多名上网成瘾者，《武汉晚报》每天要接待上百个来电咨询者。这些志愿者和青少年辅导员在统一培训后，深入到武汉市每一个社区去挽救上网成瘾者。

目前，武汉和北京等地的志愿者还陪同陶宏开教授在全国二十多个大中城市开展挽救上网成瘾者行动，有些刚戒除了网瘾的年轻人也在挽救上网成瘾者行动中，帮助数百名上网成瘾的青少年戒除了网瘾。

5. 中央九部委“健康上网”大行动

2006 年 8 月，中央文明办、共青团中央、新闻出版总署、信息产业部、文化部、中国民主同盟中央委员会、中国社会科学院、中国关心下一代工作委员会、光明日报社等九部委联合发起了“健康上网拒绝沉迷——帮助未成年人戒除网瘾大行动”，并不断深入推进，在全国范围内长期开展。与此同时，九部委还启动了“戒除网瘾全国行‘十百千万’工程”，作为“健康上网大行动”的主导活动。在网瘾成因、防治方法等方面去得了一批实际成果。举办了由来自全国56个家庭和青少年网络成瘾者参加的“戒除网瘾训练营”，运用心理学、医学、社会学的方式方法，对青少年网络成瘾者进行综合救治，取得了显著效果。训练营结束后，举办方对56个青少年网络成瘾者进行了跟踪调查，约83%的人重返学校，家庭亲子关系得到显著改善，并且开始建立积极的人生态度和有益的人生规划。

2008年4月，为进一步推进“健康上网拒绝沉迷——戒除网瘾大行动”，引导广大青少年树立健康上网、文明上网的理念，促进青少年全面发展，九部委组委会决定，在全国举办“文明上网校园行”活动，先后在北京、沈阳、宁波、康定、郑州、济南、重庆等城市进行巡讲。

6. e路阳光“特训营”

2007年8月，为积极应对部分青少年中存在的“网络成瘾”问题，引导和帮助青少年正确认识和使用网络，养成文明上网、健康上网的良好习惯，上海团市委、市社区青少年事务联合有关高校、社团、社会机构举办了“e路阳光——上海青少年网络成瘾综合矫治特训营”。

特训营以社会招募学员的形式，通过量表（主要是DSM52量表和SCL—90量表）测试，最终确定了22名学员，年龄在14～22岁之间。来自心理、医学、社会学等各方面的教授、专家和青少年社工全程参与10天集训。每个社工全程跟踪2名学员，每两个社工配备1名国家二级心理咨询师作为督导，还有2名武警教官也全程跟踪负责辅助教学工作。作为政府补贴资助的公益性项目，学员只需支付800元基本的住宿费与餐饮费。

与其他的网络成瘾矫治方法不同，该特训营采用了团体治疗和个体治疗相结合的方法。先是10天的集中矫治，有“阳光心灵”震撼性团体心理辅导、“我能行”实践性行为训练、“走向人生”成长性团体心理辅导、“向往明天”针对性个案综合治疗、“生命挑战”体验性野外训练、“网络精英”共情式心灵对话和“真爱无价”感悟性心理辅导等七个阶段的课程，团体活动有利于氛围影响。在团体辅导的基础上，专家再通过一对一的个性化辅导，对症下药。特训营的最后一天，安排了亲子互动环节，让家长一同参与，通过对家长原有认知的冲击，让家长意识到家庭互动模式、教育模式存在问题，帮助孩子共同戒除网瘾。

除了以上这些活动外，特训营的日常生活还采用军训制的方式，起床、进餐、熄灯等都有严格的时间规定，每日清晨由武警带领进行队列训练，借此帮助网瘾青少年改变紊乱的生物钟，增强他们对时间的控制力，规范和强化他们的意志力和自控力。

另外，特训营还要求学员每天写日记，回顾和总结一天的特训生活，进一步反思和探索自我，消化和强化治疗效果。同时根据矫治进程，鼓励学员给家长和朋友写一封信，激发他们内在的情感表达，改善他们的社会支持系统。

特训营结束后的三个月内，专家和社工以家长培训、家庭治疗和心理支持等方式免费为青少年学员及其家长提供后续跟踪治疗服务，帮助他们重塑健康的人格和心理特质。

（三）药物干预

2005 年 3 月，北京军区总医院成瘾医学中心在国内首次成立网络依赖治疗中心，建立了网络成瘾的医学、心理、教育、军事化管理以及社会体验“五位一体”的综合干预模式。

网络依赖治疗中心是第一个提出“网瘾是一种病”理论的医学机构。中心主任陶然的主张主要有两点：一是网络成瘾是一种病；二是网络成瘾必须用药物治疗。

陶然认为，网络成瘾的主要发病机理就是内分泌紊乱，与物质成瘾在大脑里的奖赏机制有共性，具有心理的渴求和生理的反应。网络游戏一天玩三四小时大脑就会建立奖赏机制，并产生耐受性，需要增加在线时间，获得一种愉快的感觉。这样长时间刺激大脑使快乐积累。当记忆中的网络快感跟不上上网的理性判断并发生冲突时，人就表现出强迫性的上网欲望。

该中心采用心理医生、成瘾医学医生、精神科医生进行复合治疗，主要有心理、药物、物理、工娱四种治疗方式。患者除了接受心理辅导外，还需要打针吃药。整个中心包括心理治疗区、成瘾病房区和活动娱乐区。网瘾戒除需要 15 天左右，一个疗程约花费 6000 元。对于治愈的患者，中心还进行半年的跟踪随访，以巩固治疗效果。

该中心收治的患者最小的 12 岁，最大的 70 岁，但 80％以上在 14～24 岁之间，其中包括清华、北大的学生。

2005 年，宁波市微循环与莨菪类药研究所所长、宁波市戒毒研究中心主任杨国栋教授尝试“先破后立”的方法，先用一定剂量的东莨菪碱，达到“破”网瘾的目的，然后采用心理疏导、中医耳针、中药调理、外出参观旅游等方法达到“立”积极人生观、戒除网瘾的目的。杨氏指出，实验和研究证明，“网瘾综合症”与毒瘾同属一个物质基础——多巴胺，因此可以用治疗毒瘾的莨菪类药物来治疗网瘾。

可以看出，在借鉴国外网络成瘾干预成果的基础上，我国研究者们通过实地调研和对青少年网络成瘾者的治疗，创造出了适合我国青少年网络成瘾干预的各种方案，并在网络成瘾的研究上取得了一定的成效。但是，要真正解决青少年网络成瘾问题，并不能只靠某一种治疗方案，而是应该结合成瘾者的具体情况，综合考虑各种治疗方案的优势，进而采取相对适合的治疗方案。与此同时，还应当对网吧、网络游戏发展现状等进行不间断的调查研究，以期为相关部门的决策提供有力的支持。

第二节　大学生网络成瘾戒除的基本原则

目前，大学生网络成瘾戒除研究正处于发展阶段，相关部门和研究人员都在“摸着石头过河”。虽然有很多成功的经验和总结，但是还没有最终形成一套完全被大家认可的体系。本书在国内外网络成瘾戒除研究和干预实践的基础之上，参考了不同学者的理念，提出了大学生网络成瘾戒除的若干基本原则。

一、预防为主，疏堵结合

在大学生网络成瘾戒除的矫治工作中，应该从源头抓起，坚持“预防为主”的原则，不能“头痛医头，脚痛医脚”。心理治疗的效果再好，也只能是补救性的。对大学生实施行为矫治的深层目的还是在于防患于未然，因此需要全面提高大学生的整体心理素质，如心理素养、自我调适能力、防御能力和承受能力等。此外，心理辅导员在了解大学生心理、行为问题的同时，应注意他们的整个心理特点，并及早加以提醒，以预防有可能出现的其他心理障碍。在矫治过程中，心理辅导员的矫治方案要有预见性，要着重培养大学生的良好个性和健全的人格，以防大学生网络成瘾者在戒除网瘾的过程中出现反复。

心理辅导员要与大学生网络成瘾者一起讨论，让他们意识到网络成瘾的危害，自觉自愿戒除网络成瘾，并用更加丰富多彩的生活、更加积极向上的信心，以及对未来的发展更加有帮助的活动来代替上网，这是问题的核心所在。在大学生网络成瘾者愿意戒除网瘾的基础上，还要帮助他们应付和处理戒除过程中遇到的各种问题，让他们能够树立起戒除网络成瘾的信心。

此外，还要坚持“疏堵结合”的原则。

某些高校为了预防大学生网络成瘾，采取了一些强制性措施来限制大学生上网，如“不许带电脑(入校)、不准去网吧、宿舍晚间断电”等。这些措施虽然能够起到一定的作用，但却并非万全之计，不能从根本上戒除网络成瘾。因为高校对大学生的管理相对比较宽松，大学生相对比较自由，除了上课时间之外，其他时间都是由大学生自己支配的。大学里没有像中学那样的固定教室，教师和辅导员也不可能时时刻刻监督大学生的具体行为，因而业余时间做什么、去哪里都是由大学生自己决定的。大学生的培养目标除了同一专业共同的专业教育之外，还需要大学生根据自己的特点，发挥自己的优势，进行个性化的学习，由于每个人学习的内容、深度千差万别。高校不应该，也不可能做到对所有大学生所有业余时间的具体监督。愿意去上网的学生，总能找到时间和地方去满足自己的需求。

大学生群体是非常聪明的，他们在与学校、家长的对峙中总能找到突破口和迂回的道路，“道高一尺，魔高一丈”。即使学校和家长能够找到办法暂时制服大学生，强制他们做一些事情，但在大学生心不甘、情不愿的基础上，做事效率往往是很低的。有个这样的实例：在同样的公益劳动中，积极性很高的大学生一次搬着两张桌子，走得飞快；而一些被迫参加劳动的大学生则是两个人抬着同样的桌子，慢吞吞地挪动。这说明，在对峙中解决问题，往往会把大量的时间、精力浪费在相互猜测和纠缠中，并且效果难以持久，一旦外界压力减弱，就难以坚持下去。

因此，简单采用“堵”的方法，不利于大学生网络成瘾的戒除。在具体实施过程中，应该坚持“疏堵结合”结合的原则。一方面，充分发挥党员和学生干部的作用，让同学之间互相督促、相互提醒，发现问题及时解决，“堵死”大学生网络成瘾者由于无聊、习惯或暂时性的失控而去网吧的机会，防止他们因为反复而丧失信心，导致“破罐子破摔”。另一方面,心理辅导员要经常性地进行有关网络成瘾危害的宣传教育,帮助和促进大学生网络成瘾者树立正确的人生观、择业观,建立良好人际关系,同时开设各种形式的第二课堂,用丰富多彩的兴趣爱好引导大学生网络成瘾者充实课余生活,对大学生网络成瘾者要及时帮扶并谈心开导,引导他们走出网络泥潭。对于心理辅导员来说,这项工作不单纯只是戒除网络成瘾的问题,而且还要引导大学生提高心理素质,使他们全面发展、健康成长。

二、高度重视,持之以恒

在大学生网络成瘾戒除的工作中,要坚持高度重视、持之以恒的原则。

大学生网络成瘾者的数量呈上升趋势,对大学生成长、成才带来的不利影响愈来愈凸显,造成的严重后果也愈来愈引起社会的关注。对待大学生网络成瘾问题,社会各界应该高度重视。

当计算机网络褪尽高科技神秘色彩,不再是精英使用的专利时,社会大众能够更全面、更客观地看待网络带来的变化。当代大学生对网络已经驾轻就熟,大多数从初高中,甚至小学时,就已经开始接触。网络对大学生来说,更多地意味着是一种工具。在使用网络这种工具时,很多大学生沉迷其中,以致影响到了正常的学习和生活,干扰了高校人才培养目标的实现。因此,政府、高校、学生家长、大学生群体自身需要直面这种现状,认清网络成瘾的危害,积极探索矫治方法,并进行更多的专项研究,争取在戒除大学生网络成瘾的难题上提出更多切实可行的方法和建议。

大学生网络成瘾的形成,原因复杂,不是一朝一夕的事情,“冰冻三尺,非一日之寒”。要想彻底戒除,也需要一个过程,“病来如山倒,病去如抽丝”,这个过程可能会需要很长时间,要做好打持久战的准备。要改变这种长期性的行为,第一步是最难跨出的,也是需要付出巨大努力的。在矫治过程中,集中强化式训练有助于大学生跨出这一步,但是仅仅跨出这一步是不够的。短期的封闭式的戒除网络成瘾的活动,目的在于更新大学生的理念,改善他们的行为,至于行为改善效果的保持和加固,还涉及更多的因素,如社会、学校、家庭、网络等。根据以往的经验,集中性矫治大学生网瘾成功后,也会发现有不低的复发率。所以,在通过集中性矫治迈出最艰难的一步之后,还需要后期跟踪治疗,以保证矫治效果的长期化和稳定化,这需要一个长期的过程。

大学生网络成瘾者在戒除网瘾的过程中,可能会有反复,要看到他们为戒除网络成瘾所作的努力和戒除的决心,以及与最严重时相比所取得的进步,而不是聚焦于一时的退步。不能因为看到大学生在成功戒除网络成瘾一段时间之后,又去网吧通宵上网就如临大敌,觉得前功尽弃,从而放弃正确的原则,又开始一味地强调强制干预,以“堵”为主。

心理学家应力教授说:“戒除网瘾根本没有特效药。家长那种寄望于一两次咨询和诊断就能帮助孩子戒除网瘾的念头不仅不切实际,而且急功近利。”

对于那些已经沉迷于网络的大学生,不能期望他们在短期内就能戒除网络成瘾,要有与网瘾持久作战的心理准备。在认可网络已经造成不利影响和可能在一段时间继续带来不利影响的前提下，逐步减弱、消除这种不利影响，为大学生网络成瘾者取得的每一次进步而高兴。

三、平等尊重，"无条件积极关注"

平等尊重原则，是指心理辅导员对大学生网络成瘾者的一切都能接纳，把他们当做朋友平等对待，对他们表示出关怀、重视和喜爱等；尊重他们的人格；尊重他们的学习、生活；尊重他们的情绪情感、习惯、愿望、爱好、追求、价值观，和他们平等相处，而不是居高临下进行指导。

尊重意味着宽容，尊重和接纳大学生网络成瘾者并不是指放纵大学生不良的行为，也并不是指绝对没有原则、没有价值观判断、没有是非好坏，而是指不能简单化的用批评、指责、厌恶、惩罚等方式来处理，要理解大学生网络成瘾者发展到现在这个不良状态，是有自身的一些特殊原因的，是可以被理解的。

大学生网络成瘾者往往既自卑又自傲，对别人的判断、评价非常敏感，很容易对批评产生抵触、对立情绪，不愿深入思考批评者的话，常常不假思索就要进行反驳，和心理辅导员的批评教育对立起来。如果被压制不能表达，就会选择沉默，心理上也会产生反感，把心理辅导员的话当成耳旁风，"左耳进，右耳出"，再好的建议对他们也起不到任何作用。

因而，在矫治过程中，心理辅导员要平等对待大学生网络成瘾者。可以不赞同他们的想法和做法，但必须尊重他们；可以坚持自己的原则，但也不要随意批评他们。平等对待大学生网络成瘾者，尊重他们、信任他们、理解他们，他们才有可能敞开心扉，愿意与心理辅导员进行沟通和交流，愿意建立相互信赖的良好关系，从而有助于咨询和矫治工作的进一步开展。

"无条件积极关注"的概念，来源于美国人本主义心理学家卡尔·罗杰斯（Carl Ranson Rogers）。罗杰斯认为，无条件积极关注是心理治疗的前提，它主要表现为心理咨询师对来访者的态度。即无论来访者的品质、情感和行为怎么样，咨询师对其都不做任何评价和要求，并对来访者表示无条件的温暖和接纳，使来访者觉得他是一个有价值的人。不过，无条件积极关注并不是对一切都无条件接纳，而是向患者表达咨询师乐于接受来访者、理解来访者，同时关心和帮助来访者，在任何时候对来访者都以诚相待。

"无条件积极关注"，是相对于我们日常生活中对人的关注是有条件的而言的。在日常生活中，表现好，就会受到积极关注，受到表扬；表现不好，就会受到冷落或批评。这种积极关注是有先决条件的，就是必须表现好，才可以被接纳、被爱。而"无条件积极关注"是指无论表现好坏，都要给予积极关注。

在帮助大学生网络成瘾者的时候，"无条件积极关注"就是要毫无保留地接受他们，对他们的所作所为、所思所想都不要表现出惊讶、失望、反对的反应。帮助者的完全接纳，是大学生网络成瘾者达到自我接纳的第一步。他们作为一个人，可以体验到被别人接纳、关心和爱，感觉到自己值得被爱，然后就可以发挥自己潜在的动力，从沉迷于网络的行为中走出来，做好的自己的发展规划。

四、倾听、共情

倾听、共情是心理咨询中的重要步骤，也是大学生网络成瘾戒除过程中的一个重要原则。只有认真倾听才能了解大学生网络成瘾者存在的真正问题，同时，认真倾听也能让大学生放松紧张情绪和解除心理负担，与心理辅导员更好地沟通。

倾听是有不同层次的：听而不闻（不做任何努力地去听），假装听（做出聆听的样子让对方看到），选择性地听（只听一部分内容，只听想听到的内容），专注聆听（认真地听，但并不能确定是否听出了真正意思），“同理心倾听”（站在倾诉者的角度，感同身受对方的情感，设身处地看待事物）。

在帮助大学生网络成瘾者的时候，太过于急切的帮助动机，容易使帮助者陷入前三层次的倾听，即使能专注倾听，也不能真正理解。帮助者在沟通之前，已经为大学生网络成瘾者想好了很多解决办法和应该做的事，因而在沟通过程中，注意力大都集中在怎么样说服他们，而忽视了认真倾听他们内心真实的感受。

倾听的对面就是倾诉。渴望别人的关注与理解是人的天性，大学生网络成瘾者也不例外，他们希望把自己的情绪、情感倾诉出来，也希望自己内心的情感能被别人所接受，但当他们的倾诉得不到关注和理解，或者自己的真实想法被人曲解的时候，他们就会产生受挫感，不愿再吐露内心真实的想法。

合理的倾听可以使大学生网络成瘾者尽情倾诉，将压抑在内心的各种感受宣泄出来，一吐为快。“情绪宜宣不宜堵”，宣泄是处理情绪问题的一种方法，可以减弱负性情绪的危害。良好倾听的主要技巧有：高度注意、耐心、不轻易打断对方、有真诚的理解和必要的反馈、善于适时提问、使用态势语言等。帮助者通过合理的倾听行为，引发大学生网络成瘾者的倾诉，让他们把埋藏在心底的种种感受，如委屈、愤怒、歉疚、焦虑、嫉恨、不满等加以宣泄。

共情（empathy），也称为神入、同理心，又被译为移情、同感、投情，是由美国人本主义创始人罗杰斯提出的。共情指的是一种能深入他人主观世界，了解其感受的能力。罗杰斯认为良好的咨询与治疗关系本身就具有治疗的功能，而共情是建立良好咨询关系的三个充分必要条件之一。在与他人交流时，能进入到对方的精神境界，感受到对方的内心世界，能将心比心地对对方，体验对方的感受，并对对方的感情作出恰当的反应。

关于共情，许多学者有着精辟的阐述。Mayeroff（1971）认为，共情就是“关怀一个人，必须能够了解他及他的世界，就好像我就是他，我必须能够好像用他的眼看他的世界及他自己一样，而不能把他看成物品一样从外面去审核、观察，必须能与他同在他的世界里，并进入他的世界，从内部去体认他的生活方式，及他的目标与方向。”

共情分为两个水平：初级共情和高级共情。初级共情与上述的定义基本一致。高级共情包括表明自己的态度，影响来访者等。

在大学生网络成瘾者的治疗与矫治过程中，共情是一个非常重要的原则。帮助者要站在大学生的立场，设身处地去了解、理解、感受他们的内心世界，感同身受地去体验他们内心的压抑和一直在回避的问题，并能够把自己感受到的东西再传递回去，让大学生一方面能体验到自己被理解的快乐，另一方面还要引发他们进行深入的思考。

良好的关系和互动本身就具有让人成长的作用，而共情有助于使帮助者和大学生网络成瘾者建立良好的关系。

不管是倾听，还是共情，最终的目的都是为了真正地了解和理解大学生，帮助他们认识和解决在人生道路上遇到的各种难题。任何人都是渴望被理解的，希望别人能够理解他的快乐，理解他的悲伤，理解他行为之下的内心，并渴望得到对方的肯定、鼓励和帮助，大学生网络成瘾者也不例外，正如美国著名的心理学家威廉·詹姆斯（William James）在《威廉·詹姆斯致学生书》一文中所写道："人性最深刻的原则是渴望得到赏识，并以得到赏识才满足"。

五、助人自助

助人自助，是心理辅导的最基本原则。心理咨询师期望通过其帮助，使来访者增强独立性，而非增强其依赖性，以便他们在日后遇到类似的生活挫折和困难时，能够独立自主地加以解决，让来访者能够更好地帮助自己，此所谓"授人以鱼，一日享用。教人以渔，终身受用"之理。

由于年龄和所处环境的关系，大学生的心理特征和中小学生、社会青年都有所不同，他们既有成熟的一面，也有主观、幼稚、片面和不成熟的一面。对于很多大学生来说，网络成瘾是能够看得到的缺点，其实网络成瘾背后的缺失才是更关键的，对于是否能够真正戒除网络成瘾起着关键的作用。如果只是简单消除网络成瘾的外在表现，即使消除了网络成瘾，也可能会出现其他的负性行为，比如泡夜店，而不能真正有助于他们成长、成才。

大学生的智力发展达到高峰，接受能力很强、思维敏捷；虽有一定的依赖性，但是独立、自主的意识很强；虽有时思维偏激，但是富于思考；虽有时会不自信，但是内心自尊、自爱；虽有时会被现实打击，但是具有理想，心存高远；虽怀疑权威，有点叛逆，但是基本能够自律。大学生的智力因素、思维因素、对自己的期待、对未来的渴望等，都使他们在对抗网络成瘾的过程中具备了基本的力量。而大学生的实际状况，使他们必然要成为自己在戒除网络成瘾的战斗中的主力军。大学生一般住集体宿舍，远离家庭，并且已经成人，具有自己的思想、观念、价值观。对于大学生，家长们鞭长莫及，在他们戒除网络成瘾的过程中常常有心无力。

因而，调动网瘾大学生的积极性，发挥他们的主观能动性，在家庭、社会、高校、辅导员、班主任、同学、心理咨询专业教师合力协助下，既树立信心，又能充分认识到艰巨性，是大学生网络成瘾戒除的基本条件。

在大学生网络成瘾者的矫治过程中，心理辅导员要尊重大学生的主体地位，激发他们的自我心理发展的自觉性和积极性，发挥自身的心理潜能来克服自己的心理问题。咨询关系不是一种对大学生进行外部指导或灌输的关系，而是一种启发或促进他们内部成长的关系。心理辅导员不要主观地指示大学生应该做什么，或者怎样做，而是要与大学生共同分析、讨论、设想有助于解决问题的各种方案及这些方案带来的不同后果。

心理辅导员要帮助大学生解决问题，而不是代替他们解决问题。如果心理辅导员对大学生网络成瘾者自己应该做的事情越俎代庖，不仅无助于大学生网瘾的矫治，而且反而会害了他们。

大学阶段是大学生整合此前所有的学习和经验，为未来的生活做好准备，并对未来生活进行“实际操练”的阶段，是大学生步入社会之前最后的一个缓冲期。大学生肩负着对国家、社会、家庭和自身的使命与责任，是国家未来的建设者和接班人，任重而道远。对大学生的帮助要以有利于他们成长，让他们学会独立解决问题为本，不能简单地包办代替。

心理辅导员应该让网瘾大学生把戒除网络成瘾当做一次学习的机会、一次成长的机会，而不是简单地接受治疗、改正缺点的机会；心理辅导员要着重帮助大学生理清思路，学会理性处理问题。心理辅导员不要提供具体做法，而是应该激发大学生发挥自身潜能，学会自己做出决策，自己帮助自己，这样，不仅能够学会解决眼前的难题，更重要的是在以后遇到新的难题时也能够应对，而不是遇到新问题就手足无措，产生新的障碍。

每一位大学生心里都蕴含着丰富的能量，也都希望能够发挥自己的潜能，获得社会的认可，得到大家的尊重。大学生网络成瘾者也不例外，他们对自己有期望、有要求，但是由于各种原因，在现实中没有得到实现，转而去网络的虚拟世界去寻找。一般来说，他们的内心还保留着希望，只是不会轻易去碰触。

总之，作为帮助者，心理辅导员可以在和大学生网络成瘾者建立相互信任的良好关系之后，用亲切、接纳的态度，与他们一起进行探索，使他们增进对自己的了解，树立信心，发挥自己的潜能，解决问题，从网络成瘾中走出来，并能够用更积极的心态面对各种挑战，规划丰富多彩的人生。

六、真诚守信

在大学生网络成瘾的矫治过程中，要坚持真诚守信的原则。心理辅导员要对大学生真实诚恳，坦诚以待，要讲信用，说得到，做得到，诚心诚意地帮助大学生摆脱心理困惑，从心底感动大学生并最终获得他们的信任。当大学生对心理辅导员产生信任感时，他们才会敞开心扉，推心置腹与人交流。

真诚不是自我发泄，不是有什么说什么，而是在正直无私、表里如一、胸襟坦荡、言行一致的基础上，一切以大学生网络成瘾者的利益为重，实事求是。真诚是内心的自然流露，没有一点虚假。无论心理辅导员所面对的大学生网络成瘾者是被迫来的，还是自己并没有求助动机的，或者是心存疑虑、抱有对立情绪的，心理辅导员都要诚恳、诚实、诚意。这“三诚”是开启大学生内心的重要钥匙，可以取得事半功倍的效果。

真诚的眼睛是清澈的，真诚的声音是甜美的，真诚的态度是和缓的，真诚的行为是从容的，真诚的举止是涵养优雅的。心理辅导员一心只为大学生网络成瘾者的成长着想，大学生网络成瘾者的一言一行都让他们牵挂，在这种牵挂中没有任何利益得失或出于功利心理的目的，有的只是对大学生摆脱网瘾以及对他们未来规划的关心。心理辅导员的真诚可以提供一个良好的榜样，使大学生网络成瘾者对他们产生可信、可靠的信念。在受到鼓励的情况下，大学生可以坦然表露自己，进而更清楚地认识自己。真诚也可以创造一个安全自由的氛围，让大学生网络成瘾者毫无顾虑地袒露自己的喜怒哀乐。

真诚守信是友谊诞生的基石，只有在真诚守信的基础上，心理辅导员和大学生网络成瘾者双方相互理解、相互接纳、相互信任，在感情上引起共鸣，使辅导关系维持、巩固和发展。

七、过程监督

过程监督原则，是指在大学生网络成瘾行为矫治的过程中，要采用各种有效方法加强对他们的监督评估，保证矫治计划的执行与落实，保证矫治效果的维持，以便使大学生顺利摆脱网络成瘾行为。

由于网络具有诱惑性，网络成瘾者在互联网上能够获得生理上、心理上的愉悦感，会让他们产生依赖，促使他们不断地去尝试上网。如果上网未得，他们会感到烦躁、焦虑、不安。正处于青春期的大学生好奇心强，自制力差，很难抵御网络的吸引，尤其是在克服网络成瘾行为的过程中，容易出现反复、拖拉、敷衍的现象，因而有些大学生在戒除网瘾成功后往往还会出现复发的现象。这说明，在矫治网络成瘾的过程中，如果不加以有效监督，很容易使矫治流于形式或不能持久，因而必须采取过程监督的方式，邀请心理辅导员、老师、同学、家长等人协助监督，及时掌握大学生网络成瘾者的各种变化，以便对症下药。

此外，在集中矫治工作结束后，还要对大学生网络成瘾者采取相应的跟踪随访，继续加以监督，保证矫治效果的持久稳定。

八、多方合作

多方合作原则，是指学校、家庭、社会等各方面因素形成合力，共同对大学生网络成瘾者施加积极的影响，以帮助他们戒除网络成瘾行为。

戒除大学生的网络成瘾行为，不仅需要有专人负责，统筹协调，还需要方方面面的配合，社会、家庭、学校、大学生自身缺一不可。每一方面都有优势和不足，不能简单处理，以为交给某一方就可以万事大吉，那样网瘾大学生可能在矫治效果体现之前就已经丧失信心了。

大学生沉迷网络的原因是多方面的。首先，作为一名学生来说，如果在学业、与同学相处、生活等方面经常遭受挫败感，那就很容易转而从网络中寻求安慰，去体验虚拟的成功，因此若要效矫治他们的网络成瘾行为，必须与学校联合起来；其次，作为父母的子女，如果得不到家庭的关爱，或者父母的教养方式有问题，那么矫治的效果还是会大打折扣，而且难以持久，因为家庭在配合大学生戒除网瘾方面有着不可忽视的作用；第三，大学生作为社会成员之一，必然会参与社交活动，如果在与人交往方面有障碍，他们有可能会产生逃避现实世界的想法，转而投身网络虚拟世界，再加上社会上网吧林立，通宵营业，为他们上网提供了便利，这就使他们很容易深陷网络不能自拔。因此，在矫治大学生网络成瘾行为的工作上，社会也负有重要的责任。

第三节 大学生网络成瘾戒除的心理方法

大学生网络成瘾形成的原因比较复杂，是一个综合性问题，涉及学校、家庭、社会、大学生自身特点等诸多方面的因素。大学生网络成瘾者更多表现出来的是心理上对网络的依赖，网络往往使他们能够逃避现实中的困难、满足在现实生活中难以实现的需求。对于大学生来说，网络成瘾经常只是内在冲突的一个外在表现。因而，帮助大学生戒除网瘾，可以从两个方面入手：一是直接针对外在行为，采取措施减少无限度上网的频率以及每次上网的时间，并对上网内容进行规划；二是解决外在行为背后的心理上的缺失。人的外在行为和内在心理是相互依存、相互影响的，改变其中之一就可以带来另一方面的改变。如果双管齐下，既能解决大学生心理上的缺失，又能对其上网行为进行干预和约束，会产生积极的效果。如果集中力量主要解决其中的一个方面，也是可行的，会收到一定的效果。具体采用什么方式，可以根据网瘾大学生的具体情况和客观条件来灵活处理。

在高校中，心理咨询队伍的发展非常迅速，许多心理学专业毕业的学生充实到了高校心理咨询与教育工作的队伍中，对于与学生、学校、家庭、社会共同配合，戒除大学生的网络成瘾问题起着非常重要的作用。大多数高校的心理咨询师，既对各种心理疗法比较了解，又有自己相对擅长的心理疗法。

一般来说，采用不同的心理治疗方法，都可以帮助大学生戒除网瘾。如果各方面配合默契，并取得大学生网络成瘾者本人的主动配合，之后再进行系统规划，无论采用哪个心理疗法都是可以的。心理辅导员和工作者可以根据大学生网络成瘾者的具体情况，也可以根据网络成瘾戒除的不同阶段，综合采用不同心理疗法。

网络成瘾的传统的心理治疗方法，以认知疗法和行为矫正为主。在大学生网络成瘾的戒除过程中，行为疗法、认知疗法、家庭疗法、叙事疗法、团体咨询、萨提亚模式、自我疏导疗法、焦点解决短期疗法等都可以发挥作用。以下将介绍其中几种常见的疗法。

一、行为疗法

行为疗法起始于 20 世纪 20 年代，其理论来源是心理学中的行为主义学习理论，包括经典性条件反射、操作性条件反射和社会学习理论。其基本假设有：问题行为和良性行为一样，都是学习的结果；各个问题行为是分别习得的；问题行为与环境有特殊的关系；重新学习可以矫正问题行为。

从学习理论的角度来看，大学生的网络成瘾行为和其他问题行为一样，都是经过学习获得的，因此可以采取行为矫正的方法，用奖励、惩罚等措施，让大学生网络成瘾者学习更利于其成长的行为，控制无限度上网的行为，达到戒除网瘾的目的。

虽然行为疗法有多种多样的方法和技术，但大体都遵循对问题行为的评估、具体方案的实施、效果的维持三个阶段。

(一) 网络成瘾行为的评估、鉴别、分析

行为疗法的目的是要矫正不良行为,学习、巩固和发展正常行为。这个阶段的主要目标就是清楚地了解网络成瘾行为的影响因素,以此来为下一步方案的制订提供依据。

首先,要对大学生网络成瘾行为进行评估。通过调查、观察等方法,了解大学生网络成瘾者上网的基本规律,如每周上网的次数、每次上网的时间长短、一天之中哪些时间段更容易上网、受哪些因素影响会去上网、上网的地点、上网具体做些什么、上网前后的感觉有什么不同、从网络上得到的是什么信息等。根据这些信息,就可以建立科学有效的行为改变的方案,避免采取错误的策略和方法。

其次,在对大学生网络成瘾行为进行评估、了解其上网规律的基础上,再进行鉴别。分清哪些是正常的使用网络,哪些是非必要、过度的使用网络。即使是过度的使用网络,也要分清是否造成有害后果。对很多大学生来说,稍微过度但不影响正常生活、学习的使用网络,是一种生活的调剂,是愉悦、满足感的来源。

再次,对大学生网络成瘾行为进行评估、鉴别之后,根据具体情况,再进行具体分析。针对有害的、过度使用的行为进行矫正,而不是简单地远离网络。分析一般按照ABC理论进行。ABC理论由美国心理学家艾利斯于20世纪50年代提出的,其主要观点强调情绪或不良行为并非由外部诱发事件本身所引起,而是由于个体对这些事件的评价和解释造成的,即强调科学的思维方式对一个人情绪或行为的影响。A代表诱发事件(antecedent events);B(beliefs)代表个体不同的认知评价系统;C代表行为后果(consequence)。该理论认为,一个不良的行为,是由一个前提性的诱因A导致的,这产生了行为B,而B又带来了结果C。

A(诱发事件),是指行为发生的环境条件,是行为发生之前个体经历的事件。从网络成瘾的角度来说,就是在什么情况下,网瘾大学生更容易去上网。例如有些大学生,只要有人邀请,就去网吧上网。对于这些大学生而言,别人的邀请就是一个诱发事件。

B(个体不同的认知评价系统),是指行为的具体表现,就是把行为具体化,把一般概念还原成具体的、可观察的言语和行动,并了解出现率(频率)、持续时间、强度、广度等指标。例如,对网络成瘾行为,可以记录每周上网多少次(出现率)、每次平均几个小时(持续时间)、是在没课的时候上网还是无论有课没课都去上网(广泛性)。

C(行为后果),是指行为给行为者本身带来了某种“好处”,并对行为起到了强化作用。“好处”主要有两种:获得受欢迎的事物(正强化);逃避不受欢迎的事物(负强化)。评估强化功能时,重要的是当事人的视角,例如:大学生上网玩游戏,虽然明知道对学业不利,但是在游戏中被人称赞、获得满足感(正强化),游戏过程中暂时忘记了学业和未来就业的压力(负强化)。

(二) 具体方案的实施

具体方案的实施是行为疗法的中心环节。行为疗法主要着眼于消除、改变不良行为;塑造、维持良好行为。具体来说,要做好以下事情:确定目标;选择方法;实施计划。

1. 确定目标

在确定目标时,第一步要明确的是,最初的水平和方案实施以后想要达到的标准。

例如，帮助张某从平均每天上网10小时降低到2小时以下，戒除网瘾是目标，平均每天上网10小时是戒除之前的状态，平均每天上网在2小时以下是希望达到的结果。这样就促成对具体疗法的选用和效果的评价。

另外，在确定目标时，目标必须是具体化的、客观的、可测量的。如果不能达到上述要求，目标空洞、抽象，就可能使方案流于空泛，只是美丽的口号而已，无法真正实施。对于大学生网络成瘾者来说，如果只是确定一个大而化之的目标，例如合理使用网络，不影响正常学习和生活，那么这个目标就不易实施。因为，这样的目标愿望虽然很好，但实施起来不够具体化，也不易评估，即使网瘾大学生在戒除网瘾方面取得了初步的进步，也难以体验到成就感。

确定目标，要明确所有需要改进的具体行为，说明改变的方向（如增加某些行为、减少某些行为），确定成功的标准（例如每月"刷夜"次数低于两次）。目标要有利于大学生网络成瘾者的成长、发展。

2. 选择方法

选择方法要根据大学生网络成瘾者的具体情况，考虑其人格特点、上网规律、从网络中的获益、社会支持、与父母的关系等方方面面的因素，结合备选技术的特点、实施条件等综合决定。行为疗法经过多年的实践和发展，形成了一系列行之有效的方法，包括放松训练、系统脱敏法、强化、消退、自我控制、生物反馈、厌恶疗法、代币法等。确定目标之后，就可以有针对性地选择合适的治疗方法。

在选择治疗方法时，要充分考虑环境因素的影响，考虑哪些有助于方案的实施、哪些会妨碍方案的实施。如果大学生网络成瘾者的舍友都喜欢上网玩游戏，并且喜欢结伴去网吧，这就对减少大学生网络成瘾者的上网次数不利；如果大学生网络成瘾者的舍友是所在班级的班干部或学生党员，学习和生活态度积极向上，并且和网瘾大学生关系融洽，乐于帮助网瘾大学生，那么就会使方案落实的可能性增大。

3. 实施计划

具体方案开始实施后，有关人员要按照方案的要求对大学生网络成瘾者进行指导、示范、刺激控制、强化和信息反馈。在实施过程中，要定期、不定期地对进展进行评估，看看是否能够按照计划实现。如果出现问题，要查明情况，做出调整，或者对没能按计划给予帮助的协助者做出进一步的明确要求。

（三）效果的维持

效果的维持也称为泛化，是指行为改变的效果延伸到与行为矫正方案不同的情境场所和时间范围。

行为疗法通常配合一些强化、监督、惩罚等措施。实施方案的过程中，环境和大学生平时的生活环境有差异，行为改变的效果虽然能有保持，但是通常比方案实施期间要差，有时候这种差异非常明显。对于大学生网络成瘾者来说，将方案实施期间建立的良好的行为方式稳定下来，并且可以在环境有所变化时能够迁移，这一点非常重要。

同伴强化是维持效果的重要措施。在其他强化因素无法实施时，大学生网络成瘾者的同学，尤其是与其同吃同住的舍友，如果能够给予其关注和赞美，就可以成为有效的强化因素，促使其维持良好行为。

（四）行为疗法的治疗技术

行为疗法体系范畴的治疗技术很多，基本都可以用于戒除网瘾，下面就部分技术做简单介绍。

1. 系统脱敏法

系统脱敏法又叫交互抑制法，是美国学者沃尔普创立和发展的。这种方法主要是诱导求治者缓慢地暴露出导致其神经症焦虑、恐惧的情境，并通过心理的放松状态来对抗这种焦虑情绪，从而达到消除焦虑或恐惧的目的。如果一个刺激所引起的焦虑或恐怖状态在求治者所能忍受的范围之内，经过多次反复的呈现，他便不再会对该刺激感到焦虑和恐怖，治疗目标也就达到了。这就是系统脱敏疗法的治疗原理。

类似系统脱敏法的心理治疗方法在中国古代也有运用。据《儒门事亲》载：王德新的妻子于旅途中，在旅舍的楼上住宿，夜逢盗贼烧房子，因受惊而堕下床来。自此以后，每听到声响，便会受惊昏倒，不省人事。家人也只得蹑足而行，不敢贸然弄出声响，逾年不愈。医师戴人诊断后，让两个丫鬟执其两手，按于高椅之上，在面前放一张小桌儿。戴人说："娘子，请看这木头！"便猛击桌，其妇大惊。戴人说："我用木头击桌，有何可惊呢？"妇人吓后稍显安定，戴人又击桌，惊已显然减缓。又过一会儿，连击三五次，又用木杖击门，又暗中令人击背后的窗子。妇人慢慢从惊恐中平定下来。晚上又叫击其卧房的门窗，接连数日，从天黑直到天亮，两月后，虽听到雷鸣也不惊恐了。

系统脱敏法是沃尔普根据实验得出的理论。他把饥饿的猫放到笼子里喂食，当猫取食时，突然对它予以强烈电击，反复多次以后，猫不但出现强烈的恐惧反应、拒食，而且对笼子和实验室产生恐惧反应。饥饿的猫取食是正常反应，而因为电击形成的恐惧、退避反应是不正常反应。之后，沃尔普又对这只猫进行治疗，先在实验室以外的地方喂食，猫虽然恐惧，但在饥饿的驱使下仍然会去进食，正常反应抑制了不正常反应。然后，沃尔普逐渐将喂食地方由远及近，循序渐进，从实验室外移到实验室内，最后猫在笼子里也敢进食而没有恐惧反应。

系统脱敏法包括三个基本步骤：肌肉放松训练、建立焦虑等级量表、实施系统脱敏。

系统脱敏要用肌肉的放松来对抗焦虑，首先要学会让肌肉深度放松。进行训练时，选择舒适的环境，从某一部分肌肉开始训练，等这部分肌肉能完全放松以后，再训练另一部分肌肉，直到全身能够放松。放松和紧张是相对的，先使要训练的肌肉收紧，感觉到了紧张，持续收紧 5 秒钟，让紧张的感觉达到极点，然后放松，肌肉就可以完全松弛下来。

建立等级量表，就是从引起轻微焦虑的情境到引起严重焦虑的情境进行排列，具体需要根据本人体验得出，然后与心理辅导员或治疗师共同制定得出。

实施系统脱敏，就从引起最低焦虑的情境开始，当焦虑产生时，用放松来对抗，直到在该情境下不再焦虑，然后按照量表的排列逐步进行，直到量表中最后情境也不再焦虑为止。

系统脱敏法中的情境可以是真实的情境，也可以通过想象，在脑海中构建、重现相似的情境，想象时要尽量具体、清晰、生动。

大学生网络成瘾者在戒除网瘾的过程中，经常会产生焦虑反应，没有网络就会坐立不安。当地震破坏了海底光缆通道，导致 MSN 没法登陆时，许多网民感觉“寂寞难捱”，个别人甚至“六神无主”；当“BT 中国联盟”等网站关闭后，网民们哀叹：“没有了 BT，今后的日子可怎么过?”用系统脱敏法可以有效对抗这种焦虑不安，在大学生网络成瘾者逐渐减少上网时间中发挥重要作用。

2. 厌恶疗法

厌恶疗法，又称厌恶性条件法，是一种具体的行为治疗技术。其内容为：将欲戒除的目标行为(或症状)与某种不愉快的或惩罚性的刺激结合起来，通过厌恶性条件作用，从而达到戒除或至少是减少目标行为的目的。厌恶疗法的原理是经典条件反射，使要戒除的目标行为和不愉快的感受、厌恶反应联系起来，“以毒攻毒”。

作为厌恶性刺激，可以是药物(产生恶心、呕吐等)、电击(造成痛苦)、弹拉橡皮圈(产生痛苦)等真实的事物，也可以是幻灯片、电影、录音等形式表现出来的符号表征或者想象。

具体来讲，如果想使某人戒除或减少某种不良行为，可以采用这种应用惩罚性的厌恶刺激，把令人厌恶的刺激，如微电击、催吐药物、语言责备或厌恶想象等，与此人的不良行为相结合，使此人在发生不良行为的同时感到躯体的痛苦反应，从而对不良行为产生厌恶，进而使其逐渐消退。

厌恶疗法，在中国古代就已有类似应用。古代，农村妇女以延长哺乳期来避孕，造成了断奶困难。她们一般采用两种断奶方法：(1)在乳头上涂苦味剂；(2)在乳房上涂难看的颜色。这两种方法其实都是厌恶疗法，这种断奶方法至今仍然有不少人在采用。

在大学生戒除网络成瘾的过程中，一般不采用药物、电击等容易带来比较严重痛苦的刺激物，可以采用弹拉橡皮圈或想象性厌恶疗法。使用厌恶疗法，需要让厌恶性刺激和行为一同或稍早出现，才容易在两者之间建立联系。例如，把橡皮筋绑在手腕上，想上网时就弹拉橡皮筋，一定要有痛感，计算弹拉次数，直到不再想上网为止，将疼痛与上网联系起来，由此控制上网行为。或者采用想象厌恶疗法，在忍不住想上网时，想象让自己难以忍受的后果，如父母失望的表情，同学的嘲笑、学习成绩的下降、拿不到毕业证、自己将来落魄的样子等。

厌恶疗法虽然有效，但是容易产生副作用，要慎重使用，一般仅作为辅助疗法。厌恶疗法只是能够消除不良行为，对于良性行为的建立帮助甚微。戒除网络成瘾不代表要和网络断绝联系，而是要合理控制网络的使用。

3. 代币法

代币法源于操作性条件反射理论，是自我奖赏法中的一种方法，用奖励强化所期望的行为，或使某种行为减少或消退。在该治疗方法中，能够累积并用来交换其他强化物的条件性强化物称为代币。

在戒除网络成瘾中使用代币法，可以采取如下步骤：

(1)明确目标行为。代币法主要用来增加良好的行为，减少不良的行为。

(2)确定代币。代币应该便于携带、不易伪造、容易积累。

(3)确定后援强化物。后援强化物是支持代币发挥作用的强化物,具体视大学生网络成瘾者看重或爱好什么而定。在成功完成良好行为、积累了一定代币之后,网瘾大学生就会拿代币去交换作为强化物的物品或活动,这些强化的物品或活动要能真正吸引他们,例如电子数码产品、限量版珍藏品、某歌星演唱会门票、对外交流交换生、著名景点几日游等。

(4)确定代币交换系统。明确做到什么行为可以得到代币以及所得到的代币数量,什么时候可以得到代币,多少代币可以换取后援强化物,确定交换的时间地点,如何监督执行等。

(5)决定是否使用反应代价。如果有不良行为产生,要决定是否扣除代币,以及扣除多少。只有大学生网络成瘾者对代币很重视时,失去才能起到作用;并且假如失去过多,无法达成换取后援强化物时,就失去激励作用了。

4. 自我管理

自我管理技术,是指个体通过自身的参与和管理,来改变和矫正不良行为的一种方法。与传统的行为疗法中咨询师处于主动地位、来访者处于被动地位不同,在自我管理这种行为疗法模式中,来访者在其行为改变的各个环节始终都是主角,不仅参与了行为改变中制订方案、确定目标、安排环境、实施操作、评定效果等环节,还肩负着改变自己行为的责任,对整个矫治过程进行着自我管理,强调在矫治过程中的自我观察、自我监督、自我评价、自我控制、自我强化和自我反馈。

自我管理可以提高来访者的动机,使其能够在日常生活中实施那些每天反复出现、但在咨询治疗环境不易观察的行为,这些行为一般是易于处理的。在帮助大学生戒除网瘾的过程中,自我管理技术比较方便、实用。

很多大学生网络成瘾者经常对自己进行控制和管理,不断提醒自己不应该再无节制上网了,不应该再去“刷夜”了,但总是不能长久,常常产生自责,觉得自己没有毅力坚持下去。从行为主义的角度来看,这是即时后果与延缓后果之间的矛盾。上网的即时后果是愉悦、忘记烦恼、获得尊重、感到自己被人需要;延缓后果是上网结束后的身体不适、浪费时间、学业失败、就业前景黯淡、未来发展不顺。即时后果常常战胜长远目标,导致大学生戒除网瘾的努力失败。而自我管理技术强调对自身行为信息的觉察,是一种偏重认知作用的行为矫正技术,它可以帮助大学生网络成瘾者改变这种不利局面。

为了使大学生戒除网瘾的自我管理获得成功,需要经过如下步骤:

(1)做出改变上网习惯的决定,公开表达改变的意愿,并寻求改变的方法。心理学相关研究表明,公开声明可以促进对声明内容的实施和维持。因此,为了增加成功概率,大学生网络成瘾者可以当众宣布戒除网瘾的决心,此方法也可以增加大家的理解和支持。此外,大学生网络成瘾者还需要制订计划,并预估可能遇到的诱惑或困难。

(2)明确目标行为和行为标准。目标应该是重要的、可测量的、积极的,并且切实可行的,要确定希望达到的效果以及预定达到目标的日期。

(3)对上网行为进行评估、鉴别、分析。

(4)选择合适的自我管理方案。大学生网络成瘾者可以改变环境,使所希望的行为容易出现,限制诱发不希望的行为出现的刺激。如希望增加看书时间,减少上网时间,而宿舍人人有计算机,大家都习惯在宿舍上网,那么大学生网络成瘾者就需要改变在宿舍学习的习惯,换到另外一种比较适合学习的环境去自习,如教室、图书馆等。

(5)维持和迁移效果。大学生要将戒除网瘾取得的成果坚持下去,并能在环境变化后仍然保持。他们可以定期自我检查,也可以与同学共同努力,定期相互检查,相互奖励好的行为、惩罚不良行为,一起戒除网络成瘾。

自我管理法中奖惩都可以由自己确定并实施,例如在完成阶段目标时,可以奖励自己吃一顿好饭、看一场电影、买一件自己喜爱的东西等;如果没有完成阶段目标,可以对自己进行适当的小惩罚,注意适可而止,不必过于责罚自己。

总的说来,行为疗法主要是针对上网过度和使用网络不当的行为进行调整,对于外显行为的变化作用快,有利于大学生网络成瘾者树立戒除网络成瘾的信心。但是,这种方法对网络成瘾行为背后的深层次原因关注较少。对于大学生网络成瘾者的成长、发展来说,仅仅减少上网时间或学会合理利用网络是远远不够的,还需要解决网络成瘾行为背后的其他心理问题。因此,行为疗法和其他疗法配合使用,会产生更好的效果。

二、认知疗法

"适应不良的行为与情绪,都源于适应不良的认知。"——阿龙·贝克(Aaron Beck)

认知疗法于20世纪60~70年代在美国产生,是根据人的认知过程影响其情绪和行为的理论假设,通过认知和行为技术来改变求治者的不良认知的一类心理治疗方法的总称。

认知疗法的理论基础是贝克提出的情绪障碍认知理论,它强调信念系统和思维对行为和情绪的重要影响,也就是说,一个人的思想决定了他的内心体验和反应。"心理问题不是由神秘的、不可抗拒的力量所产生,相反,它可以从平常的事件中产生,例如:错误的学习、依据片面的或不正确的信息做出错误的推论、不能区分现实与理想之间的差别等。"

认知疗法的主要着眼点放在患者非功能性的认知问题上。在认知疗法实施过程中,咨询师和来访者合作,注重细节、注重思维过程,试图通过改变来访者对已、对人或对事的不良认知,来改变其所呈现的心理问题和行为问题。

由于受到文化程度、知识水平、环境背景和个人成长过程中形成的人格特点等因素的影响,人们对事物往往有不同的理解,而不同的理解会带来不同的情绪状态和结果。例如:某公司员工路上遇到领导,准备热情打招呼,结果领导理都没理自己就走了,该员工就以为领导对自己有意见,然后就反思自己近期的工作和生活表现,没有找到什么疏漏,然后就归结为领导对自己有偏见。自此,无心工作,表现不好,被领导批评,该员工心里越发认定领导看不起自己,因而情绪更加低落。后来,该员工因一次偶然机会得知,领导当时只是在想一件重要事情,没看到自己,并不是对自己有意见,于是解开了心里的疙瘩,重新树立了信心,工作做得有声有色,和领导的关系也日渐融洽。

认知疗法不是简单的说教，不是思想政治教育，也不是直接将正确的观点灌输给大学生，而是治疗者和来访者之间共同努力，发现不合理的、有缺陷的、带来不良后果的信念，然后针对这些不良信念，采用再归因法、角色扮演、认知重建等技术，借以改变和创建信念，改变认为自己"不好"的认知，重新评价自己，重建对自己的信心。

认知疗法有不同的类别，强调不同的重点，采用不同的技术。下面，主要介绍其中较为常见的两种疗法。

（一）贝克的认知疗法

贝克情绪障碍认知模型包含浅层的负性自动想法、深层的功能性失调图式两个层次。

图式是由人看待世界的方式，对人、事情和环境的重要信念和假设构成的。功能性失调图式如被激活，就会产生大量负性自动思维。负性自动思维是表层的、能被觉察，它可能是对目前状况、过去经验的消极解释，也可能是对未来的消极预测。

很多大学生在中学阶段专心学业，成绩优秀，受到老师的喜欢和同学的仰慕，过着众星捧月的生活。进入大学后，环境发生了变化，鹤立鸡群的感觉没有了，老师、同学都不再关注自己，于是觉得很失落，想用优异的成绩获得大家的认可，因而刻苦学习，但同时也害怕失败。在进入大学的第一次考试中，如果成绩落后，甚至不及格，他们内心就可能会想到"完了，唯一擅长的东西也不行了，别人不会喜欢我了"。一次考试不理想带来一连串负性自动思维："我一无是处"、"我没用"、"我是个失败者"、"我是个废物"、"前途堪忧"、"我没有价值"等。

负性自动思维自动出现、内容消极、能被察觉、稍纵即逝、貌似真实；时间虽短，力量强大，不容易受控制；虽然是与事实不相符的，但总被认为是真实的，以致引起烦恼。

在认知治疗中，找出大学生的自动想法，辨别其中存在的歪曲的思维方式是非常重要的，有助于对他们的进一步的治疗。心理辅导员要帮助大学生来访者去发现这些歪曲的思维：

(1)随意推论：没有充足及相关的证据便任意下结论。同宿舍同学一起去"刷夜"，没叫自己，就认为同学都不喜欢自己了。实际上，同学是为了配合他戒除网络成瘾，不去干扰他。

(2)选择性断章取义：抽取一个事实或观念来支持自己的消极思维。例如自己成功组织了一次集体活动后，得到了多数人的认可，但听到有人说："这个活动真无聊啊，简直是浪费时间"，于是就郁闷好几天，并决定不再组织集体活动，免得出丑。

(3)以偏概全：用少数的消极事件得出一个普遍性的规律。例如进入大学后的第一次考试不及格，就认为自己没有能力完成大学的学业，甚至拿不到毕业证、找不到工作的念头都冒了出来。

(4)扩大与贬低：夸大自己失误、缺陷的重要性，贬低自己的成绩或优点。

(5)乱贴标签：根据过去的不完美或过失来决定自己真正的身份认同。大学生的中学阶段以学习为主，同学之间背景也比较相似，人际交往很单纯。进入大学后，由于缺乏经验，与同学交往起来显得比较笨拙，就认定自己不善于交际，有社交障碍。

(6)二分法的思考:一件事不是完全成功,就是彻底失败。“除非是第一,否则就是失败。”

(7)个人化:把和自己无关的事情看成是有意义的。“真倒霉,连自行车都欺负我,好端端的摔倒了”、“我真不幸,每次出门都堵车”。

心理辅导员要教会大学生来访者辨认这些歪曲的思维,并与他们积极合作,使他们学会分辨想法和现实,了解认知对情绪情感、行为、事件的影响力。大学生要学会观察、认清并监控自己的想法与假设,特别是负性自动思维。

大学生来访者要进行自我观察、审视支持或反对自己认知的证据,主要包括:与心理辅导员苏格拉底式的对话、学校作业、相关资料、活动记录,以及做各种不同的解释,对自己的行为提出假设,并学会使用特定的解决问题的方法与应对技能。

(二) 艾利斯的理性情绪行为疗法(REBT)

理性情绪行为疗法的理论与实践的核心是 ABC 理论,A 是指诱发事件(Activating events);B 是指信念(Beliefs),即人对诱发事件的信念、认知、评价或看法;C 代表结果(Consequences),即症状。艾利斯认为,症状 C 不是由诱发事件 A 直接引起,事件本身不是引起情绪反应的直接原因,对事件的认知解释和评价 B 才是引起情绪反应的直接原因。

理性情绪行为疗法的治疗整体模型是“ABCDE”,就是发现与分辨事件、信念和结果,与不合理信念进行辩论(D—Disputing irrational believes),获得效果(E—new emotive and behavioral Effects),即发展合理的信念以代替合理的信念。

与其他认知疗法相比,理性情绪行为疗法采用更直接、更有力的方式来驳斥来访者的不合理信念。理性情绪行为疗法常结合行为疗法来达到更有效的改变。

在现实生活中,大学生经常把对事件的看法当做事件本身。事件经常很难改变,但如何看待是可以调整的,分清事实和看法非常重要。“考试又失败了”、“我是一个没有自控力的人”,这是某大学生网络成瘾者认为的事实,既然是事实,就很难去改变。其实,这是对事实的看法,而非事实本身。事实是在沉迷于网络一段时间后,该学生下定决心要戒除,在戒除的两个月中,因为某些因素,又去网吧刷过三次夜,后来期末考试的六门课中有两门没有通过(都在 50 分左右)。该学生没有完全停止“刷夜”,是因为不好意思拒绝同学,与之前的沉迷网络相比,已经有了很大进步;临近考试不到一个月才开始收心,加上基础本来就差,取得这样的成绩已经很不容易了。因此,该学生去网吧刷夜的行为,并不是两门课考试失败的直接诱因,这只是该学生的看法而已。

在分清事实与信念之后,要关注一下理性信念和非理性信念。前者导致自助性的积极行为,而后者会引起自我挫折和反社会的行为。非理性信念是在对客观事物歪曲理解基础上的凭空想象,或者是在不合逻辑的推理基础上固执地认为,事情应当或必须这样或那样。非理性的“必须”,是非理性信念的核心。一般认为,非理性信念具有三个主要特征:绝对化要求、过分概括化和糟糕至极。

1. 绝对化要求是按照自己的意愿,认为某些事情必定会发生或必定不会发生的信念,通常与“必须”、“应该”这类字眼联系一起的,“我必须获得所有人的认可”、“别人必须帮助我”、“生活应该一帆风顺”、“社会上不应该有不合理的现象存在”……绝对化要求是不合理、不现实的，要理性地看待自己以及周围的人和事物。

2. 过分概括化是一种以偏概全、以一概十的不合理思维方式的表现。持这种信念的人，一次失败，就往往自认为是个“废物”、“一钱不值”、“一无是处”；遇到一件不合理的事、一个不讲理的人，就会认为“世上没好人”、“社会上一片黑暗”。艾利斯主张应该评价人的行为、行动和表现，而不要去评价整体的人，每一个人都应该接受自己或他人可能出现的过失行为，没有人是完美的。

3. 糟糕至极是一种认为如果一件不好的事发生，将是非常可怕、非常糟糕、是一种灾难的想法。糟糕至极经常和绝对化要求相连，“老师，只要我女朋友回到我身边，我什么问题都没有；如果失去我的女朋友，我的人生就没有什么指望了”，这是某位大学生对心理辅导员老师的倾诉。失恋是令人伤心的，但恋爱是双方互动的结果，单方面想要维系是很难长久的，如果把前途、命运都维系到一个对象身上，一旦失去了这个对象，就觉得生活失去了意义，进而把自己推向了极端不良的情绪状态中，往往用网络来麻醉自己，逃避现实，“上网时并不是很愉快，但是可以让自己暂时忘记灰暗的人生”。

运用理性情绪行为疗法帮助大学生戒除网络成瘾，可以通过四个阶段进行：诊断阶段、领悟阶段、修通阶段及再教育阶段。

1. 诊断阶段。这是最初阶段，心理辅导员与大学生网络成瘾者要建立良好的关系，帮助他们树立信心；探索大学生网络成瘾者的各种问题，将问题分类，然后从最迫切的问题入手。

2. 领悟阶段。要帮助大学生网络成瘾者分清事实与信念，寻找不合理信念并进行分析：(1)了解诱发事件的具体情况；(2)对诱发事件是如何反应的；(3)为什么产生负性情绪，找出不合理信念；(4)区分出信念的合理部分和不合理部分；(5)将负性情绪和非理性信念区分开。

3. 修通阶段。主要用辩论的方法，用夸张、辨析、质疑等技术动摇大学生网络成瘾者的不合理信念，通过反复不断的辩论，让他们用理性的信念取代非理性的信念。

4. 再教育阶段。这是最后阶段，为巩固效果，让大学生网络成瘾者彻底摆脱不合理的信念。此外，还应探索与网络成瘾无关的不合理信念，让他们养成与不合理信念进行辩论的习惯，学会使用合理信念的理性思维。

有时候，非理性信念和理性信念看起来很相似，好像只是表述不同，但实际上它们有着本质的区别，带来的结果也截然不同。例如，在家庭理财中，总是要留些钱备用；“我希望随时都能有一万元结余”是合理信念，可以促成合理规划，达到了就很愉快；假如某个月支出较多，只剩六千元，也不会太着急；“我必须随时有一万元结余”就是不合理的信念；假如偶尔超支，只剩九千元，就可能焦虑，觉得不可接受，即使有一万三千元结余，常常也不能带来安全感，而是会担心万一有突然开支，花费过大，导致少于一万元结余。“我希望得到大家的喜爱”是合理的信念，“大家都应该喜欢我”就是不合理的信念。

贝克的认知疗法和艾利斯的理性情绪行为疗法都是主动的、指导的、有时间限制的、高度结构性的，强调认知以及改变负面的思考和不适当的信念。但是，二者在治疗方法与治疗风格方面有所不同：(1)理性情绪行为疗法强调指导性、说理性与面质性；贝克的认知疗法强调苏格拉底式的对话、协助当事人自己去发现错误观念；(2)理性情绪行为疗法中咨询师扮演教师的角色，不强调温暖的治疗关系；贝克的认知疗法强调治疗关系的品质；(3)理性情绪行为疗法致力于说服当事人认定自己的某些信念是非理性的，非理性信念与现实不相容；贝克的认知疗法从比较正面的角度来看待这些信念，认为问题的产生是因为使用了使生活不幸的规则，因而建议改变规则，在过程中不断确认来访者的价值观和证据。

总的说来，大学生智力水平较高，大多都对自己有一定的认识，也经常在思考自己的未来，因而，认知疗法比较适合这个群体。

三、团体心理辅导

团体心理辅导是相对于个别咨询而言的，是一种在团体情境下进行的心理辅导形式，由有相似困扰或相似成长需求的成员组成，以一定的心理学理论为指导，通过团体成员间的互动，解决成员共同的发展或共有的心理问题。

不同的团体心理辅导依据的理论有所不同，影响最大的有精神分析疗法、行为疗法、认知行为疗法、个人中心疗法、沙盘疗法等，本书不对这些疗法进行一一介绍，仅就其共同的特性和在帮助大学生戒除网络成瘾中的应用做一个简单概述。

与个别咨询相比，团体心理辅导的情境可以为成员提供相互交往的机会，体验亲密的感觉，相互接纳、相互帮助，满足成员社会性的需求。成员在团体中通过交流，可以相互作用、相互影响，从而有助于认识、解决自己的问题。团体心理辅导效率高，节省人力、物力；感染力强，影响广泛，效果容易巩固。

团体心理辅导的环境与现实的生活情境相似，拉近了心理辅导与生活的距离，使得从心理辅导中获得的成长容易应用到日常生活中去。

团体心理辅导一般有五个步骤：(1)确定活动目标和活动名称；(2)设计具体的活动方案和程序；(3)招募团体成员，组成团体；(4)实施活动计划；(5)对活动的结果进行总结、评估。

在具体的实施中，大学生网络成瘾戒除团体的规模以10～20人为宜，人数太多，不好掌控；人数太少，形不成氛围。团体辅导的次数不宜太少，每周一次，每次2小时，至少保证8次。具体步骤如下：

1. 确定活动目标

以戒除网络成瘾为主要目的，充分认识网络这把“双刃剑”，学会正确合理地使用网络。此外，还应提高自我控制、时间管理、人际交往等方面的能力，客观认识自己、悦纳自己。

2. 设计活动方案

鉴于很多大学生网络成瘾者在网络认识、自控力、自我评价、生活目标、社交能力等很多方面都可能存在问题，因此在设计方案时，要考虑如下因素：全面、客观了解网络带来的利弊，正确认识网络，了解网络成瘾的原因和对策；学习时间管理与自我控制；合理安排学习、生活，形成健康的作息规律；进行人际交往练习，学会在现实生活中与人和谐互动；增强社会适应能力；引导团体成员发掘自己的兴趣爱好和特长，重视现实生活中的兴趣；引导团体成员进行自我探索，了解自己的需求，从现实生活中获得满足。

方案具体包括：初次活动时采用结识技术，使团体成员快速相互认识，建立起对团体和其他成员的信任；每次活动前进行热身活动，提高团体成员的参与热情和积极性；每次活动，至少留出十分钟的时间，用来结束当次活动，可以采用总结、布置作业、安排结束的活动等方式；团体整体活动即将结束前的一次或两次预告团体成员，让成员提前做好心理准备；最后一次活动时，可以采用临别联欢会、做游戏等方式进行结束，引发团体成员回顾在此经历中的收获。

具体的方案可以根据学校实际情况灵活处理，时间充裕，对自我的探索就更充分；时间紧凑，就可以有针对性地围绕部分主题展开。

每次活动围绕一个主题，可以用分享、讨论的方式，也可以用活动、体验的方式。

在讨论对于网络的看法、感受和因沉迷于网络而带来的困惑和问题这一主题时，可以采用先分组讨论，再集中表达的方式。团体成员之间积极表达各自的看法，在安全的环境下充分交流，而不用担心被人误解、嘲讽。团体成员之间相互出主意、想办法，相互给予反馈和支持，以解决在戒除网络成瘾过程中遇到的现实困难。

在促进大学生人际关系时，可以采用活动的方式，使团体成员在体验中获得感悟。以“信任后仰”活动为例：

活动道具：一定高度的台子，也可以是学校里教室用的课桌或椅子等。

活动程序：

1. 团队成员分组。每组成员 10 人左右，两人为一搭档；

2. 一名自愿者站在台子上，下面的同学两人为一搭档。一个同学先用左手握紧自己的右手腕，另外一个同学也是如此，然后让另一个同学的右手握住第一同学的左手，第一同学的右手握紧另一个同学的左手，形成非常牢固的一个“手结”。其他几对搭档也是如此，然后让他们排成一排，形成一道比较安全的手臂网（为确保后仰者的安全，可以在承接区铺上一块体操垫，有心脏病、高血压和严重腰伤的成员不能参加）；

3. 自愿者用左右手交叉抱住自己的双臂，并闭上双眼，准备从高台上往后仰面倒下。此时台上自愿者需对台下的同学说：“你们准备好要支持我了吗？我相信你们！”台下面的同学需要大声说：“我们准备好要支持你了！请相信我们！”然后，自愿者往后倒下，台下的同学接住；

4. 接着再换另一位自愿者，遵循上述的程序进行。如此，小组内所有的自愿者依次上台，直到都完成这项体验活动。

“信任后仰”体验活动结束后，所有团体成员都要进行经验分享。问题：倒下时害怕吗？你相信大家会接住你吗？倒下的时候，身体是弯的还是挺直的？在接人时有什么感觉？现在的感觉如何？从中有什么体会和收获？

一般情况下，在高处失去重心，向后仰倒，会让人比较恐慌，而有人自觉自愿这样做，是很需要勇气的。即使他知道台下会有人接住自己，不会摔伤，但第一次尝试时，也难免会胆战心惊。

但在活动结束后，团体成员就能体会到相互信任的意义。这个活动的顺利进行，有赖于整个团体成员的合作与互信，这是整个活动的精神核心。台上自愿者有了对台下团体成员的托付与信任，才敢放心地“后仰”；台下的团体成员都尽自己最大努力，保证台上自愿者的安全，作为承接者的他们，亲身感觉到了一定要接住台上自愿者的责任感和压力，以及接住以后的喜悦。而这些感情，在大学生网络成瘾者的日常生活中，往往缺乏或被忽略。假如大学生网络成瘾者将责任感和对家人、老师、同学的信任融入日常生活，在现实生活中体验到乐趣的可能性就会增大，而不用在网络的虚拟世界中去寻找。

3. 招募团体成员，组成团体

团体成员采取校园招募的形式，之后再进行筛选。团体成员应该具备以下几个条件：(1)自愿报名参加，并且怀有改变自我和发展自我的愿望；(2)有充足的时间保障，能坚持参加团体活动并遵守各项规则；(3)愿意与其他人交流并具有交流的能力；(4)对网络成瘾严重，有躯体症状反应的，要先进行单独处理，缓解症状后才能加入。

通过筛选的团体成员，要签署承诺书，明确自己的权利和义务。承诺书中要包含守时、互相尊重、坦诚、开放、保密、不攻击批判等内容。

4. 实施活动计划

实施活动计划阶段是对团体进行具体指导的阶段，是团体咨询和治疗的核心阶段。在这一阶段，会面临很多问题，如怎样面对成员的内心冲突、怎样使成员之间的互动更加深入、怎样促进成员在团体中成长等。在实施计划过程中，为了使团体成员更加有效地戒除网瘾，有时需要对原定计划进行调整和修改。计划是死的，人是活的，不能为了完成计划而完成计划，一切应该围绕有利于核心目标的实现而进行。在执行过程中，心理辅导员可以根据活动的进程和团体成员的要求，通过与他们共同商议，对原定计划和程序进行修改。要根据现场气氛和团体成员需求变化，调整每项活动的时间和进程。要随时关注团体成员的变化，引导团体氛围，处理突发状况。

5. 对活动的结果进行总结、评估

活动结束后，意味着团体辅导已经完成了它的使命，成员们要离开团体，并把在团体中的感受和收获迁移、落实到现实生活中去。团体形成的良好氛围将成为过去，活动结束时成员对团体的感情会影响他们的情绪，因而有必要处理好活动的结束环节。

在活动的结束阶段，心理辅导员要做好以下工作：(1)用量表对大学生网络成瘾者接受团体辅导进行前后测，将其行为量化，使用自编调查问卷以及团体成员的自我总结报告等，对团体辅导效果进行考察；(2)回顾团体辅导活动的过程并作简要总结，评估成员的成长和变化；(3)以临别联欢会、做游戏等形式结束活动，让成员带着轻松愉快的心情离开。

大学生网瘾戒除心理辅导团体效果的考察不应局限在单一的是否减少上网时间，

更应全面考察参加团体辅导的大学生的学习、生活是否有改善，是否通过参加团体获得了成长。假如大学生网络成瘾者不“刷夜”了，而是“泡吧”去了，对于帮助他们戒除网瘾来说，还不够成功。

团体辅导结束后，还要对大学生网络成瘾者进行后期跟踪和随访，必要时组织成员重聚，借以巩固矫治效果。

在大学生网络成瘾戒除中，团体心理辅导是一个很好的选择。主要原因有：

(1)帮助提升人际交往的能力。相当一部分大学生网络成瘾者在现实生活中缺乏社会支持，人际交往能力比较差。在团体辅导中，他们找到了可以交往的现实人群，可以获得社会支持；

(2)为大学生提供了一个相对安全的环境。团体给大学生网络成瘾者营造了一个无压力的环境，随着他们和心理辅导员接触的增多，信任感逐渐建立起来。没有人用异样的眼光看待他们，在团体交流中每个人都可以自由自在地显示出不同的特点和个性，取得共同的理解。

(3)提升大学生的自我认识。以人为镜，可以知得失。在团体中，其他大学生网络成瘾者的言行是一面镜子，在镜子中能映出自己的影子。每个成员可以从团体的其他成员那里得到他们对自己言行的反馈信息。通过心理辅导员的协调和引导，每个成员可以更好地探索自身的问题，提升自我认识。

(4)使大学生获得归属感。在团体中，大学生网络成瘾者有着相似的经历，对网络有共同的心理体验和认知，有着相同的苦恼和困惑，听着别人的故事，就像自己的经历一样，亲切感增加，孤单感减少，因而容易产生共鸣，并产生心理上的安全感，进而相互理解、相互关心、相互帮助。

(5)增强大学生战胜网瘾的自信心。很多大学生网络成瘾者的自我效能感较低，但在团体中，每个成员不但会得到其他成员的帮助，而且还会尝试去帮助其他成员，这种助人的体验会使他们对自己产生一个新的评价，认识到自己的价值，从而增强自信心，走出网络迷途。

(6)促进大学生认知和行为的变化。大学生网络成瘾者在团体中成长和发展，会产生一种“这是我们大家的想法”的观念。在达成共识之中，每个成员的认知、感情会产生一定的变化，从而获得满足和自信。一些戒除网瘾进步较快的大学生，可以充分发挥朋辈间的积极影响，为其他成员树立模仿的榜样，鼓励他们继续努力。此外，每个学员可以在体验别人的经历时发现自己曾经的看法和假设中的错误，进而发展新的、更具适应性的看法和行为。

在具体实施过程中，对带领团体的心理咨询师要求比较高。他们要能够引导团体，掌控全局，要能够敏锐观察团体的特质和动态，要能够带领团体进行深入探索，引导成员进行开放讨论和分享。团体辅导和个别辅导不同，因为团体成员人数多，不容易兼顾，如果处理不好的话，可能会对某些成员带来伤害，或者使团体心理辅导流于形式。

四、家庭治疗

家庭治疗是一种新的治疗取向,发端于20世纪40年代末到50年代初。家庭治疗具有独特的视角,治疗对象不只是患者本人,而是把患者放在家庭环境之中,认为患者的问题是家庭问题的反应,患者往往是家庭问题的“替罪羊”。家庭治疗把家庭所有成员视为一个自然单位,希望改进家庭单位的整体功能,即通过改变家庭成员之间的互动关系来解决来访者的问题。

大学生的父母往往希望子女能完成自己未能实现的愿望,希望他们能够出人头地、过上优越的生活。为了实现父母的这些愿望,大学生从小只需要学习就可以了,家务一概不用做,全职工作就是读书学习,部分大学生甚至连袜子、内衣也是由家人帮着洗,自己的价值基本完全体现在学习成绩上。当他们学习成绩好、学习兴趣浓时,行为表现比较正常,生活规律;但当他们学习成绩下滑、产生厌学情绪时,本来希望得到父母的关心和支持,然而实际看到的却是父母“恨铁不成钢”幽怨眼光和埋怨,“我们一切都是为了你,看看你都做了些什么?”父母的埋怨和指责,使大学生感到自卑、压抑,心理上非常需要寻求安慰和支持,而网络则能使他们暂时忘却这些烦恼。

大学生沉迷于网络大多只是一个外在表现,实际上是他们对现实困难的一种逃避。在大部分大学生的成长历程中,很少经受挫折,父母恨不得代替他们解决一切难题,一路抱着把他们送入了大学。进入大学后,父母突然大撒把,大学生的生活没有了方向和目标,遇到困难时,不仅没有解决的方法,甚至连可以去哪里求助都没有概念。

当大学生沉迷于网络,学业荒废时,父母往往惶惶不可终日,互相指责、抱怨,最后简单地把大学生从网吧拉回家了事。在一些家庭中,父母感情不和,经常吵架,甚至动手,都想把子女拉到自己一边,共同反对另一方。环境强求大学生解决本不属于他们考虑的问题,导致他们左右为难,身份角色发生问题。

在大学生网络成瘾的戒除中,采用家庭治疗的方式,不把大学生网络成瘾者视为问题的主角,而是把大学生网络成瘾问题的产生看做是家庭功能作用发挥不畅的产物。该方法致力于改善家庭的互动,通过在家庭成员内部促进谅解,增进情感交流和相互关心的做法,使每个家庭成员了解家庭中病态情感结构,以纠正其共有的心理病态,改善家庭功能,产生治疗性的影响,达到和睦相处,向正常发展的目的。如此,可以让大学生网络成瘾者在家庭中获得温暖与支持,满足他们在现实生活中对爱、关心、尊重等方面的需求。

对大学生网络成瘾者进行家庭治疗,必须坚持三个基本原则:(1)针对整个家庭成员,进行集体治疗,纠正共同的问题;(2)大学生沉迷于网络只是外在表现,他们的家庭本身才是真正的问题所在;(3)让家庭每个成员都了解家庭情感结构和互动模式,大家一起努力,来改善和整合家庭功能。

针对大学生网络成瘾者,家庭治疗可以分为五个阶段进行:

1. 学校与家庭相互沟通,向家长介绍大学生网络成瘾者在学校期间过度使用网络的具体情况和引发的不良后果(情绪情感、人际交往、学习成绩、处分结果等),了解他们家庭的基本情况和他们在家的行为表现、情绪状态等，说明这些表现与家庭之间的关系，家庭有哪些责任，介绍学校会做哪些工作，与家长在诊断、评价、治疗目标上达成一致意见。

此阶段主要是统一认识，分清任务，让家长能够确立家庭互动模式需要改变的观念，而不是就事论事，把责任都推到学生身上。

2. 了解大学生网络成瘾者的家庭结构，对其背景进行初步分析。发现其家庭系统存在的问题。心理咨询者要了解家庭成员之间的界限、等级、关系、交往方式、家庭的规则、以往发生的重大生活事件、家庭不和谐之处等，并根据了解的情况，重新评估大学生与学校之间的相互作用关系，改变原有的相互作用模式。

3. 鼓励家庭成员认识存在的问题，并努力解决问题。心理咨询师要注意了解不同家庭成员对大学生网络成瘾者关注程度和关系亲密程度的区别，了解不同成员对网络成瘾的态度和感受，理清家庭的关系网络。弄清楚家庭成员对大学生网络成瘾者本人及其成瘾行为的看法，以及表达痛苦的方式。可以让家庭成员画家谱图，将家庭现实结构和关系直观化，让家庭成员产生反思和领悟。让家庭的每个成员都认识到自己的责任，发挥自己的作用，让所有家庭成员都参与其中。

4. 对家庭系统进行改善。抛弃原有的不合理的互动方式、家庭规则，家庭成员的角色发生变化，需要建立新的互动方式、新的规则。在转变的漫长过程中，家庭成员可能要忍受不适，部分家庭成员可能会抵触这种改变。心理咨询师要及时对他们进行鼓励，让他们暂时忍受不适，让家庭成员看到新方式带来的积极后果，并注意积极的反馈。

5. 对家庭治疗效果进行评价。回顾家庭关系的改变，和由此带来的大学生戒除网络成瘾的进步，需要让家庭成员都意识到好的互动不是永恒不变的，不是大学生网络成瘾者今后不会再出现问题，而是他们相信自己有能力解决出现的问题。此外，对于大学生网络成瘾者戒除网络成瘾的进步，要制定长期的教育计划，巩固现有成果。如果进步不明显，则需要重新分析问题，查找问题所在。

在使用家庭治疗的方法帮助大学生戒除网络成瘾过程中，家庭成员的配合和意识的改变非常重要，往往直接关系到戒除效果。

部分家长带着对立情绪，或放任态度，“我们好好的孩子，考上了大学，有‘网瘾’了就让我把他领回来。我又不会戒‘网瘾’，我找谁去呀？学校把你这儿的电话告诉我了，那我就把儿子交给你吧……”（摘自贺涉曼编著《让孩子赢在网络时代》）。家长以为只要找到心理咨询师帮助戒除网瘾，自己就可以高枕无忧了，效果好就高兴，有反复就质疑、指责心理咨询师，而不去发挥家庭在戒除网络成瘾中的积极作用。

作为家长，除了与学校、心理咨询师配合，改善家庭互动模式之外，还需要注意以下问题：

1. 要了解网络，学会使用网络，客观评价网络，理解大学生对网络的使用。网络的迅猛发展，已经渗透到人们生活的方方面面。大学生的学习和生活越来越离不开网络。部分大学生家长对网络不甚了解，或者了解得不够全面，他们更多的是关注网络成瘾等负面报道，将网络视为洪水猛兽，看到子女上网就感到恐慌，担心他们陷进网络的泥潭。家长应该认识到，网络只是一个载体、一个工具，它带来的究竟是好处还是恶果，最终还是取决于使用它的人。

2. 不要给大学生乱贴标签,不要一味地埋怨或放纵子女,而是要与子女平等沟通、尽力支持。家长对大学生的前途、未来职业规划要以建议、支持和帮助为主,而不是用自己的主观意愿去塑造他们。部分大学生家长甚至简单地否定子女的求职就业方向,而不建议子女应该去具体做些什么,或者不停地抱怨子女的大学专业选错了。还有一些家长,不考虑子女的想法,以自己的愿望为出发点,强求子女更换专业或考研深造,而无视在现实中是否可行。

大学生崔某,经常上网吧,平均每周至少“刷夜”三次,甚至有过连续一周在网吧度过的经历。崔某的父母对此很着急,觉得自己的孩子严重网络成瘾。后经沟通发现,崔某对网络游戏没有什么兴趣,对上网聊天也不是非常热衷,他在网吧里面经常只是听听音乐、看看新闻什么的,原因只是喜欢网吧里那种自由自在的感觉。

此外,在对网络成瘾的治疗研究中,美国专家 Young 等人以认知疗法和行为疗法的理论作为基础,创立了一套认知行为治疗方法:

1. 打破定势:打破使用网络的习惯,建立新的使用网络的时间表,在相反时间上网,如原来晚上上网,现在改为白天。

2. 外部阻止物:用闹钟等进行提醒,时间一到,就要停止上网,必要时可以采取强制措施,如拔掉电源。

3. 制定目标:合理制定上网时间计划,每次上网有目、有针对性,消除毫无目标的漫游现象。

4. 节制:不让患者使用让他成瘾的网络服务,但可以使用其他的网络服务。

5. 提醒卡:写出 5 条沉迷于网络的危害和不沉迷于网络的好处,制成卡片,随身携带,时刻提醒自己。

6. 个人目录:让网络成瘾者列出因上网而失去或忽略的活动,并按重要性等级排出顺序,以提高他们对现实生活的向往。

7. 社会支持群体:帮助网络成瘾者找到最适合其状况的支持团体,让他们融入团体中。

8. 家庭治疗:家庭成员协助对网络成瘾者的治疗,提供认知和情感上的帮助。

总之,条条大路通罗马,在大学生网络成瘾的戒除过程中,每种疗法都可以发挥自己的作用。只要学校、家庭、社会、大学生本身和心理咨询师互相配合,有条不紊进行矫治,都可以取得成效。在具体实施过程中,可以单纯采用某一种心理疗法,也可以根据需要,将几种心理疗法综合使用,合理安排。

但是,有一点需要特别要注意,那就是不能为了使大学生戒除网瘾的工作能够快速见效,就将所有的心理疗法一起搬来使用,这样不但不会达到预期效果,甚至会带来有害的后果。就像人感冒了,可以吃西药或中药中的一种,身体迟早会恢复的;但是,如果急于求成,不考虑实际情况,不征询医生的意见,直接将治疗感冒的中药和西药一起吃,后果可能反而会更加严重。因为,并不是所有的中西药都能合用的,否则的话,轻则降低疗效,重则增加毒副作用,导致医源性疾病。

附　录

附录一　全国青少年网络文明公约

要善于网上学习　不浏览不良信息
要诚实友好交流　不侮辱欺诈他人
要增强自护意识　不随意约会网友
要维护网络安全　不破坏网络秩序
要有益身心健康　不沉溺虚拟时空

附录二　青少年学生网民的上网管理协议

1. 管理的必要性

从调查结果看，对青少年学生网民上网行为确实存在引导的必要性。从网上行为来看，这部分网民主要利用互联网的娱乐功能，他们使用网上音乐、影视和玩网络游戏的比例很高，利用互联网作为学习工具的比例不高，在网上获取信息的比例也低于娱乐。互联网娱乐功能在青少年群体中的过度发展，需要引起社会各界的广泛关注，社会各界应共同努力推动青少年学生群体网络应用结构的优化与健康。

从这部分网民的上网时长上看，对于部分每周上网超过 20 个小时的网民，需要进行正确的引导，对每周上网超过 40 个小时的学生网民甚至需要进行必要的限制。

青少年学生网民的世界观、人生观还没有最终形成，判断力和自制力相对较弱，管理部门的介入很有必要，对于保护这部分学生的健康成长有重要意义。

2. 重点关注年龄段

青少年学生第一次接触互联网大多在 13～16 岁，这部分网民占总体学生网民的几乎一半(47.5%)。这一时期正是大部分学生的初中阶段和高中早期阶段，着重在这一时期加强对青少年上网的引导、教育和管理非常重要。

3. 重点关注地点

青少年学生主要集中在家里、学校和网吧上网，接近一半(48.4%)的学生经常在网吧上网。学生受教育年限越高，在网吧上网的比例也越高，因此网吧需要重点关注，因为这是学生家长和老师视线之外的空白区。

学生网民在家或学校上网，往往有老师或家长等看管，主管部门需要着重加强对在网吧上网学生的管理教育。此外，各部门应该努力为学生创造出合理的上网条件，比如家中或学校配备相应的上网设施，避免很多有真实上网需要的学生也涌入网吧上网，落在管理视线之外。

4. 宣传互联网正确导向的渠道

青少年学生网民的第一渠道是网络(71%)，第二和第三渠道是电视和报纸，分别是 60%和 55%。管理部门可以根据具体地区的具体情况，恰当地选择这些宣传途径，用来普及互联网知识和宣传正确的互联网使用理念。

(资料来源：www.cnnic.cn，2007 年 7 月)

附录三　大学生网络行为和网络意识调查问卷(自制)

亲爱的同学：

您好！

感谢您在繁忙的学习之余来完成本问卷，请您在切合自身实际情况的在选项上打上钩。不必署名，谢谢合作！

院系：________________________

性别：□男　　□女

年级：□大一　　□大二　　□大三　　□大四

生源地：□北京　　□外地

1. 您从什么时候开始上网的？

　A. 小学　B. 初中　C. 高中　D. 大学

2. 您平均每周上网的次数是？

　A. 1～2 次　B. 3～5 次　C. 6～8 次　D. 9 次以上

3. 您平均每次上网的时间长度是？

　A. 1～2 小时　B. 3～4 小时　C. 5～6 小时　D. 7 小时以上

4. 您对上网时间的控制

　A. 大体上是在自己把握中

　B. 有时会上瘾，但大多数时还是知道适可而止的

　C. 没时间概念，顺其自然吧

　D. 想控制时间，但一旦上网就忘了时间

5. 您一般选择在什么时间上网？

　A. 上午或下午　B. 中午　C. 晚上(零点之前)　D. 午夜(零点之后)

6. 您通宵上网的频率是？

　A. 经常　B. 普通　C. 偶尔　D. 从不

7. 您一般选择在什么地方上网？

　A. 家　B. 宿舍　C. 机房　D. 网吧　E. 随时随地(手机上网)

8. 您平均每月花在上网上的钱是(包括购买游戏点卡、Q 币等)？

　A. 10 元以下　B. 10～30 元　C. 30～50 元　D. 50 元以上

9. 您是否有过网恋的经历？

　A. 现在正在网恋　B. 曾经有过　C. 没有，但很向往　D. 没有，不感兴趣

10. 对于“网恋”，您有何看法？

A. 赞成 B. 说不清 C. 反对

11. 您有没有在网络上公开个人信息(如住址、电话等)?

A. 有 B. 没有

12. 您感觉自己对网络的依赖程度?

A. 相当依赖 B. 一般依赖 C. 有点依赖 D. 完全不依赖

13. 您上网一般都做些什么?(可多选)

A. 阅览信息和知识 B. 休闲娱乐(游戏、聊天等) C. 收发邮件

D. 找资料 E. 完成作业 F. 更新博客或个人主页等

G. 购物 H. 网上开店 I. 联系亲友

J. 制作网页 K. 下载 L. 其他__________(请注明)

14. 您觉得经常上网,对您与身边同学、朋友关系影响如何?

A. 没有改变 B. 稍有疏远 C. 疏远较大

15. 假如您想找个人倾诉,您会选择:

A. 身边的朋友B. 父母 C. 网友

16. 网上聊天时撒谎是不道德的,对此,您的看法是:

A. 同意 B. 基本同意 C. 不同意

17. 偶尔在网上说说粗话没有什么大不了,对此,您的看法是:

A. 同意 B. 基本同意 C. 不同意

18. 在网上做什么都可以毫无顾忌,对此,您的看法是:

A. 同意 B. 基本同意 C. 不同意

19. 对于“黑客”,您如何看待?

A. 是“侠客” B. 是能人 C. 是网络破坏者 D. 说不清楚

20. 您浏览过色情网站吗?

A. 有 B. 没有

21. 对于色情网站,您认为:

A. 看就看了,没有什么大不了 B. 稍有影响 C. 影响较大

22. 您觉得上网对您有哪些影响?(可不选、单选或多选)

A. 冷漠、孤僻、不合群 B. 情绪低落 C. 睡眠有障碍

D. 食欲下降,体力不足 F. 生物钟紊乱 E. 社会活动减少

G. 自我评价降低

23. 您多长时间不上网会感到不适

A. 3天以下 B. 1星期以内 C. 1星期—3星期

D. 3星期～1个月 E. 不上网也可以的

24. 您觉得自己在网上花费的时间精力

A. 后悔耽误了太多精力 B. 偶尔会懊悔

C. 觉得与周围人相比还算正常 D. 很有效率,对自己很有帮助

E. 没想过,就那个样子吧

25. 如果上网时间太长导致眼睛肿痛，您是否仍坚持上网

A. 偶尔有过　B. 从来没有　C. 没注意

26. 如果父母对您上网管得很严时，您的态度

A. 他们落伍了，很烦　B. 可以理解

C. 无所谓　D. 不管他们，我想上就要上

27. 您在网上聊天时注意文明用语吗？

A. 从来不上网或上网时从不聊天　B. 不太注意，因为大家都不文明

C. 非常注意

28. 近年来政府号召的“网络文明工程”、“防沉迷游戏系统”等一系列维护网上健康文明环境的政策措施，您对这些的实际评价是

A. 很有必要，效果也不错　B. 是应该整治一下，但效果不明显

C. 没什么感觉，无所谓吧　D. 觉得妨碍了网上宽松自由的气氛

29. 您觉得网络能对自己的未来

A. 很重要很依赖　B. 比较重要，是一种平台性质吧

C. 关系不大　D. 讨厌总是与电脑为伴的生活

30. 总体来说，您认为上网对大学生的影响

A. 利大于弊　B. 弊大于利　C. 因人而异

感谢您对我们的支持和配合！

附录四　优秀网址推荐

英语学习

英语四级考试网	http://www.cet4v.com/
英语六级考试网	http://www.cet6w.com/
四六级考试网	http://www.cet-46.com/default.asp
中国雅思网	http://www.cnielts.com/
无忧雅思网	http://www.51ielts.com/
3G 雅思网	http://www.3gbbs.com/
择校学习网	http://www.zexiao.com/
中国考试网	http://www.sinoexam.com.cn/
E 学网	http://www.exue.com/
旺旺英语	http://www.wwenglish.com/
普特英语听力	http://www.putclub.com/
中国英语学习网	http://www.24en.com/
英语翻译吧	http://www.fanyi8.com/
英文写作网	http://www.4ewriting.com/
新东方网络课堂	http://www.tol24.com/
英语周报	http://www.ew.com.cn/
英语 365	http://e365.cc163.net/
英文早报	http://gzmp.dayoo.com/
英语时空	http://www.yysk.net/
中国英语学习网	http://www.24en.com/
英语角	http://www.english-corner.com.cn/
163 考试网	http://www.test163.com/
英语之声	http://www.4english.cn/
疯狂英语俱乐部	http://www.crazyenglish.org/
在线英语杂志	http://www.englishcn.com/
空中英语教室	http://www.kzyyjs.com/
AskMySite	http://www.askmysite.com/
UrbanDictionary	http://www.urbandictionary.com/
EnglishBaby	http://www.englishbaby.com/
英语点津	http://www.chinadaily.com.cn/language_tips/
外语杂志	http://westmagz.com/default.asp
每日英语	http://blog.beanwoo.com/english

英语聊天室 http://chatto.us/
米老师 http://missrice.com/Default.aspx

英语专业四级、八级

牛津英语网 http://www.oxford.com.cn/study/exam/major/
考试大 http://www.examda.com/TEM/
中国英语学习网 http://www.24en.com/tem/
沪江网 http://www.hjenglish.com/down/list/113/
新挑战国际英语 http://www.tzcool.com/
中国考题网 http://www.ksw123.com/index_54.shtml
星沙英语 http://www.rr365.com/english/List_700.html
大耳朵英语 http://www.ebigear.com/newslist-122-1.html
真题网 http://www.pass-e.com/sort.php? sortid=25
就学网 http://www.joxue.com/joxue/en/id11/

计算机等级考试

全国计算机等级考试网 http://www.ncre.cn/
等级考试_无忧服务站 http://www.wuyouschool.com.cn/
信息产业部电子教育 http://www.ceiaec.org/
IT 认证考试资源网 http://www.itexamprep.com/
思达网校_IT 认证社区 http://www.staredu.net/
软件水平考试 http://www.exam100.com/
世纪软考 http://www.softexam.net/

论文资源

大学生论文网 http://lw.chinaue.com/
大学生免费论文网 http://www.freegongwen.cn/
论文在线网 http://www.lwzx.net/
大学生毕业论文网 http://www.5alw.com/
论文快车网 http://www.lun-wen.com/
毕业论文网 http://www.bylw.com/

考研信息

中国研究生招生信息网 http://www.chinayz.com.cn/
中国考研网 http://www.chinakaoyan.com/
考研网 http://www.kaoyan.net/
考研教育网 http://www.cnedu.cn/

21CN 考研	http://learning.21cn.com/kaoshi/kaoyan/
考研加油站	http://www.kaoyan.com/
考研信息港	http://www.kaoyan365.com/
考研论坛	http://bbs.kaoyan.com/
21 世纪考研网	http://www.21ky.net/
清华考研远程辅导网	http://www.tsinghuatutor.com/
考研共济网	http://www.kaoyantj.com/
网大考研	http://www.netbig.com/exam/ch2.htm
考研宝典	http://www.exambook.net/
考研同路人	http://www.17ky.com/
北京考研网	http://www.010ky.com/
研路资讯	http://www.roadedu.com/
导航考研	http://www.daohang.net/
圣才考研网	http://www.100exam.com/
3COM 免费考研网	http://kind887.518u.com/
OK 考研网	http://www.okkaoyan.cn/

留学信息

教育涉外监管信息网	http://www.jsj.edu.cn/
国家留学基金委员会	http://www.csc.edu.cn/gb/
经教育部资格认定中介	http://www.jsj.edu.cn/mingdan/001.html
教育部公布的外国学校	http://www.jsj.edu.cn/mingdan/004.html
世纪出国资讯易网	http://www.21abroad.net/
北京留学网	http://www.bjlx.gov.cn/
中国留学人才信息网	http://www.chinatalents.gov.cn/
艾迪国际	http://www.studyoz.com.cn/
东方移民留学中心	http://www.visa2au.com/
国际教育留学资讯网	http://www.internationaledu.net/
北京环球行留学服务	http://www.wefedu.com/
自在留学网	http://www.igoedu.com/
留学第一站	http://www.globeedu.com/
北京嘉华世达国际教育中心	http://www.chivast.com/
中国教育服务中心	http://www.cesc.com.cn/
中教国际教育交流中心	http://www.cciee.com.cn/
高士登留学	http://www.gsdedu.com/
DIY 留学法国	http://www.francediy.org/
中国对外友好合作服务	http://www.youhao.net.cn/

中国出国人员服务总公司　http://www.cnsc-edu.com.cn/

公务员考试

中国人事考试网　http://www.cpta.com.cn/
中国海关考录网　http://kaolu.customs.gov.cn/
北京市人事考试网　http://www.bjpta.gov.cn/
中华人民共和国人事部　http://www.mop.gov.cn/
公务员考试指南针　http://www.softunnel.com/compass.htm
国家公务员考试_新浪　http://edu.sina.com.cn/focus/official.html
公务员考试_新华网　http://www.xinhuanet.com/zhengfu/gwy/
公务员考试_中招在线　http://www.yuloo.com/gwyks/
腾讯公务员考试　http://edu.qq.com/official/
公务员考试_南开大学　http://career.nankai.edu.cn/official/
公务员考试_济宁信息港　http://edu.jninfo.net.cn/gwyks/
福建录用公务员考试网　http://www.fjkl.gov.cn/
广东公务员考试网　http://www.gdgwy.net/
广州人事信息网　http://www.gzpi.gov.cn/

司法考试

中国普法网(司法部)　http://www.legalinfo.gov.cn/
法律教育网　http://www.chinalawedu.com/
中国司法考试在线　http://www.sifa2000.com/
国家司法考试在线　http://www.sikao.com/
国家司法考试网　http://www.bjsfj.com/
律政中国司法考试网　http://www.lzschool.org.cn/
全国司法考试试题辅导　http://www.sifakaoshi.net/
司法统一考试　http://www.sftyks.com/
国家司法考试_新浪网　http://edu.sina.com.cn/focus/lawyer.html
万国司法考试　http://www.wanguoschool.net/
广州国家司法考试网　http://www.gzsk.gov.cn/
司法人　http://www.lawee.com.cn/
国家司法考试辅导培训　http://www.peixunwang.com/

人才招聘

中国高校毕业生就业信息网　http://www.myjob.edu.cn/
高校毕业求职中心　http://www.cgcc.net/
中国高校就业联盟网　http://www.job9151.com/

北京市毕业生就业信息网	http://www.bjbys.com/
北京毕业生就业指导中心	http://www.bjbys.net.cn/
北京毕业生就业中心	http://www.bjbys.net.cn/
研究生人才网	http://www.91student.com/
智联招聘网	http://www.zhaopin.com/
中华英才网	http://www.chinahr.com/
中智人才网	http://www.cici.com.cn/
中国青年人才网	http://www.54job.com/
中国俊才网	http://www.goodjob.cn/
中国企业人才网	http://www.job100.com/default.asp/
前程无忧	http://www.51job.com/
易才网	http://www.job1998.com/
易之易工作网	http://www.e2ejob.com/
每日人才网	http://www.rc365.com/
58城网-兼职	http://www.58.com/jianzhi.aspx/
中国经理人才网	http://www.m-jobcn.com/
HR伴侣	http://www.hrbanlv.com/
中国人力资源联盟	http://www.hrsou.cn/
智通人才招聘网	http://www.job5156.com/
应届生求职网	http://www.yingjiesheng.com/
中国招聘网	http://www.500zhaopin.com/
校园招聘网	http://www.xyzp.net/
中国校园招聘网	http://www.91job.net.cn/
数字英才	http://www.01hr.com/
中聘网	http://www.pincn.com/
中国校园网	http://www.54youth.com.cn/

简历制作

中国电子简历网	http://www.chinacv.net/
中国简历网	http://www.5520.org/
简历吧	http://www.resume8.com/
中国人才指南网	http://www.cnrencai.com/
简历中国	http://www.jlchina.cn/
轻松简历网	http://www.easyresume.net/
中英文简历工作室	http://www.mycvcv.com/
中国个人简历网	http://www.t135.com/
世纪简历网	http://www.21ren.com/

中国求职简历网　http://www.jianli-sky.com/

兼职实习

大学生实习网　http://www.cnshixi.com/index.asp/
中国大学生就业见习网　http://www.54club.com/
中国实习网　http://www.shixi.com.cn/
学生新势力　http://job.xsup.cn/
北大就业信息网实习频道　http://scc.pku.edu.cn/sub.asp/
未名的实习版　http://bbs.pku.edu.cn/
人脉招聘网　http://www.rmzp.com/
中国实习网　http://www.cnshixi.com/
搜职网　http://www.globehr.com/
中国兼职网　http://www.jobok.com.cn/
大学生兼职网　http://www.conningtech.com/index.php/
瑞雅网兼职频道　http://www.raya.cn/job/city_index.php/
易登兼职频道　http://www.edeng.cn/13/rencaiwang/

社区论坛博客类

中国人　http://www.chinaren.com/
我的大学网　http://www.my5u.com/
天涯社区　http://main.tianya.cn/
博客中国　http://www.bokee.com/
西祠胡同　http://www.xici.net/
大众点评网　http://www.netwww.dianping.com/
豆瓣网　http://www.douban.com/
21天　http://www.21days.com/
校内网　http://www.xiaonei.com/
倍健营养网　http://www.by-health.com/

文学、音乐类

起点　http://www.cmfu.com/
潇湘书院　http://www.xxsy.net/
榕树下　http://www.rongshu.com/
红袖添香　http://tp://www.hongxiu.com/
黄金书屋　http://wenxue.myrice.com/
校园文学网　http://www.okqq.net/
青风文学　http://www.qingfo.com/

九天音乐	http://www.9sky.com/
中国古曲网	http://www.guqu.net/
百事高音乐网	http://www.besgold.com/bbs
枫情音乐网	http://bbs.fqyy.com/
炫音音乐网	http://bbs.musicool.cn/
PT80 音乐网	http://www.pt80.com/
风云音乐谷	http://www.hcyy.org/bbs/
MTV 中国网	http://www.mtvchina.com/home/

参考文献

专著类

1. 徐娟，于红军 等. 青少年网络成瘾的心理干预. 化学工业出版社，2010
2. 郑希付，沈家宏 等. 网络成瘾的心理学研究：认知和情绪加工. 暨南大学出版社，2009
3. 陈光磊，黄济民. 青少年网络心理. 中国传媒大学出版社，2008
4. 顾海根. 大学生因特网成瘾障碍研究. 中国科学技术大学出版社，2008
5. 张天军 等. 大学新生入学指导. 四川出版集团巴蜀书社，2008
6. 应力，岳晓东著. E 海逃生：网络成瘾及其克除. 高等教育出版社，2008
7. 共青团上海市委员会等. e 路阳光——上海青少年网络成瘾综合矫治模式的实践与研究. 华东理工大学出版社，2008
8. 共青团上海市委员会等. e 路阳光——上海青少年事务社工预防与矫治网瘾案例选编. 华东理工大学出版社，2008
9. 顾海根. 青少年网络成瘾预防与治疗. 华东师范大学出版社，2007
10. 吴增强，张建国. 青少年网络成瘾预防与干预. 上海教育出版社，2007
11. 吕巧平. 媒介化生存——中国青年媒体素质研究. 中国传媒大学出版社，2007
12. 上海市青年联合会等. 青少年网络成瘾及其干预——2005 年沪港新专家圆桌会议论文汇编. 华东理工大学出版社，2006
13. 共青团北京市委员会 等. 聚焦新生代——青少年网络成瘾与网络游戏研究与调查. 地质出版社，2006
14. 共青团北京市委员会等. 走出网络迷途. 科学技术出版社，2006
15. 陶然. 网络成瘾的现代诊断与治疗. 华夏出版社，2005. 6
16. Arthur E. Jongsma，Jr. L. Mark Peterson William P. Mclnnis. 张宁 译. 青少年心理治疗指导计划（第 3 版）. 中国轻工业出版社，2005. 5（第 1 版）
17. 金伯利 · S. 杨. 毛英名，毛巧明 译. 网络心魔：网瘾的症状与康复策略. 上海译文出版社，2005
18. 檀传宝 等. 网络环境与青少年德育. 福建教育出版社，2005
19. 吴增强. 学校心理辅导通论 原理 · 方法 · 务实. 上海科技教育出版社，2004
20. 陶国富，王祥兴. 大学生网络心理. 立信会计出版社，2004
21. 李明毅. E 路伴你行——互联网与青少年道德教育. 复旦大学出版社，2003
22. 张震. 网络时代伦理. 四川人民出版社，2002
23. 李玉华，卢黎歌等. 网络世界与精神家园——网络心理现象透视. 西安交通大学出版社，2002
24. 赵水忠. 数字化侵害：中国青少年网络问题报告. 中国社会科学出版社，2002

25. 马和民，吴瑞君. 网络社会与学校教育. 上海教育出版社，2002
26. 傅安球. 实用心理异常诊断矫治. 上海教育出版社，2001.5(第1版)
27. 张向葵. 当代青少年心理问题研究——当代青少年心理问题反思与回应对策. 东北师范大学出版社，2001

论文类

1. 张传柱. 网络成瘾者抑制能力的对照研究. 中国健康心理学杂志，2010.6
2. 肖蓉，郑希蕉，何惠梅 等. 大学生网络成瘾及其与自我和谐的关系. 中国健康心理学杂志，2010.6
3. 黄康土. 浅析大学生网络成瘾的防治对策. 南方论刊，2010.6
4. 马玉红，牛力华，杨建华. 青少年父母教养方式及人格特征对网络成瘾行为的影响分析. 中国健康心理学杂志，2010.4
5. 宫本宏，王晓敏，叶建群 等. 青少年网络成瘾家庭治疗效果评价. 中国学校卫生，2010.3
6. 于春艳，谢浩. 大学生网络成瘾者健康调查与体育手段干预研究. 浙江体育科学，2010.3
7. 杨桂伏，寻知元. 网络成瘾与社会问题医学化. 国际精神病学杂志，2010.10
8. 苏文亮，方晓义. 走出沉迷：大学生网络成瘾者的自我改变方法研究. 中国青年研究，2010.2
9. 庞海波，吴一智，曾永锋 等. 青少年网络成瘾人格特征研究. 心理科学，2010.1
10. 赵阿勐，周馨竹，刘兴来. 青少年网络成瘾者的网络使用现状分析. 中国健康心理学杂志，2010.1
11. 黄峥，钱铭怡，朱松 等. 人际团体辅导对游戏成瘾大学生的干预效果. 中国心理卫生杂志，2010.1
12. 丁懿. 大学生心理弹性，儿童期创伤经历和网络成瘾的关系(硕士论文). 河海大学，2010
13. 郑显亮，顾海根. 网络成瘾干预研究概述. 中国临床心理学杂志，2009.6
14. 许滋宁. 青少年网络成瘾研究进展. 上海预防医学杂志，2009.12
15. 董佳羽，张芳. 大学生网络成瘾的影响因素. 中国健康心理学杂志，2009.12
16. 王文政，陶然，牛雅娟 等. "病理性上网"诊断标准的初步制订. 中国心理卫生杂志；2009.12
17. 王娟，陈耀忠. 网络成瘾的分析及预防和矫治. 中国医学伦理学，2009.6
18. 王继瑛，杨文登，叶浩生. 大学生网络游戏成瘾及其质化研究. 心理学探新，2009.6
19. 梁雪松. 高校网络成瘾学生的教育引导. 高校辅导员学刊，2009.5
20. 苏少冰，陈彩琦. 不同程度网络成瘾者的行为抑制能力. 中国心理卫生杂志，2009.10

21. 郑希付.网络成瘾者不同情绪状态下的认知加工特征.心理学报,2009.7
22. 李赓,戴秀英.青少年网络成瘾认知行为治疗的对照研究.中国心理卫生杂志,2009.7
23. 刘明艳,严由伟,白福宝.大学生宿舍上网对其若干心理维度的影响.中国健康心理学杂志,2009.6
24. 王新友,李恒芬,肖伟霞.父母教养方式对青少年网络成瘾的影响.中国健康心理学杂志,2009.6
25. 张文海,卢家楣.对网络成瘾大学生注入情感因素的团体辅导研究.心理科学,2009.3
26. 张兰君.团体心理治疗和体育运动处方对大学生网络成瘾的干预.心理科学,2009.3
27. 唐志红,周世杰.网络成瘾青少年的心理特点研究.中国临床心理学杂志,2009.3
28. 阳锡洲,王志平.生活事件及应对方式对网络成瘾大学生心理健康的影响研究.中国健康心理学杂志,2008.12
29. 朱月娇,卢秋芬.青少年互联网成瘾综合征的防治及干预.中国药物滥用防治杂志,2008.6
30. 赵萌,黄悦勤.病理性网络使用的研究进展.中国心理卫生杂志,2008.11
31. 朱天民,金荣疆,陈骥 等.电针对互联网成瘾综合征患者抑郁状态及血清 5—HT 变化影响的研究.中国康复医学杂志,2008.10
32. 钟欣,陶然,杨凤池.网络成瘾心理干预研究.首都医科大学学报,2008.5
33. 黄蜕.大学生网络成瘾的心理学分析.西北师大学报(社会科学版),2008.5
34. 李欢欢,王力,王嘉琦.不同网络成瘾亚型大学生的心理健康水平差异及其与人格的关系.中国临床心理学杂志,2008.4
35. 胡伟明,姜雪芳.父母养育方式对青少年网络成瘾行为的影响.临床医学,2008.8
36. 郑希付.认知干扰还是情绪干扰:病理性网络使用大学生的内隐心理特点比较.心理学报,2008.8
37. 梁瑛楠,杨丽珠,谷力群.大学生网络成瘾影响因素分析.中国健康心理学杂志,2008.8
38. 王军.工科院校大学生人格和人际交往特点与网络成瘾的关系研究.心理科学,2008.4
39. 李欢欢,王力,王嘉琦.一般性病理性网络使用量表的初步修订及信效度检验.中国临床心理学杂志,2008.3
40. 徐广荣.大学生网络成瘾的团体辅导现实疗法.中国健康心理学杂志,2008.6
41. 晋琳.青少年网络成瘾的研究现状.中国心理卫生杂志,2008.6
42. 张国华,雷雳.青少年的同伴依恋自我认同与网络成瘾的关系.中国学校卫生,

2008.5
43. 王福兴,倪牧宇,李卉 等.网络成瘾的诊断及其治疗.心理科学,2008.3
44. 杨宏飞,薛尚洁.入世和出世心理对网络成瘾与幸福感的中介作用初探.中国心理卫生杂志,2008.5
45. 张健.责任心唤醒:一种干预大学生网络成瘾的探索角度.扬州大学学报(高教研究版),2008.2
46. 刘连龙,胡明利.大学生网络成瘾与气质类型的关系.中国心理卫生杂志,2008.4
47. 王智,江琦,张大均.网络成瘾者的启动效应实验研究.心理科学,2008.2
48. 常连玺.大学生网络成瘾的原因研究(硕士论文).河北师范大学,2008
49. 张芝.不同成瘾状态大学生网络使用者的认知心理特征研究(博士论文).浙江大学,2008
50. 张靓宇.对我国大学生网络成瘾问题的研究(硕士论文).哈尔滨工程大学,2008
51. 杨红梅.大学生网络成瘾影响因素的研究(硕士论文).南京师范大学,2008
52. 梅松丽.大学生网络成瘾的心理机制研究(博士论文).吉林大学,2008
53. 苏文亮.大学生网络成瘾的多阶段改变机制及其在线专家系统干预(博士论文).北京师范大学,2008
54. 蔡练功.大学生网络利用情况与网络成瘾相关因素研究(硕士论文).南方医科大学,2008
55. 高彩云.大学生孤独感与总体幸福感、抑郁、网络成瘾行为的关系(硕士论文).河北师范大学,2008
56. 李一.网络行为失范的生成机制与应对策略.浙江社会科学,2007.5
57. 中国驻法国使馆教育处.法国对未成年人上互联网的保护与管理.政策走向,2007.1
58. 张玉.大学生网络成瘾与社会支持关系研究:以云南大学为例(硕士论文).云南大学,2007
59. 徐军.我国青少年网络成瘾政府干预作用研究(硕士论文).华东师范大学,2007
60. 王玉荣.大学生网络成瘾与社会支持关系的研究(硕士论文).东北师范大学,2007
61. 邵栀兰.如何完善家庭教育以预防和应对子女网络成瘾问题(硕士论文).南京师范大学,2007
62. 高兴丽.青少年网络成瘾的家庭教育问题及对策研究(硕士论文).北京师范大学,2007
63. 姚建国.大学生网络成瘾及与人格因素的相关研究(硕士论文).南京医科大学,2006
64. 李宜嵘.青少年网络成瘾的成因分析与干预研究(硕士论文).北京师范大学,2006

65. 杨晓峰.大学生网络使用、网络成瘾和心理健康的关系研究(硕士论文).内蒙古师范大学,2006
66. 王智.网络成瘾大学生的社会认知加工特点(硕士论文).西南大学,2006
67. 张彦.论网络空间的净化与青少年网德教育.教育研究,2006.7
68. 肖诗鸣.“网络同居热”背后的心理学分析.中国青年研究,2006.3
69. 盛晓白.网瘾问题的心理学剖析.光明日报,2006.8.3
70. 董海军.网络:网虫的自恋舞台.中国青年研究,2006.2
71. 杨鹏.游戏、心理与环境:以系统思维综合对待网络游戏成瘾.中国青年研究,2006.6
72. 刘晋飞,王茂福.青少年在网络游戏中互动可持续性的原因分析.中国青年研究,2006.6
73. 石伟,李建明.论青少年的网络成瘾与防治.辽宁教育研究,2006.5
74. 崔丽娟.青少年网络成瘾的界定、特性与预防研究(博士论文).华东师范大学,2005
75. 廖丹琴.大学生网络使用行为和网络成瘾的心理分析与调适(硕士论文).武汉大学,2005
76. 张高产.积极心理品质对大学生网络成瘾的预防作用的研究(硕士论文).华东师范大学,2005
77. 杨轶冰.大学生网络成瘾及主观幸福感的影响因素研究(硕士论文).华东师范大学,2005
78. 邓国峰.网络成瘾对大学生的影响及其教育对策研究(硕士论文).中山大学,2005
79. 丁道群.网络空间的自我呈现.湖南师范大学教育科学学报,2005.4
80. 刘士国.当前我国青少年网络犯罪对策研究.中国青年政治学院学报,2005.6
81. 王丕承.网络语言与当前社会文化发展的新趋势.浙江学刊,2004.4
82. 刁生富.论网瘾的成因与对策.科学技术与辩证法,2003.12.20.6
83. 陈侠,黄希庭,白纲.关于网络成瘾的心理学研究.心理科学进展,2003.3
84. 龙菲.迷失于网络的青少年——青少年上网成瘾的原因浅探.青少年犯罪问题,2003.1
85. 卢晓红.青少年黑客的心理特点及其行为指导.广东教育学院学报,2003.1
86. 刘雪,胡敏洁.网络传播对青少年的负面影响及对策.河海大学学报(哲学社会科学版),2002.1

致　谢

本书的撰写，得到了北京市委教育工作委员会《大学生网瘾戒除研究》课题（编号：BJSZ2009ZC091）的资助和支持，特此感谢！

《大学生网瘾戒除研究》课题负责人、北京石油化工学院学生处处长王文杰老师对本书的撰写给予了大力支持和帮助，提出了很多宝贵意见和建议，衷心感谢！

北京石油化工学院各位领导，学生处副处长张宏雷，同事刘艳玲、饶红、韩利平、吴代舫、王红英、权江红、赵莹，大兴精神病医院副院长高群义、副主任医师卞征宇在本书写作过程中，给予了关心和支持，共勉多年，深表谢意！

北京大学苏彦捷教授，北京工商大学林永和教授、首都师范大学蔺桂瑞教授，以及北京高教学会心理咨询研究会同仁对本书的写作提出了宝贵意见和精神鼓励，高情伟谊，铭感于心！

由于作者水平和经验有限，加之时间紧迫，书中难免有不当之处，恳请读者与诸方家不吝指正！

王　恪

2012 年 8 月于北京